I0455381

BB

Psychologie leicht erklärt: Band 2

„Partnerschaft - Beziehungen"

1. Auflage

Herausgeber:
Dipl.-Ing., Päd., Psych.
Bernhard Brose
Psychologie-Weimar
Unternehmensberatung Weimar
www.unternehmen-we.de
www.psychologie-we.de
ISBN 10 1503185524
ISBN-13 9781503185524;
1. Auflage 04.12.2014; überarbeitet: 24.08.2015

Psychologie ist langweilig und unverständlich und die Psychologen sind doof?

Und warum verstehen Sie dann nicht, warum so viele Menschen anders denken und handeln als Sie?

Dieses Buch kann nicht nur Ihnen selbst helfen, sondern ermöglicht Ihnen auch, Andere besser zu verstehen und sogar, diesen dann zu helfen.

Warum verlaufen bestimmte Partnerschaften glücklich und andere nicht?

Versteht mich mein Partner und ich ihn oder warum verstehen wir uns nicht?

Welche Fehler sind in einer Partnerschaft möglich und was macht sie stabil?

Im Buch geht es um die verschiedensten Arten von Partnerschaften:

zwischen Lebenspartnern, Freunden, Eltern und Kindern, Geschäftspartnern. Und es geht um Verantwortung und die Bereitschaft, etwas dazu zu lernen.

Vielen Partnerbeziehungen liegen gleiche oder ähnliche Wirkmechanismen zu Grunde.

Und es ist interessant, auch mal über den Zaun zu anderen Ländern zu schauen.

Auf kaum einem anderen Wissensgebiet wie der Psychologie gibt es so viele unterschiedliche Meinungen, die sich nicht selten auch noch feindlich gegenüberstehen. Und auf kaum einem anderen Wissensgebiet wissen wir tatsächlich so wenig über das, was uns interessiert.

Häufig überschauen selbst Fachleute das Gebiet kaum. Wie soll sich erst der Laie darin zurecht finden?

Zusätzlich umgibt das ganze Wissensgebiet ein Nimbus des Geheimnisvollen.

Mit der Buchreihe „Psychologie für Dummies" soll Ihnen als Laie ein Überblick über die Wirkungsweise bestimmter Bereiche der Psychologie in leicht verständlicher Form gegeben werden.

Gleichzeitig soll der Nimbus des Geheimnisvollen entzaubert werden.

Damit haben Sie die Möglichkeit, fachlich sicherer zu entscheiden, welche Möglichkeiten sich für die Lösung ihrer Probleme oder Aufgabenstellungen am besten eignen oder auch Möglichkeiten der Manipulation zu erkennen und zu entschärfen oder selbst zu Ihrem Vorteil zu nutzen.

Im Buch werden Zusammenhänge aus der Sicht der Pädagogik, der Psychologie und der Philosophie sowie der neueren Gehirnforschung betrachtet, verständlich erklärt und praktikable Lösungen ganz besonders für Sie als interessierten Leser angeboten.

Dabei bilden die Bände 1 „Werden dumme Menschen so geboren?", Band 2 „Partnerschaft – Beziehungen" und Band 3 „Erziehung" eine Einheit und ergänzen sich sinnvoll untereinander.

Dazu kommt Band 4 „Hypnose", in dem die Funktionsweise unseres Unterbewusstseins erklärt wird, das Zusammenspiel mit dem Bewusstsein und Lösungen für das eigene Leben und die Entwicklung der Persönlichkeit und des Körpers (psychosomatisch) aufgezeigt wird.

Im Band 1 wird erklärt, wie sich unser Umfeld auf die Ausbildung unserer Persönlichkeit auswirkt, wie das Bildungs- und Erziehungssystem die Persönlichkeit formt und verformt oder wie Manipulationen uns selbst und unsere Menschen stark beeinflussen oder verformen. Die Fragen „Warum sind wir so wie wir sind?" und „Warum verstehe ich andere Menschen nicht?" sollen damit beantwortet werden.

Im Band 3 liegt der Schwerpunkt auf der Erziehung der Kinder und soll in erster Linie Ratgeber für Eltern sein. Aber die Grundregeln für die Erziehung gelten darüber auch für alle anderen Menschen, ob in einer Partnerschaft oder im Beruf.

Im Band 4 dreht sich alles um Hypnose und das Zusammenspiel zwischen Bewusstsein und Unterbewusstsein

Die folgenden Bände wie z.B. „Psychologie für Klein- und mittelständische Unternehmen" und andere bauen dann auf diesen Grundlagen der vorhergegangen Bände auf, um nicht in jedem Band alles ständig wiederholen zu müssen.

Inhaltsverzeichnis

0. Einleitung

Wie funktioniert die Welt, wie funktioniert das Zusammenleben der Menschen?

Leider interessiert das zu wenige Menschen und wenn sie etwas nicht verstehen und ihre Bedürfnisse werden dann nicht befriedigt sind meist die Anderen daran schuld.

Das Wichtigste im Leben ist es also, den Dingen auf den Grund zu gehen, zu lernen, zu erforschen, wo die Ursachen des Übels begraben sind oder auch, wie man es besser machen kann. Dann muss ich nicht alles auf Andere schieben und muss nicht in Abhängigkeit so weiter leben wie bisher, sondern kann mein Leben selbstbestimmt aktiv in die Hand nehmen.

Leider gehen viele Menschen davon aus, dass sie zu diesem Zusammenleben oder zu Partnerschaft bereits alles wissen. Ist das aber so? Und warum bleiben dann so viele unbefriedigte Bedürfnisse und so viele unbeantwortete Fragen noch übrig?

Betrachten Sie Ihre Partnerschaft als gemeinsames Projekt.

Wie sind Sie bei einem Projekt vorgegangen, das Sie in der Schule oder auf Ihrer Arbeitsstelle gemeinsam mit anderen bewerkstelligt haben? Haben Sie das genau so unvorbereitet und unwissend wie in Ihrer Partnerschaft gelöst oder haben Sie sich da mehr Gedanken gemacht?

Zu manchen Kapiteln könnte man eigene Bücher schreiben. Hier waren also von mir Kompromisse gefragt. Mein Ziel war es, Ihr Denken zu den einzelnen, wichtigen Sachverhalten anzuregen und nicht allumfassende Weisheiten von mir zu geben. Sonst wäre das Buch mehrere tausend Seiten dick geworden und niemand hätte auch nur darin geblättert. Sehen Sie es also bitte locker als Informationsübersicht und Denkhilfe für Ihre eigenen Entscheidungen.

Zur Erläuterung: wenn ich im Buch von dem Partner schreibe sind natürlich beide Seiten gemeint. Es schreibt und liest sich schwerer und schlechter, wenn jedes Mal „der/ die Partner/ in" geschrieben wird. Ich bitte dafür um Verständnis.

Alle im Buch verwendeten Links können Sie bequem unter www.psychologie-we.de/links.html   aufrufen.

Da hat sich einer einen Helikopter gekauft und gedacht "Was brauche ich Flugstunden? Einmal das Handbuch lesen muss genügen!" Hier könnt Ihr sehen, was dann passiert. Ich muss allerdings sagen, er hat das Handbuch gut studiert, sonst wäre er nicht lebendig rausgekommen:

Video Hubschrauberabsturz unter

www.youtube.com/v/uI4d5AeAi7g&color1=0xb1b1b1&color2=0xcfcfcf&hl=de&feature=player_embedded&fs=1

Wenn Ihr jetzt denkt "was für ein Trottel", denkt mal darüber nach, dass viele von uns ähnlich verfahren mit Partnerschaften und der Erziehung unserer Kinder. Man denkt sich "Versuchen wir's mal; wenn es schief geht, können wir uns immer noch Literatur über die Psychologie oder Pädagogik beschaffen oder einen Fachmann befragen." Und wenn Ihr mich fragt:

Die seelischen Crashs sind fast genau so dramatisch!

Viele Partnerschaften in den hochentwickelten Industrieländern sind Partnerschaften auf Zeit und gehen danach wieder auseinander. Manchmal mit schlimmen Folgen.

In Entwicklungsländern wie Vietnam z.B. werden junge Menschen traditionell noch von den Eltern für ihre Hochzeit ausgewählt. Daneben gibt es aber auch bereits die Liebesheirat. Warum sind aber über 90 % der traditionell von den Eltern bestimmten Ehen über lange Zeit stabil, während ein großer Teil der Liebesheiraten wieder kaputt geht?

Im Buch soll geklärt werden, was Partnerschaften zusammen hält und was sie trennt.

Dabei geht es nicht nur um Hochzeiten oder Lebenspartnerschaften, sondern um Partnerschaften allgemein. Also auch zwischen Geschwistern, zwischen Eltern und Kindern, zwischen Freunden oder im Berufsleben oder im Verein.

Die Show „The Voice of Germany" zeigt zum Beispiel sehr schön, wie Partnerschaften entstehen und sich weiter über die Zeit entwickeln.

1. Voraussetzungen für eine gute und stabile Partnerschaft

Sich verstehen lernen

Partnerschaft bedeutet in erster Linie, dass beide Seiten Verantwortung für die Partnerschaft übernehmen und keiner auf Kosten des Anderen lebt.

Die Verantwortung besteht aber auch darin, sich selbst als auch den Partner zu verstehen, das Denken, das Handeln, die Entscheidungen. Denn wenn ich das nicht verstehe kann ich auch keine sinnvollen Entscheidungen treffen. Das aber ist leider Alltag, da sich nur wenige Menschen informieren, wie Zusammenleben tatsächlich funktioniert, welche Fehler gemacht werden können und welche Lösungen es gibt.

Wenn ich nicht mal über mich selbst Bescheid weiß und warum ich so denke, handele und mich entscheide wie soll ich da Menschen um mich herum verstehen?

Und so gehen die meisten Menschen an eine Partnerschaft heran: So wie ich denke, fühle und handele müssen alle Anderen auch denken, fühlen und handeln. Das ist ein Trugschluss und am häufigsten bei dummen Menschen anzutreffen.

Nun kann man das Rad zum zweimillionsten Mal wieder neu erfinden oder baut auf den Erfahrungen vieler Menschen auf, die bereits intensiv darüber nachgedacht und Lösungen gefunden haben. Deshalb lesen sie gerade jetzt dieses Buch – ich gratuliere! Eine gute Entscheidung!

Manchmal gehen Partnerschaften zwischen sehr ähnlich denkenden und fühlenden Menschen auch gut aus. Meist versinken sie aber nach einiger Zeit in der Langeweile oder im Überdruss. So sind sowohl Partnerschaften zwischen 2 sehr ruhigen als auch zwischen 2 sehr lebhaften Partnern meist problematisch.

Interessant ist es meist zwischen Menschen, die unterschiedlich veranlagt sind. Z.B. ein ruhiger Mensch ist der Pol der Entspannung und der lebhafte Partner bringt Leben in die Beziehung. Auch unterschiedliche Interessen können die Gemeinsamkeit bereichern statt zu schaden, wenn sie von beiden Partnern toleriert werden.

Die Partner müssen sich klar sein, welchen Wert die Partnerschaft in ihrem Leben hat. Wenn sie nur einen kleinen Wert hat wird sie wahrscheinlich nicht lange halten.

Dieser Wert muss aber von beiden Seiten hoch sein für eine stabile Partnerschaft.

Diesen Stellenwert muss aber jeder für sich auch immer wieder neu hinterfragen, denn nichts passiert von allein!

Was hält nun Partnerschaften zusammen? Hier eine kleine Aufzählung, wie man Partnerschaften gestalten kann, nämlich durch:

- Interesse am Partner
- Verständnis
- Vertrauen
- Toleranz
- Mitgefühl
- Ehrlichkeit
- Solidarität
- Wertschätzung und Erhalt der Würde des Partners

Was dagegen gefährdet eine Partnerschaft? Nun, genau das Gegenteil von obigem Gesagten.

Ganz besonders Egoismus, ewige Besserwisserei, den Partner als persönliches Eigentum zu betrachten und damit zu versklaven.

Partnerschaft besteht also aus mehreren tragenden Säulen. Dabei können auch Säulen sein, die nicht gut tragen und trotzdem kann der Rest das Gesamtgebilde noch gut zusammen halten.

Wer z.B. mit einem behinderten Menschen zusammen lebt muss diese Behinderung einkalkulieren. Ein autistischer Mensch kann sicher auch liebenswert sein, auch wenn ihm die Empathie zu anderen Menschen fehlt. Beispiel: der Film Rain Man mit Dustin Hoffmann und Tom Cruise. Oder es gibt unterschiedliche Bedürfnisse und Interessen, z.B. auch unterschiedliche sexuelle Bedürfnisse.

Zu Beginn einer Partnerschaft gehen beide Seiten davon aus, dass der Partner ähnlich denkt und fühlt wie man selbst und man hat alle Hoffnungen auf ein gutes Gelingen. Sehr viel Toleranz und Verständnis sind am Anfang vorhanden. Das ist auch notwendig, gerade bei unterschiedlichen und damit interessanten Partnern.

Diese Unterschiede können in verschiedenen Glaubensrichtungen oder Weltanschauungen bestehen, in unterschiedlichen Bedürfnissen, in unterschiedlichen Interessen und vielen anderen Dingen des Alltags mehr.

Am Anfang gehen meist beide Seiten sehr tolerant und verständnisvoll mit diesen Unterschieden um.

Wertvolle Partnerschaften nutzen diese Unterschiede zur Bereicherung und Festigung ihrer Partnerschaft und werden lange Zeit stabil und glücklich verlaufen.

In anderen Partnerschaften wird es anders verlaufen. Dort werden mit der Zeit die Unterschiede zwischen beiden Seiten immer deutlicher und es werden immer stärkere Vorwürfe gegen die andere Seite erhoben, weil sie so ist, wie sie eigentlich schon immer war. Es erfolgt ein Wertewandel in der Partnerschaft. Was man vor kurzer Zeit noch interessant und liebenswert fand wird nach einiger Zeit belastend und trennend.

Die weiterhin guten Eigenschaften des Partners werden in der Ansicht des anderen immer weniger beachtet und nur noch die angeblich schlechten Eigenschaften werden immer stärker in den Mittelpunkt gerückt. Das ist der Anfang vom Ende.

Problematisch ist vor allem, nur Forderungen an die andere Seite zu stellen ohne sich selbst um eine ehrliche Verbesserung der Situation zu bemühen oder zumindest, den Partner zu verstehen. Viele unechte Partnerschaften leben dann damit, dass es eine starke Seite gibt, die das Leben vorgibt und eine schwache Seite, die sich immer unterzuordnen hat. Das hat mit echter und glücklicher Partnerschaft wenig gemein. Partnerschaft heißt in erster Linie, dass man partnerschaftlich und gleichberechtigt miteinander umgeht.

Eine gute Partnerschaft ist also immer eine win-win-Situation!

1.1. Definition

Im Gegensatz zu Wikipedia
(**http://de.wikipedia.org/wiki/Partnerschaft**) möchte ich in diesem Buch von echter Partnerschaft ausgehen, die keine sexuelle Gemeinschaft sein muss, aber kann. Im Sinne von Wikipedia verstehe ich im engeren Sinne eine Paarbeziehung zwischen 2 Menschen oder eine Ehe bzw. eheähnliche Beziehung zwischen Menschen (z.B. auch eine Dreierbeziehung oder auch eine Ehe mit mehreren Frauen wie in anderen Religionen – Mormonen, Muslime)
Partnerschaft im Sinne dieses Buches ist eine freiwillig eingegangene Gemeinschaft, in der gemeinsame Ziele erreicht werden sollen und in der 2 oder mehr Menschen sich freiwillig einem Denken und Handeln unterwerfen, welches bestimmte Kriterien erfüllt, z.B. gemeinsame Interessen verfolgen

Diese Ziele können, müssen aber nicht vorher ausgehandelt worden sein. So ist in einer Liebespartnerschaft selten eine Abstimmung voraus gegangen, was man miteinander erreichen möchte, sondern setzt meist stillschweigend die Übereinstimmung beider Partner zu den grundlegenden Zielen und Interessen dieser Gemeinschaft/ Partnerschaftlichkeit voraus.

Die Kriterien für diese Gemeinschaft/ Partnerschaft sind meist die Übernahme von Verantwortung für den/ die Partner sowie Ehrlichkeit und Offenheit sowie Zuverlässigkeit.

1.2. Partnersuche

1.2.1. Suche als Single - Tipps

Hier geht es um die Suche für einen Lebenspartner, nicht für erotische Abenteuer.

Das Wichtigste für Sie ist, welche Anforderungen Sie an den potenziellen Partner haben und welche Bedürfnisse dieser erfüllen soll.

Ich empfehle Ihnen daher den Test für Singles im Punkt 10 durchzuführen.

Genauso wichtig ist es aber für Sie auch zu wissen, welche Eigenschaften Ihr neuer Partner auf keinen Fall haben sollte.

Und stellen Sie bitte eine Werteliste auf:

Was ist Ihnen am Wichtigsten, am Zweitwichtigsten usw. Kein Partner wird alle Ihre Wünsche erfüllen, aber mit dieser Zuordnung von Werten fällt Ihnen die Entscheidung wesentlich leichter. Wenn Sie das getan haben können Sie auch Ihre Wünsche in Annoncen usw. viel besser beschreiben.

Danach können Sie dann zielgerichtet „auf die Jagd" bzw. auf die Suche gehen und wissen auch recht genau, was Sie suchen und was nicht.

Es gibt aber auch Menschen, die gehen immer wieder die gleichen für sie falschen Beziehungen ein – sie ziehen bestimmte Menschen magisch an, von denen sie genau wissen, dass es wieder schief geht.

Sollten Sie Erfahrungen mit bisherigen Beziehungen gemacht haben prüfen sie bitte, was da nicht funktioniert hat und machen Sie die gleichen Fehler möglichst nicht nochmal. Lernen Sie aus den bisherigen Beziehungen!

„Man sollte öfter mal neue Fehler machen, damit nicht so lange über die alten Fehler gesprochen wird" war lange Zeit ein Spruch.

Die Möglichkeiten auf Partnersuche sind vielfältig. Viele Möglichkeiten werden einfach im Alltag übersehen. „Zufällige" Bekanntschaften in der Kaufhalle, an der Bushaltestelle, bei der Arbeit, im Verein oder in der Nachbarschaft sind viel häufiger als die Suche per Annonce. Man muss nur den Mut aufbringen, andere unverfänglich anzusprechen und schon „kennt" man sich erst einmal. Beim nächsten Mal ist es schon ein Wiedersehen. Die Reaktion des Angesprochenen lässt erkennen, ob Interesse besteht oder Ablehnung.

Aber auch die unterschiedlichsten Veranstaltungen können für eine Sondierung genutzt werden, Facebook, die Vermittlung über Freunde oder besondere Veranstaltungen oder Reisen für Singles jeden Alters.

Single-Börsen oder Online Dating haben den Vorteil, dass man sich ganz anonym erst mal kennen lernen und prüfen kann, bergen aber auch die Gefahr, dass man einem Betrüger aufsitzt.

Wenn dann ein neuer Partner gefunden wurde muss man sich aber auch auf die geänderten Bedingungen einlassen. Natürlich kann man dann nicht mehr autark über seine Zeit bestimmen oder seine finanziellen Möglichkeiten. Eine Partnerschaft dient zwar einerseits der Erweiterung der eigenen Persönlichkeit, engt aber andererseits auch ein in der Freiheit, in der Zeit, im Geld usw. man muss jetzt verantwortlich auch im Sinne des Partners entscheiden, wie man mit den eigenen Ressourcen umgeht. Oder Abschied nehmen von Gewohnheiten und vertrauten Abläufen.

Weiterhin können besonders bei unsicheren Menschen Ängste aller Art aufkommen, die dann wieder in den Vorstellungen ein Eigenleben entwickeln können. Besonders bei vorherigen schlechten Erfahrungen früherer Beziehungen.

Wie wird sich die Partnerschaft entwickeln? Geht er wieder zu seiner Ex zurück? Muss ich demnächst in eine unbekannte Gegend und Umgebung ziehen? Wollen wir beide Kinder und wie verantwortlich gehen wir mit ihnen um? Und viele andere Fragen mehr!

Wenn die Beziehung ernst gemeint und wertvoll für beide Seiten ist dann bestehen anfangs diese Unsicherheiten auch auf beiden Seiten. Also auch Ihr Partner ist dann noch unsicher und wartet vielleicht auf ein Zeichen von Ihnen. Warten Sie also nicht gegenseitig auf etwas. Einer sollte immer den ersten Schritt tun.

Geben Sie Ihr bisheriges Leben nicht vollständig auf. Auch dieses Leben hatte einen bestimmten Wert in Ihrem Leben. Wenn Sie alles aufgeben und sich vollständig abhängig machen geben Sie vielleicht zu viel von Ihrem Leben auf und werden unsicher. Behalten Sie also genug von Ihrem bisherigen Leben für sich allein.

Auch der Zwang, jetzt unbedingt einen Partner finden zu müssen scheitert meistens. Bleiben Sie locker!

Und bitte daran denken: nur als selbstbewusste und selbständige Person können Sie sich gleichberechtigt in die neue Partnerschaft einbringen. Alles andere bringt Ihnen mit der Zeit nur Enttäuschungen.

1.2.2. Wer bin ich - bin ich selbst für den Partner gut genug?

Sie wissen jetzt, welchen Partner Sie sich wünschen und welche Erwartungen Sie an ihn haben.

Wissen Sie aber auch, was Sie selbst in die Partnerschaft einbringen? Wer sind Sie? Welche Stärken und Schwächen haben Sie?
Haben Sie Erwartungen an den Partner, die Sie selbst nicht erfüllen? Suchen Sie an anderen, was Ihnen fehlt?

Was ist an Ihnen das Besondere, das es für andere attraktiv und anziehend macht?
Und besitzen Sie selbst alle Voraussetzungen für eine gute Partnerschaft oder müssen Sie da selbst noch intensiv an sich arbeiten? Würden Sie mit sich selbst eine Partnerschaft eingehen? Wenn nein – warum nicht?

Sollte das der Fall sein schauen Sie bitte im Punkt 8.2. nach, welche Lösungen ich Ihnen anbieten kann.

Wenn Sie zu wenig Selbstvertrauen haben, sich selbst zu wenig lieben, vor sich keine Achtung oder Respekt haben arbeiten Sie an sich selbst. Erfüllen Sie die Voraussetzungen, die Sie an Ihren Partner stellen.

1.2.3. Warum finde gerade ich keinen Partner?

Was hindert mich daran, einen Partner für mich unter den vielen zur Verfügung stehenden Menschen zu finden? Warum klappt denn das ausgerechnet bei mir nicht, obwohl ich mir das so sehr wünsche?

- Falsche Erwartungen. Selbst ein Traumprinz kann auf Dauer nicht bestehen, wenn wir zu hohe oder falsche Erwartungen an ihn stellen. Frage: stimmen Ihre Erwartungen an Ihre potenziellen Partner? Im Punkt 1.2.1. hatten Sie sich ja ein Bild vom gewünschten Partner gemacht mit allen Wünschen und Erwartungen Ihrerseits. Gibt es diesen Menschen überhaupt und würden Sie dann auch zu ihm passen. Beispiel: eine ungebildete und ungepflegte Frau wird kaum die Aufmerksamkeit einen Hochschulabsolventen auf sich ziehen. Das kann also mit diesen Erwartungen dann nicht funktionieren.

- Ungeduld: ich habe eine Annonce aufgegeben und kann die Post kaum erwarten. Gleich der Erstbeste soll jetzt alle meine Erwartungen erfüllen und mit dieser Einstellung gehe ich ins erste Date. Enttäuschung macht sich sofort breit, wenn der Eingeladene die Erwartungen nicht erfüllt oder von sich nicht so schnell auf die Erfüllung keiner Bedürfnisse einlässt, wie ich das möchte.

- Die Selbsteinschätzung/ Selbstwertgefühl: wenn ich selbst mürrisch und verschlossen bin werden Andere das nicht für anziehend empfinden.
Wenn ich streitsüchtig und unbeherrscht bin werden Andere einen großen Bogen um mich machen.
Wenn ich kein Selbstbewusstsein habe und sehr unsicher bin sende ich vielleicht bei interessanten Partnern die falschen Signale aus (Körpersprache).

Frage: wie interessant und attraktiv fühle ich mich gegenüber dem gesuchten Partner? Lösungen unter Punkt. 8.2.

- Gesammelte Lebenserfahrungen: Vergleiche ich ständig den gewünschten Partner mit anderen Menschen, z.B. mit dem Ex?
Habe ich Angst vor erneutem Versagen der Beziehung? Verfalle ich jetzt in das andere Extrem und such nach jemandem, der meinem Ex überhaupt nicht ähnlich ist? Solche Kriterien sind meist unsinnig und führen nur zu neuen Enttäuschungen.

- Die Anpassungsfähigkeit: Auch mein Partner erwartet von mir, dass ich für ihn Zeit habe, zuverlässig bin, mich auch ungewohnten Situationen anpassen kann usw.
Kann ich unterschiedliche Ansichten zwischen meinem gewünschten Partner und mir tolerieren?
Bin ich dazu wirklich in der Lage und auch bereit? Kann ich notfalls Opfer bringen?

1.3 Verantwortung + Selbständigkeit

Wenn Sie zu anderen Menschen engere Beziehungen eingehen möchten sollten beide Seiten auch die volle Verantwortung füreinander übernehmen, dass die Beziehung zum gegenseitigen Nutzen und Vorteil gestaltet wird und Schäden möglichst vermieden oder gemeinsam abgewendet werden.

Probleme entstehen in der Regel dann, wenn diese Verantwortung nicht zu Stande kommt.

Im Begriff Verantwortung sind viele weitere Kriterien enthalten. So z.B. Vertrauen, Offenheit, Ehrlichkeit, Hilfe und Solidarität. Weiter, dass man sich darauf verlassen kann, dass jeder Partner seinen Anteil an der Gemeinschaft beiträgt.

Aber es beinhaltet auch, dass beide Seiten in der Lage sind, selbständig zu denken, zu entscheiden und zu handeln. Jeder sollte also in der Lage sein, sein Leben auch ohne Hilfe des Partners zu organisieren und das in Teilbereichen auch tun. Z.B. im Verein zu wirken, sich mit Anderen zu treffen, eigenes Geld zu verdienen usw.

Die Unabhängigkeit ist einerseits für die Stabilität der eigenen Persönlichkeit wichtig, andererseits bringt sie in die Partnerschaft immer wieder neuen Wind und neue Erfahrungen außerhalb der Partnerschaft und kann diese damit beleben.

Sollten hier Defizite vorhanden sein, so können diese entweder mit unseren Tests unter Punkt 10. ermittelt und unseren Programmen unter Punkt 9. bearbeitet werden.

1.4. Was ist Liebe?
Liebe zum Hobby, zum Hund, zum Sommerhimmel, …

Viele Menschen sind der Auffassung, dass Liebe eine Partnerschaft zusammen hält.

Aber wenn sie gefragt werden, was Liebe ist, geben sie meist doch sehr schwammige Antworten.

Unter http://dasgehirn.info/denken/emotion/Suechtig-nach-liebe/ kann man hierzu interessante Aspekte finden.

Liebe macht süchtig, die Welt steht auf dem Kopf, das Herz rast, sie macht blind. Das sind ja eigentlich Aussagen, die in anderen Zusammenhängen eher negativ verwandt werden.

Und können solche verrückten Zustände ein ganzes Leben lang anhalten? Eher wohl nicht. Und wie erklärt man dann die Liebe zu seinem Auto, seinem Garten, seinem Hund oder zu seinem Hobby? Da hat man doch wohl eher nicht solche verrückten Gefühle, oder?

Aus meiner Sicht sollte man hier Verlangen oder Begehr trennen von einer gewachsenen Liebe. Liebe als fast unbeherrschbarer Gefühlsrausch schlägt auch schnell in die Gegenrichtung um, in Hass oder auch in Unsicherheit und chaotisches Verhalten und Handeln. Das kann man jeden Tag beobachten, sowohl im richtigen Leben als auch im Fernsehen. Was haben denn Liebe und Hass gemeinsam? Unbeherrschte Gefühle unter völliger Ausschaltung des Verstandes.

Und als mehr möchte ich beide auch gar nicht betrachten; wobei ich selbst diese besonders starken Gefühle in meinem Leben mehrfach kennen lernen durfte, die manchmal bis an die Schmerzgrenze gehen und bei zu starkem Schmerz echte Suizid-Gedanken aufkommen lassen können.

Liebe ist egoistisch! Liebe ist ein Verlangen nach der Befriedigung meiner Bedürfnisse! Wenn der Partner diese Bedürfnisse nicht oder nur unzureichend erfüllt verwandelt sich unsere Liebe in Enttäuschung und Schlimmeres.

Wir sind bereit, viel von uns zu geben, erwarten dann aber vom Partner das Gleiche.

Wenn die Partner aber unterschiedliche Auffassungen dazu haben kann das der Liebe ziemlich schaden.

Häufig wird aber erwartet, dass mich der Partner liebt und meine Bedürfnisse befriedigt, aber vergesse, welche Bedürfnisse der Partner an mich hat? Und, kann ich diese Bedürfnisse meines Partners überhaupt erfüllen und will ich das auch? Kenne ich diese Bedürfnisse überhaupt oder interessieren mich seine Bedürfnisse gar nicht?

Und da ich mit dem Begriff der Liebe zur Gestaltung einer gesunden Partnerschaft auch nicht mehr anfangen kann verwende ich lieber solche Begriffe wie Partnerschaft und Verantwortung in einer Beziehung, die mein tiefes Gefühl besser beschreibbar machen und bei denen man auch meine Ehrlichkeit zu dieser Beziehung durch mein Verhalten und mein Handeln nachprüfen kann. „Ich liebe Dich" kann jeder Dumme behaupten. Es auch tatsächlich und verantwortungsbewusst zu leben ist etwas völlig anders.

Dazu kommt, dass man alles Mögliche lieben kann. Seinen Hund, seine Yacht, sein Hobby, bestimmte Gefühle usw. Ich liebe z.B. meine Gitarre, da ich mit der deren Benutzung schöne Gefühle erreichen kann.

Trotzdem ist alles, was man ohne Liebe macht nicht viel wert!

1.5. Charaktereigenschaften

Unter http://charaktereigenschaften.miroso.de/ können Sie eine Liste mit 1417 Charaktereigenschaften sehen.

Wikipedia dagegen spricht eher von Charaktertypen, die die Ausprägung der Persönlichkeit der Menschen darstellen.

Die vier Grundtypen sind demnach der Melancholiker, der Choleriker, der Sanguiniker und der Phlegmatiker.

Welcher Typ sind Sie denn und welcher würde am besten zu Ihnen passen?

Es gibt aber auch von Theophrastos eine Typologie von 30 Charaktertypen, zu denen u.a. der Verlogene, der Skrupellose, der Dünkelhafte, der Geizige, der Redselige, der Nörgler, oder der Gefallsüchtige gehören.

Treffender werden da doch wieder die Charaktereigenschaften wie z.B. entschiedenes Eintreten für Überzeugungen, Pflichtbewusstsein, Ausdauer, Mut.
Und ich denke, dass ich im Punkt 1. „Voraussetzungen für eine gute und stabile Partnerschaft" die wichtigsten Eigenschaften bereits genannt hatte. Bei Bedarf lassen sich aber viele weitere Eigenschaften für einen Vergleich der Bedürfnisbefriedigung heran ziehen.

1.6.   Persönliche Kommunikation als Schulfach?

Im Band 1 der Reihe „Psychologie für Dummies – werden dumme Menschen so geboren?" hatte ich bereits darauf aufmerksam gemacht, dass die Bildung und Erziehung in der heutigen Schule eines Paradigmenwechsels bedarf. Dass unsere Kinder für das leben und nicht für
die Lehrer lernen sollten.

Denn wie man im richtigen Leben miteinander umgeht wird in der Schule leider nicht gelehrt. Und so gibt es unendliche viele Erziehungsprobleme oder auch Probleme in der Partnerschaft, die mit Hintergrundwissen und einem Verhaltenstraining gar nicht erst aufgetreten wären.

In der Einleitung habe ich das Beispiel mit dem Hubschrauber. Wenn die Schüler ihre Schule verlassen wissen und können sie etwas so viel wie der im Video gezeigte Hubschrauberbruchpilot. Das ist doch wirklich traurig, wenn wichtiges und notwendiges Wissen und Erfahrungen in der Schule nicht weiter gegeben werden, sondern Sachwissen, das die meisten der Schüler nach der Schule nie wieder verwenden.

1.7. Glückliche Partnerschaften – ein Mythos?

Glück kommt nicht von allein. Im späteren Punkt „Geschenke sind nichts wert" wird erklärte, dass alles, was man sich nicht selbst hart erarbeitet und erkämpft hat keinen Wert im Leben erhält.
So ist das mit der Liebe und dem Glück ebenfalls.
Auch eine langjährige Partnerschaft schläft mit der Zeit ein, wenn sie nicht von Zeit zu Zeit wieder belebt wird.
Eine glückliche Partnerschaft wird meist dann als solches beschrieben, wenn man gemeinsam schwierige Probleme gemeistert oder schwierige Zeiten durchgestanden hat. „Ich geh mit Dir durch dick und dünn" heißt das Sprichwort dazu. Denn nicht nur die Problemlösung wurde bewältigt, sondern auch der Erfolg gemeinsam erlebt. Und ohne gemeinsame Erfolge auch kein gemeinsames Glück, denn welches Glück soll denn das sein?

Ist Ihre Partnerschaft glücklich? Testen sie sich – Punkt 10.

1.8. Entwicklung einer Beziehung

Die Phase des gegenseitigen Kennenlernens, der rosaroten Brille, der Schmetterlinge im Bauch, der Schwärmerei ist wohl die schönste Phase. Daran sollte man sich immer wieder erinnern, wenn es mal nicht so gut läuft.
Sie konnten gar nicht oft genug zusammen sein und nicht genug bekommen? Es konnte alles gar nicht schnell genug gehen? Und Sie konnten gar nicht oft genug Neues ausprobieren, selbst wenn Sie eigene Bedürfnisse zurück stellen mussten?
Über was haben Sie alles geredet? Was hat Sie alles interessiert? Welche Ziele hatten Sie und was wollten Sie alles gemeinsam unternehmen?

Danach kommt die Phase der Ernüchterung, die dann bereits viele Beziehungen nicht überstehen. Man sieht nicht mehr durch die rosarote Brille alle Vorzüge des Partners, sondern auch Eigenschaften, die man vorher weniger wahr genommen hat.
Das ist auch die Erwartungsphase oder Veränderungsphase – wie geht es weiter oder auch nicht weiter?

Häufig wird dann viel weniger miteinander gesprochen, viel weniger gemeinsame Ziele gestellt, viel weniger gemeinsam unternommen. Merken Sie jetzt etwas?

Aktive Partner werden jetzt den Stier an den Hörner packen und entweder eine Entscheidung treffen oder das Beste daraus machen. Es ist schließlich Ihr Leben! Und Sie sind selbst verantwortlich dafür, was Sie daraus machen und niemand anderes.

Jetzt beginnt das Erziehen des Partners und der aktive Veränderung der Partnerschaft.

Eigene Zielstellungen, Bedürfnisse und Wünsche werden nicht mehr der Partnerschaft untergeordnet oder geopfert, sondern eingefordert.

Dazwischen können auch mal Phasen auftreten, wo einer der Partner überlastet, depressiv oder unzufrieden ist. Diese Lebensphase wäre wahrscheinlich auch außerhalb der Partnerschaft eingetreten. Man muss also nicht für alles dem Partner die Schuld geben, wenn es einem weniger gut geht. Es gibt nicht nur Höhen im Leben. Ganz im Gegenteil sind auch die Tiefen für das Leben ganz wichtig, auch wenn viele Menschen das nicht erkennen oder wahrhaben wollen – siehe Punkt „Geschenke sind nichts wert" weiter hinten im Buch.

Das berühmte 7. Jahr gibt es überall. Wenn Sie einen ungepflegten Garten übernehmen ist er nach 7 Jahren unkrautfrei. Nach 7 Jahren soll es in der Beziehung die Entscheidung geben. Wer an solche Zahlen glaubt wird in dem Jahr auch was Besonderes in der Beziehung entdecken. Alle anderen leben diese Beziehung so gut es ihnen möglich ist.

Jetzt kommt häufig die Stillstandsphase. Jetzt wird entweder der Partner so genommen, wie er ist oder es wird resigniert, wobei beides ja recht ähnlich ist. Einer geht dann das große Schweigen. Man akzeptiert alles so, wie es ist und hat sich nichts mehr zu sagen. Man lebt nebeneinander her, eher wie Fremde. Der Alltag hat über das Glück und die gesteckten Ziele zum Glück die Oberhand gewonnen und gesiegt.

Aber auch jetzt wieder: Jeder ist für sein Leben selbst verantwortlich und kann es auf Niemand anderes schieben! Lösungen dann weiter hinten im Buch!

1.9. Flirten

In einer stabilen Partnerschaft ist Flirten kein Problem, da sich beide Partner darauf verlassen können, dass keine Grenzen überschritten werden. Außerdem ist die Grenze fließend, wann es nur Freundlichkeit und wann bereits flirten ist und hängt weiterhin von der Einstellung der Partner ab zum Problem ab. Wenn ein Partner sehr eifersüchtig ist kann ein „Guten Morgen" zur hübschen Nachbarin schon zum Streit führen. Flirten wird dann in der Partnerschaft zum Problem, wenn es dazu bereits mehrere negative Erfahrungen gab, die die Partnerschaft belastet haben.

Aber warum sollte man anderen Menschen nicht sagen dürfen, dass man sie schön, oder interessant findet? Es wird auf beiden Seiten ein schönes Gefühl erzeugt, wenn die Meinung ehrlich ist.

1.10. Irrtümer

Irrtümer entstehen immer dann, wenn man falsche oder unvollständige Informationen besitzt und gar nicht zu richtigen Schlussfolgerungen kommen kann oder nicht in der Lage ist, die Informationen richtig zu deuten.
Besonders bei falschen Informationen und der Missdeutung ist man von der Wahrheit der eigenen Ansicht überzeugt.
Wer lernfähig und lernwillig ist kann jedoch recht schnell feststellen, dass er einem Irrtum aufgesessen ist.
Lernunwillige Menschen dagegen werden den Irrtum als ihr persönliches Eigentum behandeln und das als die große Wahrheit verkünden. Vor allem in der kirchlichen Geschichte gibt es dazu unzählige Beispiele

1.11. Phantasie

Eine blühende Phantasie kann uns beflügeln, aber auch Ängste und Schreckgespenste erzeugen.

Phantasie in der Partnerschaft kann die Partnerschaft interessant und spannend machen und auch nach langer Zeit die Beziehung wieder beleben und befeuern.

Die Phantasie kann aber auch zum Albtraum werden.

Welches von Beiden zutrifft hängst meist mit unserer Erziehung und unseren gesammelten Erfahrungen zusammen.

Erfolgreiche und selbstbewusste Menschen sehen die Erfolge und Ergebnisse der Partnerschaft und die Befriedigung ihrer Bedürfnisse.

Unsichere Menschen oder Personen mit vielen negativen Erfahrungen sehen bereits jede Menge Probleme auf sich zukommen und ein künftiges Scheitern.

Sie sehen damit selbst, dass häufig die Phantasie entscheidet, ob eine Beziehung lange hält und glücklich verläuft oder scheitert.

Aber Sie sind selber dafür verantwortlich für das, was in Ihrem Kopf abläuft, was Sie zulassen und was nicht, was Sie selber dabei hegen und pflegen oder aus Ihrer Phantasie verbannen.

Jeder geistig gesunde Mensch ist lernfähig, man muss es nur wollen!

Lösungen zur eigenen Entwicklung und Auflösung von Problemen finden Sie auf unserer Webseite. Sollten sie nicht die gewünschte Lösung finden können Sie sich mit uns in Verbindung setzen.

2. Probleme

Wenn sich Menschen für eine Partnerschaft entscheiden dann haben sie zu diesem Zeitpunkt meist einen sehr unterschiedlichen Lebensweg, unterschiedliches Wissen und Erfahrungen gesammelt und denken und fühlen daher auch recht unterschiedlich.

Bei Problemen in einer Partnerschaft liegt es häufig daran, dass sich mindestens eine Seite nicht genügend in die andere Seite hineinversetzen kann oder es auch nicht will.

2.0. Unterschiedliche Erwartungen

Aus der unterschiedlichen Erziehung der Partner, den bisherigen Lebenserfahrungen, aber auch den vielen unerkannten Manipulationen (siehe weiter hinten im Buch) können die Erwartungen an eine Partnerschaft sehr unterschiedlich ausfallen. Aus diesen Unterschieden der Erwartungen können sich Enttäuschungen entwickeln, die die Partnerschaft schwer belasten können, aber nicht müssen.

Was wir daraus machen ist das Wichtigste. Ich kann egoistisch von allen Anderen verlangen, dass ich der Mittelpunkt der Welt bin, sie das anerkennen, mich verstehen und alles für die Erreichung meiner Glückseligkeit gefälligst zu tun haben.

Oder ich lerne dazu und gestalte sowohl mein Leben als auch das der Menschen um mich herum einschließlich meines Partners neu und glücklich.

Lernen wird so zum Motor meines Lebens, meiner Erfolge und meines Glücks. Diese Entscheidung liegt ganz allein bei mir. Wenn ich also Andere beschuldige, nicht genug für mein Glück und die Befriedigung meiner Bedürfnisse zu tun belüge ich mich in aller Regel nur selbst. Und Lügen sind keine Basis für Lösungen oder für ein glückliches Leben.

2.1. Lernfähigkeit

Eine Beziehung kann dann glücklich und von langem Bestand sein, wenn sich beide Partner füreinander interessieren und besonders lernfähig sind. Leider ist das in vielen Beziehungen nicht der Fall. Das ist wie im richtigen Leben auch. Wenn sich die Bedingungen ändern muss ich in der Lage sein, diese Veränderung zu erkennen und entsprechend darauf reagieren. Im Band 1 dieser Reihe mit dem Titel: „Werden dumme Menschen so geboren?" wird intensiv auf diese Lernfähigkeit eingegangen und was sie hemmt oder einschränkt.

Wir alle verändern uns mit den Jahren. Am deutlichsten kann man das in der Einstellung der Frauen zu ihrem Äußeren erkennen. Viele Frauen haben mit dem Altern ernsthafte Probleme. Während sich eine Frau mit 50 kg Körpergewicht wahrscheinlich noch als zu dick fühlt haben wir Männer da völlig andere Einstellungen.

Haben sie schon einen Mann unter 100 kg kennen gelernt, der zu dick war? Ich nicht. Wenn wir einen Bauch haben dann doch nur, weil er uns steht! Aus keinem anderen Grund.

„Ein Mann ohne Bauch ist ein Krüppel", „Das sind hochgezogene Samenstränge, die sexuelle Schwungmasse, der Kompressor über dem Hammer oder Bier formte diesen wunderschönen Körper!" Wir Männer lieben unseren Bauch! Das ist eine Einstellungssache, also eine Kopfsache, nichts anderes. Und gute Männer loben dann noch ihre Frauen für ihre Kochkunst.

Und so verändern wir mit der Zeit nicht nur unseren Körper, sondern auch unseren Geschmack, unsere Sinnesorgane (gut sehen kann ich schlecht aber schlecht hören kann ich gut) und unsere Einstellungen.

Das kann die Partnerschaft belasten oder bereichern. Das legen wir mit unserer Einstellung zur Partnerschaft ganz allein fest, niemand anders! Es ist nur eine Kopfsache und hat mit der Realität außerhalb unseres Kopfes nicht das Geringste zu tun. Wir ganz allein sind dafür verantwortlich, ob wir lernfähig genug sind, uns mit veränderten Umständen vertraut zu machen und damit zu leben oder nicht.

Problematisch wird das erst dann, wenn mindestens eine Seite der Partnerschaft diese Lernfähigkeit nicht besitzt.

2.2. Mein Partner ist mein persönliches Eigentum

Naturvölker kennen kein Eigentum und daher auch keinen Besitz, also auch nicht den Besitz von Menschen. Dieser Besitz von Menschen hat sich erst mit der Bildung der Sklavenhaltergesellschaft herausgebildet. Später wurde dann mit der Verheiratung der Kinder darauf geachtet, dass Besitz und Macht durch die Heirat gemehrt und vereinigt wurden.

Heute leiten daraus viele Menschen daraus ab, dass der Partner ihr ganz persönliches Eigentum wäre, mit dem sie nach Belieben machen könnten, was ihnen gerade so einfällt. Das erinnert mich aber eher an die Zustände in der Sklavenhaltergesellschaft und hat mit Partnerschaftlichkeit nicht das Geringste zu tun.

Menschen sollten in einer modernen Gesellschaft nicht mehr das Eigentum anderer sein, sondern über ihr Leben selbst bestimmen dürfen.

Wenn diese grundlegende Regel fehlt in der Beziehung kann ich nur empfehlen, aus dieser falschen Partnerschaft auszusteigen und andere Lösungen zu suchen.

Sicher gibt es auch heute noch Abhängigkeiten, bei denen dieser Ausstieg mehr Probleme aufwirft. Wenn z.B. Menschen aus anderen Ländern nur heiraten, um eine andere Staatsbürgerschaft zu erhalten und damit in dem Land bleiben zu dürfen. Aber das ist ein Problem, dass die Politik über die Zeit klären muss.

Manche Partner erkennen aber auch durch ihre eingeschränkte Sichtweise, die z.B. ihre Erziehung nicht, wie sie der Partnerschaft schaden.
Hier empfehle ich die Lösungen und Hilfen im Punkt 6 dieses Buches.

Ich möchte das an einem delikaten Beispiel fest machen: Wenn einer der Partner mal fremd geht kann das eine Beziehung völlig zerstören, wenn dieser Besitzgedanke sich fest gefressen hatte. Andere Paare gehen zusammen in den Swingerclub, haben dort ihr Vergnügen mit wechselnden Partnern, gehen danach nach Hause, tauschen sich vielleicht noch darüber aus und sind glücklich miteinander.

Leider lässt eine Erziehung zu Schamhaftigkeit, Prüderie und dem Eigentumsgedanken solche Lösungen bei anderen Paaren nicht zu. Da muss halt der Partner mit dem möglichen größeren Bedürfnis im Gefängnis des eingeengten Denkens des Partners schmachten und verkümmern. Und das ist dann Liebe?

Interessant ist auch das folgende Video:

www.arte.tv/guide/de/048316-000/vietnam-vielleicht-wird-mehr-draus/

Noch schlimmer wird es, wenn wir unsere Kinder als Eigentum betrachten. Unter

www.elternnetzwerk.24.eu/khalil.htm können Sie dazu folgendes finden:

„Eure Kinder sind nicht eure Kinder. Sie sind die Söhne und Töchter der Sehnsucht des Lebens nach sich selber.

Sie kommen durch euch, aber nicht von euch, und obwohl sie mit euch sind, gehören sie euch doch nicht.

Ihr dürft ihnen eure Liebe geben, aber nicht eure Gedanken, denn sie haben ihre eigenen Gedanken.

Ihr dürft ihren Körpern ein Haus geben, aber nicht ihren Seelen,

denn ihre Seelen wohnen im Haus von morgen, das ihr nicht besuchen könnt, nicht einmal in euren Träumen.

Ihr dürft euch bemühen, wie sie zu sein, aber versucht nicht, sie euch ähnlich zu machen.

Denn das Leben läuft nicht rückwärts, noch verweilt es im Gestern.

Ihr seid die Bogen, von denen eure Kinder als lebende Pfeile ausgeschickt werden.

Der Schütze sieht das Ziel auf dem Pfad der Unendlichkeit, und Er spannt euch mit Seiner Macht, damit seine Pfeile schnell und weit fliegen.

Laßt euren Bogen von der Hand des Schützen auf Freude gerichtet sein;
Denn so wie Er den Pfeil liebt, der fliegt, so liebt er auch den Bogen, der fest ist.
Khalil Gibran, arabischer Dichter, 1883-1931

Und auch Jean Liedloff spricht in Ihrem Buch „Auf der Suche nach dem verlorenen Glück; Gegen die Zerstörung unserer Glücksfähigkeit in der frühen Kindheit" davon, dass die Kinder kein Eigentum, sondern vollwertige Mitglieder der Gesellschaft sein sollten.

2.3. Klammern

Klammern bedeutet, dass ein Partner den anderen in seiner Bewegungsfreiheit einschränkt, ihn fest hält.

Bemerkbar macht sich das, in dem häufig gefragt wird „Wo Gehst Du jetzt hin?", Woher kommst Du?" oder ständig nachtelefoniert wird.

Als Motive steckt hinter dem Klammern Angst, den Partner zu verlieren, Überforderung oder ein übergroßes Bedürfnis nach Nähe, Liebe und Unterstützung. Das kann bis zur Panikattacke gehen, bei der jedes Verständnis für den Partner verloren geht.

In der Anfangsphase, der heißen Liebesphase, ist es meist für beide Partner ein starkes Bedürfnis, so oft wie möglich zusammen zu sein und so viel wie möglich über den Partner zu erfahren oder zu wissen.

Mit der Zeit kann jedoch das Klammern sehr stark nerven, kann sowohl den beruflichen als auch den Freizeitablauf beeinträchtigen, den Freundeskreis stark schädigen und die Freude enorm einschränken. Damit können sehr negative Gegenreaktionen verbunden sei.

Das kann ein verändertes Fühlen und Handeln gegenüber dem Klammernden sein, das bis hin zur Trennung führen kann oder Trotzreaktionen, die dann zum Fremdgehen oder anderem führen können.

Hintergrund des Klammerns können ein zu geringes Selbstwertgefühl des Klammernden sein oder auch Unsicherheit zur Partnerschaft.

Wer sich auf das Klammern einlässt wird über die Zeit frustriert werden und die Liebe wird nachlassen. Man bringt schließlich ein Opfer, das man gar nicht bringen will und es auch nicht für notwendig hält.

Lösung: Miteinander reden und Verständnis und damit Lösungen füreinander finden. Notfalls auch dritte Personen als „Schiedsrichter" zuziehen, die jedoch auch tatsächlich unparteiisch sein sollten und Vertraulichkeiten für sich behalten können.

Es ist manchmal nicht leicht, solche Personen zu finden. Dann hilft wahrscheinlich nur noch professionelle Hilfe bei einem dementsprechend erfahrenen Therapeuten. Eine Auszeit zum gewinnen von Abstand und zum Nachdenken haben auch viele Paare als notwendig und gut in einer derartigen Situation empfunden. Meist löst sich dann der Konflikt über die Zeit, beide Partner werden wieder relaxter und können mit veränderten Einstellungen wieder zueinander finden. Es reicht meist aus, den Blickwinkel zu wechseln. Im NLP nennt man das Reframing. Man geht z.B. aus der Beziehung und schaut mal den Augen des Partners oder eines unbeteiligten Außenstehenden auf die Beziehung du wird zu neuen Einblicken kommen. Man muss es nur wollen!

Im Gegensatz zum Klammern gibt es auch einfach Egoismus und Eigentumsdenken, bei dem einer der Partner davon ausgeht, dass der andere einfach ständig für ihn dazu sein habe.

2.4. Ich bin der Mittelpunkt der Welt

Besonders bei Menschen, die als Einzelkind aufgewachsen sind kann man das häufiger beobachten. Sie waren natürlich über viele Jahre Mittelpunkt der Familie und sind es dort auch im Erwachsenenstadium noch. Es fällt ihnen daher sehr schwer, außerhalb der Familie diesen Platz nicht einnehmen zu können. Konflikte mit anderen Menschen sind dann meist vorprogrammiert. Da ihnen innerhalb der Familie meist Verantwortung und Arbeit abgenommen wurden sind sie in vielen Fällen auch recht unselbständig.

Intelligente und damit denkfähige ehemalige Einzelkinder sind jedoch in der Lage, das Konfliktpotenzial mit ihrer Umwelt zu erkennen und können dazu andere Lösungen finden.

2.5. Fremdgehen

Im Kapitel „Mein Partner ist mein persönliches Eigentum" wurden sehr unterschiedliche Einstellungen dazu bereits benannt.

Ob ich mich dabei betrogen fühle oder nicht hängt in erster Linie von mir selber ab.
Etwas ganz anderes ist es, welche Ursachen es für das Fremdgehen gibt?

Ein Gewissenskonflikt kann entstehen, wenn dem Partner Vertrauensbruch vorgeworfen werden kann. Gegenfrage: was wäre denn, wenn der Partner vorher informiert hätte? Wäre es dann immer noch ein Vertrauensbruch?

Gerade in der heutigen Zeit scheinen sich z.B. Dreiecks- oder polyamore Beziehungen fast zu einer Modeerscheinung zu entwickeln.

Quelle: www.augsburger-allgemeine.de/themenwelten/leben-freizeit/Dreiecksbeziehung-Eine-Liebe-mehrere-Partner-id18756501.html

Aber kommen denn nicht diese polyamoren Beziehungen den Partner nicht gelegen? Wenn man es richtig bedenkt: ein idealer Partner für den Sex, einer, der einen besonders gut zuhören und verstehen kann, einer der begeistert usw. mein eigener Partner kann doch nicht alles gleichzeitig so perfekt, oder?

Lassen wir uns von unserem Denken selbst so weit einschränken, dass wir andere Alternativen ablehnen wie die Kirche im Mittelalter die Erkenntnisse von Galileo Galilei?
Ja, das Eigentumsdenken und seine Folgen!

Wer ist denn für die Folgen zuständig? Wenn aus diesen anderen sexuellen Beziehungen Kinder entstehen?
Aber auch hier möchte ich auf folgende Quelle verweisen:

www.arte.tv/guide/de/048316-000/vietnam-vielleicht-wird-mehr-draus/

Hören sie sich mal die Auffassung des Ehemannes an und was er zu unehelichen Kindern seiner Frau vertritt. Es gibt immer alternativen zu eigenem Denken und Einstellungen. Und die müssen nicht immer schlechter sein.

Häufig ist gerade bei jungen Leuten gar nicht die Absicht beim „Fremdgehen", sich einen neuen Partner zu suchen. Viele befinden sich einer glücklichen und stabilen Partnerschaft und tun es trotzdem! Und nicht mal, weil sie übergroße sexuelle Bedürfnisse haben, die ihr Partner nicht zu befriedigen in der Lage ist. Viele junge Leute sind ganz einfach neugierig! Und Neugier ist der Ausgangsstoff für das lernen. Keine Neugier kein Lernen! In diesem Fall geht es darum, weitere und neue Erfahrungen zu sammeln.

Aus dieser Betrachtungsweise heraus ist also „Fremdgehen" für Menschen nichts Unnatürliches. Es verstößt nur gegen die historisch aufgestellten Regeln, sein Eigentum zu sichern und gegen alle Angriffe bis aufs Äußerste zu verteidigen.

Und nicht selten wird dem Partner vorgeworfen, dass er keine Ahnung habe und nichts können, aber neue Erfahrungen machen und seine Neugier befriedigen darf er auch nicht. Das ist in sich sehr widersprüchlich.

Mir berichtete ein Klient: „wenn es in meiner Beziehung kriselte suchte ich eine Beziehung außerhalb. Auch zu der neuen Beziehung verhielt ich mich anständig und verantwortungsvoll. Aber jetzt konnte ich meine Ehe wieder von außen betrachten. Der neuen Beziehung musste ich mehr Beachtung entgegen bringen, Blumen und Geschenke bringen usw. Da habe ich dann überlegt: wann hast du das das letzte Mal mit der eigenen Frau gemacht? Ja, man kommt zum Nachdenken und neuen Einsichten. Jetzt bringe ich meiner Frau mehr Aufmerksamkeit entgegen, Blumen und Geschenke mit und was passiert? Sie wird böse und bezichtigt mich, dass ich fremd gegangen sei?
Ergebnis: sie verweigert sich ihm sexuell und er muss im Wohnzimmer auf der Couch schlafen!

Meine Frage dazu: motiviert denn diese Reaktion dazu, nicht mehr fremd zu gehen?

Wie soll der arme Mann denn jetzt seine Bedürfnisse befriedigen?

Solche Reaktionen zeigen mir, wie wenig verstanden wird von der Psychologie und man sich nur auf sich selbst konzentriert und sich bemitleidet fühlt und andere bestraft. Ob das wirklich Sinn macht wird dummerweise gar nicht hinterfragt.

„Ich habe recht und das muss allen anderen genügen!",
scheinen da viele zu denken.

Aber eine Lösung ist das nicht! Eher schon der Anfang vom
Ende!

Er berichtet weiter, dass er durch die anderen Beziehungen
natürlich auch Vergleiche angestellt habe und seine eigene
Frau dabei gar nicht schlecht abgeschnitten habe. Das
Ergebnis hat sie das in seinen Augen immer wieder erhöht.
Dieses „Fremdgehen hat mehrmals meine Ehe gerettet und
dafür werde ich noch von meiner Partnerin böse
angegangen." Welchen Rat soll ich diesem Mann geben?

Natürlich kann die Information vom Fremdgehen des
Partners auch sehr verletzen. In einer guten Partnerschaft
können die Partner aufeinander zugehen und gemeinsam auf
Lösungssuche gehen. Lösungen sind aber wie im übrigen
Leben auch meist Kompromisse. Ich selbst habe manchmal
eine schlechte und eine noch schlechtere Lösung zur Auswahl.
Danach werde ich gefragt, warum ich eine schlechte Lösung
gewählt habe? Nun, weil keine bessere in Aussicht war.

2.6. Missverständnisse (falsche Bilder im Kopf)

Falsche Schlussfolgerungen (Experiment Frosch)

Hierzu eine Fabel:

Ein Wissenschaftler erhält einen Frosch und soll damit
irgendwelche Experimente durchführen. Er übt so lange mit
dem Tier bis das auf den mündlichen Befehl „spring!" in die

Höhe springt. Der Wissenschaftler setzt sich hin und füllt das Versuchsprotokoll aus:

1. Versuchstag. Frosch mit 4 Gliedmaßen. Auf den Befehl „spring!"
springt der Frosch (er misst nach) 91 cm hoch.

Am nächsten Tag schneidet er dem Frosch das linke Vorderbein ab. Er
trägt ein:

2. Versuchstag. Frosch mit 3 Gliedmaßen. Auf den Befehl „spring!"
springt der Frosch (er misst nach) 72 cm hoch.

Am nächsten Tag schneidet er dem Frosch das rechte Vorderbein ab. Er
trägt ein:
3. Versuchstag. Frosch mit 2 Gliedmaßen. Auf den Befehl „spring!"
springt der Frosch (er misst nach) 39 cm hoch.

Am folgenden Tag schneidet er dem Frosch das linke Hinterbein ab. Er
trägt ein:
4. Versuchstag. Frosch mit 1 Gliedmaß. Auf den Befehl „spring!" springt der Frosch (er misst nach) 12 cm hoch.

Am weiteren Tag schneidet er dem Frosch das letzte Bein ab. Er sagt:
„Spring!", Spring!", Spring!", Spring!", Spring"
Nichts passiert – logischerweise.

Er trägt in sein Versuchsprotokoll ein:

„Am letzten Versuchstag verlor der Frosch sein Gehör!"

Soweit zu wissenschaftlichen Schlussfolgerungen. Manche erhalten für derartige „wissenschaftliche" Leistungen sogar einen Doktortitel!
Ich kannte sogar einen Professor auf diesem Niveau. Er hatte wahrscheinlich einen guten Mäzen.

Viele Probleme werden durch einfache Missverständnisse ausgelöst.
Wenn es heißt, wir treffen uns an diesem oder jenen Ort (z.B. an der Kirche) kann es sein, dass jeder der Partner zu diesem Ort ein anderes Bild im Kopf hat. Beide werden zur vereinbarten Zeit an unterschiedlichen Orten sein und der Konflikt ist vorprogrammiert!

Es können aber einfach auch Einstellungsfragen sein, wie der Partner reagiert. Hier ein Beispiel:

Mehrere Kollegen beschweren sich in der Arbeitspause über ihre Frauen, wie sie von denen nicht verstanden werden und daher zu häufigem Streit in der Beziehung kommt. Da sich ein Kollege nicht an diesem Gejammer beteiligt wird er dazu befragt.
Er gibt an, dass er da nicht mitreden könne, da er sich noch nie mit seiner Frau gestritten habe und er daher auch gar nicht weiß, wie man das macht. Die Kollegen sind verwundert, fragen ihn aber dann, ob er sich nicht auch mal streiten möchte, damit er mitreden könne? Sie geben ihm also auf, nach Hause zu gehen, alle Türen der Küchenschränke und das Fenster zu öffnen und wahllos das Geschirr aus dem Fenster zu werfen. Er werde dann schon sehen, dass er den allerfeinsten Streit mit seiner Frau habe, bei dem er noch was lernen könne.

Nun nach der Arbeit geht er nach Hause und wirft das Geschirr aus dem Fenster. Seine Frau kommt dazu, schaut sich das eine Weile an und fragt ihn dann ganz ruhig „Schatz, Du hättest es mir doch sagen können, wenn Du im Garten essen möchtest!"

Ganz ehrlich – ich möchte auch so eine Frau!

2.6.1. Unverständnis und Irrtum

Unverständnis kommt durch Nichtverstehen oder Ablehnung zu Stande. Das können unterschiedliche Ansichten sein, aber auch die Ablehnung von Entscheidungen, die der Partner nicht mittragen möchte. Unverständnis tritt z.B. häufig beim Vertrauensbruch oder beim Lügen auf. Unverständnis für einen Sachverhalt setzt aber das verstehen der Situation als solche voraus und setzt ein Motiv voraus.
Der Irrtum dagegen geht von falschen Voraussetzungen aus. Wenn sich jemand im Datum irrt und dann einkaufen gehen will bemerkt er seinen Irrtum vielleicht erst am geschlossen Geschäft. Der Irrtum ist also nicht vorsätzlich oder Motiviert.

2.6.2. Unvollständige Informationen – zuhören (stille Post)

"Wenn man mir nicht zuhört, dann ist das so, als ob ich nicht da bin." Diese Aussage einer siebenjährigen Grundschülerin aus einem Hörclub der Stiftung Zuhören bringt es auf den Punkt: Nur wenn man mir zuhört, werde ich wahrgenommen. Hört man mir nicht zu, fühle ich mich nicht beachtet und wertlos."
(Quelle: www.stiftung-zuhoeren.de/)

Am deutlichsten wird das bei dem Spiel „Stille Post".

www.gruppenspiele-hits.de/kreisspiele/stille-post.html

Hier kann man ganz genau sehen, wie viele Informationen verloren gehen während der Weitergabe an den Nächsten oder auch ganz falsch aufgefasst oder interpretiert werden. Übrigens entstehen auf diese Weise auch die meisten Verleumdungen.

Variante 1: Nicht selten kommt es vor, dass ein Partner den anderen über etwas informiert. Der informierende Partner hat die gesamte Information im Kopf, gibt aber nur einen Teil davon weiter. Jetzt geht er davon aus, dass der Partner genau so viel weiß wie er selbst.
So kann über jemanden berichtet werden, ohne dass ein Name genannt wird. Der andere Partner kann jetzt in Gedanken die Information aber einer anderen Person zuordnen und ein möglicher Konflikt ist vorprogrammiert „Du kannst nicht Zuhören, wenn ich Dir etwas erzähle! Anderen hörst Du doch auch zu, oder?" usw.

Variante 2: Noch problematischer ist es, wenn man den Partner informieren möchte, und dieser bricht die Information ab mit solchen Bemerkungen „Du musst nicht jedes Mal einen Roman erzählen" und andere solch schlauen Bemerkungen. Da hat der informierende Partner keine Chance, seine Information vollständig an den Partner zu bringen, so dass dieser sie auch verstehen kann.

Viele Menschen haben entweder nicht die Geduld oder sind tatsächlich nicht in der Lage, anderen zuzuhören und haben häufig auch nicht die Bereitschaft, den Partner zu verstehen.

Dann ist die Partnerschaft durch Kommunikationsprobleme aber bereits stark gefährdet.

Dazu eine Fabel:

Ein Mann, der andauernde Streitigkeiten mit seiner Frau nicht länger ertragen konnte, bat einen Meister um Rat: "Kaum macht einer von uns den Mund auf, unterbricht ihn der andere schon. Ein Wort, dann haben wir gleich wieder Streit miteinander, und jeder von uns ist mürrisch und schlecht gelaunt", sagte der Mann. Dabei lieben wir uns doch, aber so kann es nicht weitergehen. Ich weiß einfach nicht mehr, was ich machen soll."

"Du musst lernen, deiner Frau zuzuhören" sagte der Meister. "Und wenn du sicher bist, dass du diese Regel beherrscht, dann komm wieder zu mir."

Nach drei Monaten sprach der Mann wieder beim Meister vor und erklärte, er habe jetzt gelernt, auf jedes Wort, das seine Frau sagt zu hören.

"Gut", sagte der Meister mit einem Lächeln. "Wenn du in einer glücklichen Ehe leben willst, musst du jetzt noch lernen, auf jedes Wort zu hören, das sie nicht sagt."
Verfasser: Herbert Lechleitner

Bei wichtigen Informationen ist es also wichtig, dass wir notfalls beim Partner nachfragen, ob er wirklich alles verstanden hat. Dumme Partner werden allerdings bei dieser Nachfrage schon zu Beginn abbrechen mit Bemerkungen wie „denkst Du etwa, ich bin blöd?" Meist haben sie es an dieser Stelle wirklich nicht vollständig verstanden.
Diese Bemerkung war also völlig unnötig, da der informierende Partner nur bestrebt war, Sicherheit in die Information zu bringen, so dass es richtig verstanden wurde und dann auch wie von ihm vorgesehen zum richtigen Denken und Handeln kommt.

Variante 3: Eine andere Variante kennen wir ebenfalls aus dem Alltag. Jemand in der Runde spricht über etwas und andere hören gar nicht hin, sondern warten nur ungeduldig, bis sie selbst etwas sagen dürfen. Nicht selten passt das dann aber gar nicht zum Gegenstand des bisher Gesagten und alle Anderen wundern sich. Wer nicht zuhören kann blamiert sich also selbst, so gut er kann.

Variante 4: Der Partner hört zwar alles, was gesagt wird, aber versteht es nicht oder will es nicht verstehen. Im ersten Fall kann man das klären, in dem man rückfragt, bis man Klarheit hat. Aber auch diese Rückfrage kann mit Bemerkungen wie „Muss ich Dir alles zwei Mal erklären?" abgeschmettert werden.
Sie kennen sicher jede Menge solcher Begebenheiten.

Lösung: Richtig zuhören heißt also einerseits, tatsächlich alles zu hören, aber auch, sich in den Partner hinein versetzen und mit zu denken, um ihn zu verstehen und notfalls nachzufragen. Oder auch „habe ich das jetzt richtig verstanden?" und den Partner noch mal rezitieren.

Zu Problemen kann es auch zwischen der mündlichen Information und der Körpersprache kommen. Wenn jemand gleichzeitig ja sagt und dabei mit dem Kopf schüttelt ist er möglicherweise aus einem anderen Land oder er lügt, oder?

In einer Paartherapie würde ich das mit den Beteiligten üben, bis es funktioniert!

Wer jetzt denkt, dass das weniger wichtig wäre irrt. Denn durch zuhören und verstehen teile ich meinem Partner gleichzeitig meine Wertschätzung mit. In den Varianten 1 - 4 kann der Partner davon ausgehen, dass er derzeit uninteressant ist und in den Augen seines Gegenübers gerade keine Wertschätzung erfährt oder ihn etwas ganz anderes viel mehr interessiert.

Aber auch „Verstehen, will nie heißen, auch einverstanden zu sein". Man kann also auch anderer Meinung sein und sich dann mit dem Partner dazu verständigen ohne zum Besserwisser zu werden. Das ist z.B. notwendig, wenn es um terminabsprachen geht.

„Wer redet sät und wer hinhört erntet" – Argentinisches Sprichwort

Zuhören heißt: hin-hören;
inne-werden;
den, dem man zuhört, annehmen,
gelten lassen,
ernst nehmen.

Ein Mensch, der zuhören kann, hat Seltenheitswert.

Manchmal kann einer, der zuhört, wichtiger sein als ein Stück Brot. (Quelle unbekannt).

2.6.3. Das habe ich Dir doch gesagt

„Wann bist Du denn da?" – „Wenn ich da bin!" ?

„Was soll ich denn mitbringen?" – „Das habe ich Dir doch vorhin gesagt!"

„Was gibt es denn heute Mittag?" - !"Das wirst Du dann schon sehen!"

Wer fragt weiß etwas nicht und möchte das wissen. Solche Antworten beantworten aber die Frage nicht und frustrieren den Fragenden meist. Er hat nicht nur keine Antwort auf seine Frage erhalten sondern ist auch noch dumm behandelt worden.

Wenn dann eine entsprechende negative Gegenreaktion kommt oder aus Unwissenheit eine falsche Entscheidung getroffen wird muss sich der Antwortende nicht wundern. Auch dann nicht, wenn im Anschluss daran mit ihm das Gleiche gemacht wird.

2.6.4. Ich habe es gewusst

Es gibt Menschen, die haben hinterher immer alles gewusst. Das nervt einfach nur. Entweder ich bewahre meinen Partner bereits vorher vor falschen Entscheidungen oder ich helfe ihm danach, mit der Situation fertig zu werden.

Aber mit „Ich habe es gewusst" ist so, als wenn jemand mit einem Dolch in einer offenen Wunde stochert. Damit kann man beim Partner nicht punkten, sonder nur Frust auslösen.

2.6.5. Gedankensprünge

Auch bei meinen Klienten konnte ich immer wieder beobachten, dass diese in ihren Erzählungen Gedankensprünge machten und dann davon ausgingen, dass ich wusste, von was sie sprachen.

Wenn Sie von Person A berichteten und dann zu einem Verwandten B sprangen war ich meist gezwungen, zu fragen, ob wen es denn jetzt geht. Oder habe aus dem Gesagten völlig falsche Schlussfolgerungen gezogen, da ich ja gar nicht richtig informiert wurde.

In der Partnerschaft kann so ein Zustand schnell zu Differenzen führen und dann bei Verwirrung des zuhörenden Partners und dessen Rückfragen wieder mit Killerargumenten begegnet werden: „Du hörst mir nicht richtig zu" usw.

2.5.5. Sprechen ohne Nachzudenken

Es gibt ein Sprichwort „Erst Gehirn einschalten, dann den Mund aufmachen". Leider gelingt das vielen Mitmenschen nicht und sie platzen das heraus, was ihnen gerade einfällt ohne vorher nachzudenken, was sie da eigentlich von sich geben.

Wenn das häufiger passiert kann das jede Art von Partnerschaft schwer belasten. Es zeugt auch nicht von Verantwortung und Partnerschaftlichkeit, wenn ich Andere ungeprüft jederzeit mit allem verbalen Müll überhäufe

2.6. Abhängigkeiten

Abhängigkeiten bestehen häufig zwischen Personen mit starkem und mit schwachem Selbstwertgefühl. Die starke Person gibt vor, was innerhalb der Partnerschaft passiert und die schwache Person richtet sich danach aus.

Eine weitere Variante ist die Abhängigkeit von finanziellen Mitteln oder anderen gegenständlichen Mitteln wie Alkohol.

Drittens kann auch eine Person aus Ängsten in Abhängigkeiten verfallen. So kann
man einem anderen verfallen sein und alles machen was dieser will, obwohl im restlichen Leben diese Person stark ist. Diese Ängste werden auch nicht selten von körperlich Behinderten erlebt, die auf den Partner angewiesen sind.

Solche Ängste können sich in der Kindheit entwickelt haben. Wer eine schwere Kindheit hatte möchte jetzt endlich aus dieser Situation raus und eine glückliche Partnerschaft leben. Dafür ist man dann zu sehr vielen Zugeständnissen bereit, die aber nicht selten zu Zuständen ähnlich der Kindheit führen. Manche Menschen ziehen trotz schlechter Erfahrungen immer wieder Menschen des gleichen Typs an, mit denen sie bereits diese schlechten Erfahrungen gesammelt haben. Sie sind nicht in der Lage, diesen Kreislauf zu durchbrechen.

Eine glückliche Partnerschaft geht vom Gleichgewicht der Partner aus und dass sich jeder gleich in die Partnerschaft einbringt und dort auch seinen anteiligen Verpflichtungen nachkommt. Nicht einer auf Kosten des Anderen in der Partnerschaft lebt wie ein Kuckucksjunges.

Auch für den stärkeren Partner ist eine gleichberechtigte Partnerschaft wertvoller, da dann der andere Partner sich wertvoller, z.B. kreativer, in die Gemeinschaft einbringen kann.

Gleichberechtigte Partner können auch außerhalb der Partnerschaft ihrem Beruf nachgehen, Freundeskreis pflegen Hobbys haben usw. und damit Erfolgs- und andere Erlebnisse mit in die Partnerschaft einbringen und diese damit bereichern und interessanter gestalten. Am Langweiligsten ist doch eine frau, die den ganzen Tag zu Hause ist und selbst nichts anderes erlebt. Mit was will sie ihren Partner überraschen, wenn er nach Hause kommt?

Unsichere Partner werden immer wieder nachgrübeln, wie gefährdet gerade ihre Partnerschaft jetzt im Augenblick ist oder in der Zukunft sein wird. Da können dann Filme im Kopf ablaufen und Verhaltensreaktionen, die der Partner nicht nachvollziehen kann. Und da er nicht weiß, was los ist wird er wahrscheinlich falsch reagieren und die Visionen werden sich erfüllen als selbsterfüllende Prophezeiung.

Um Abhängigkeiten zu vermeiden sind Umgangsformen wie im Punkt 1. genannt notwendige Voraussetzungen. Wenn sich diese Voraussetzungen nicht herstellen lassen sollte eine Trennung ernsthaft erwogen werden.

2.7. Einfluss dritter Personen (Schwiegermutter)

Der Einfluss dritter Personen wird häufig unterschätzt oder diese falsch in der Partnerschaft bewertet.

Dritte Personen können eine Partnerschaft wesentlich bereichern oder ihr großen Schaden zufügen.

Ich habe oft erlebt, dass beide Partner in Frieden und Harmonie zusammen gelebt haben, bis eine dritte Person dazu gekommen ist.

Variante 1: Das kann die berühmte böse Schwiegermutter sein, die die Beziehung wieder auseinander bringen möchte. Meist bekommen Männer eine gute Schwiegermutter, da diese einen Sohn dazu bekommt. Frauen dagegen nehmen den Müttern ihrer Männer deren Söhne weg. Hierstecken also nicht selten starke Gefühle dahinter, die die Betroffenen aber gar nicht erkennen.

Variante 2: Auch Personen mit ganz eigenen schädlichen Motiven können Zwietracht säen.

Variante 3: Diese dritten Personen könne auch völlig Fremde sein, die aufgefangen Gerüchte weiter tragen, nachdem sie sie noch weiter aufgebläht und damit für ihre Zuhörer interessanter gemacht haben und damit die Beziehung auseinander bringen.

Variante 4: Sobald eine dritte Person dazu kommt erhält diese sofort das Interesse und ein Partner verbündet sich mit dieser, um eigene Interessen gegen den Partner durchzusetzen. Dieses Interesse kann auch einfach nur darin bestehen, für die dritte Person interessant zu werden. Dafür wird dann zeitweilig der Partner „geopfert" und muss alle möglichen Angriffe dann von den beiden Gegnern über sich ergehen lassen. Das ist häufig zu beobachten. Selbst Kinder wenden sich schnell von ihrem bisherigen Spielpartner ab oder beleidigen ihn sogar, wenn der „neue" interessanter erscheint. Man macht sich allerdings schnell den Ruf und die Glaubwürdigkeit mit einem derartigen verhalten kaputt.

2.8. Unverständnis

Es passiert gar nicht so selten, dass uns andere Menschen nicht verstehen können oder verstehen wollen. Beides muss man aber sauber trennen.

Allein diesem Thema habe ich ein ganzes Buch gewidmet, den Band der Reihe „Psychologie für Dummies" mit dem Titel „Werden dumme Menschen so geboren?".

Hier wurden die Ursachen herausgearbeitet, warum sich Menschen nicht verstehen. Hier also eine Kurzfassung:

Meine Persönlichkeit besteht aus 3 Quellen:

- meiner genetischen Veranlagung

- der Einwirkung meines Umfeldes über die Zeit (Schule, Moral und Sitten usw.)

- meiner bewussten und zielgerichteten Entwicklung

Im Thema Lernfähigkeit bin ich ebenfalls auf diese Problematik eingegangen.

Wie gut ist jemand in der Lage, sich veränderten Umweltbedingungen anzupassen? In der freien Natur sterben die Arten aus, denen das nicht genügend gelingt. In der Gesellschaft hängen Erfolg und Glück von unserer Lernfähigkeit bei veränderten Bedingungen ab.

Schlussfolgerung: wenn ich nicht lernfähig genug bin werde ich weder erfolgreich oder glücklich oder gebe mich mit einem sehr geringen Level zufrieden.

Glück heißt aber meist nicht Reichtum und Macht, wie viele dumme Menschen glauben. Viele Menschen mit großem Reichtum oder Macht sind im Gegenteil sehr unglücklich, da sie sich in einem selbst gebauten Gedankengefängnis befinden, das den Erhalt der macht und des Reichtums sichern soll. Viele leiden dadurch an übergroßen Verlustängsten, die sie aber nicht außen hin zeigen.

2.9. Wichtig, unwichtig – Werte, Wertmaßstäbe, Unverhältnismäßigkeit

Jeder von uns geht davon, dass ein glückliches Leben am erstrebenswertesten ist. Aber woran erkennen wir, dass wir glücklich leben?
Diese Erkenntnis können wir uns nicht aus Büchern lesen oder in Schulungen erfahren.
Wer ständig in einer Umgebung lebt, die andere für sehr glücklich halten, wird das selbst als Alltäglichkeit erleben, also als etwas nichts Besonderes.

Wir können das erst selbst erkennen, wenn wir Vergleiche anstellen können, am besten mit eigenen Erfahrungen.

Wer einmal ganz unten hart aufgeschlagen ist, Alkoholiker war und hat das überwunden, wer kurz vor einem Suizid stand oder andere Schlimme Lebenserfahrungen sammeln musste, kann recht gut einschätzen, wie gut es ihm derzeit geht.
Psychologen geben dazu gern einen Wertemaßstab vor in der Art:

„wenn es eine Skala gäbe von 1 bis 10 und 1 ganz schlecht und 10 sehr gut wäre: wie würden Sie sich jetzt einschätzen?" Das kann man natürlich noch ausführlich begründen lassen.

Also, nur wer bereits sehr schlechte Erfahrungen gemacht weiß, dass der derzeitige Zustand viel besser ist und kann ihn damit auch entsprechend wertschätzen, sich möglicherweise sogar glücklich fühlen.

Aber auch in den alltäglichen kleinen Dingen kommen hier immer wieder kuriose Sachverhalte und Verdrehungen vor.

So wird bei einem kleinen Fleck auf dem Fußboden, der nach 5 Sekunden beseitigt ist so ein großes Drama daraus gemacht, als wäre dabei fast jemand ums Leben gekommen, während wirklich große Dramen teilweise aus Unverständnis fast gar keine Reaktionen auslösen.

Hier sprechen wir von Unverhältnismäßigkeit. Die Reaktionen sind also zur eigentlichen Ursache völlig unverhältnismäßig. Das beste Beispiel von Unverhältnismäßigkeit können Sie bei vielen Menschen beobachten, wenn eine Spinne, eine Maus oder ein Frosch auftaucht. Obwohl in unseren Breiten diese Tiere weitestgehend harmlos sind und niemanden etwas tun geht nicht selten ein Schrei los, als wäre das Leben ernsthaft bedroht. Kennen Sie das?

Das kann natürlich dem Partner, der unter solchen Unverhältnismäßigkeiten zu leiden hat, ganz schön nerven und die Beziehung erheblich belasten.

Zu den Unverhältnismäßigkeiten gehören auch die ständig und überall anzutreffen Über- und Untertreibungen. Diese sind aber dann eher den Manipulationen zuzuordnen, die weiter hinten im Buch erläutert werden.

2.10. Humor

„Humor ist die Begabung eines Menschen, der Unzulänglichkeit der Welt und der Menschen, den alltäglichen Schwierigkeiten und Missgeschicken mit heiterer Gelassenheit zu begegnen." (Otto Julius Bierbaum)

Humor gehört in jede funktionierende Partnerschaft. Damit kann man bereits im Vorfeld auf eine nicht verletzende Art und Weise hindeuten, wenn etwas nicht stimmt und diese Situation dann mental karikieren und damit die Spitze des Problems brechen und Lösungen anbahnen. Man vermeidet mögliche Konflikte oder gar Streit auf eine sehr kreative Weise und baut dem Partner Brücken.

Humor bedeutet aber wirklich kreativ mit Gedanken spielen zu können. Die Grundlage des Humors ist das Reframing von Gedanken, also einen Zusammenhang in einem völlig anderen Rahmen zu stellen, so dass der Zuhörer erst mal verblüfft ist über das unerwartete Ergebnis.

Probleme treten aber dann auf, wenn ein Partner kreativ und humorvoll ist und der andere Partner nicht in der Lage ist, diesen Gedankensprüchen kreativ zu folgen. Dann kann es aus Unverständnis durchaus zu Konflikten kommen, die durch den Humor eigentlich vermieden werden sollten.

Wenn allerdings jemand auf Knopfdruck 2 Stunden lang Witze am laufenden Band erzählt mag er ein gutes Gedächtnis für Witze haben, aber mit echtem Humor und Kreativität hat das wenig zu tun.

Auch Menschen, die nur über ihre eigenen Späße lachen können sind nicht tatsächlich humorvoll, sondern nur bestrebt, im Mittelpunkt des Interesses zu stehen.

Ohne Humor lässt sich eine Partnerschaft nur viel schwerer ertragen. Mit Humor ist es einerseits lustiger und lockerer, andererseits können sich die Partner humorvoll Dinge sagen, für die andere Personen andere Lösungen wie Gespräche oder Hilfe benötigen. Mit Humor kann man sich über Probleme informieren, anbahnende Probleme entschärfen oder dem Partner Brücken bauen.

Das setzt allerdings voraus, dass beide Partner humorvoll sind und auch Humor verstehen. Denn Humor setzt Intelligenz und Verständnis voraus, dass nicht alle Menschen mitbringen.

Humorvoll ist ein Mensch dann nicht, wenn er auf Knopfdruck 2 Stunden Witze am laufenden Band erzählen kann, sondern wenn er mir kreativen neuen Verknüpfung von Sachverhalten Andere zum Lachen bringt.

Es gibt aber auch Menschen, die über andere ihre „Späße" machen können, jedoch schnell böse werden, wenn das Gleiche mit ihnen gemacht wird. Auch diese Menschen sind weder humorvoll noch locker oder kreativ.

2.11. Ausreden

Ausreden sind eine besondere Form der Unaufrichtigkeit und verwandt mit den Lügen.

Es geht darum, mit einem falsch vorgebrachten (erfundenen) Grund eine Entschuldigung zu finden. Andernfalls werden Konsequenzen befürchtet.

Anstatt die Wahrheit zu sagen wird ausgewichen und zu Ausreden gegriffen. Dafür mag es mehrere Motive geben.

Zum einen kann man sich vor Angriffen Anderer zu schützen versuchen.

Es kann aber einfach auch nur Unehrlichkeit vorherrschen. In solchen Fällen sind Ausreden statt Ehrlichkeit unpartnerschaftlich.

2.12. Lügen, Notlügen, Übertreibungen

Bei den Lügen sollte man zwischen vorsätzlich vorgebrachten bewussten Lügen zur Täuschung Anderer und Notlügen unterscheiden.

Die Notlüge ist ein Sonderfall. Hier geht es um den Schutz der eigenen Person vor Konsequenzen. Dabei ist in vielen Fällen zu klären, wer denn mehr Schuld an der Lüge trägt: Derjenige der aus Not lügt oder Derjenige, der zum Lügen nötigt. In vielen Fällen bricht derjenige das Vertrauensverhältnis, der einen Anderen zum Lügen zwingt oder nötigt und diesem keinen anderen Ausweg lässt, meist aus größerer Angst heraus zur Notlüge zu greifen. Diese Situation ist für den Lügenden kaum erträglich und er würde andere Lösungen wählen, wenn man mit ihm vertrauensvoller und partnerschaftlicher umgehen würde. Die Notlüge basiert also in erster Linie auf Angst, die vom Nötiger beim Lügner erzeugt wird.
Die Notlüge kann aber auch dazu dienen, andere vor Schaden zu schützen. So kann es bei schweren Krankheiten sein, dass eine Notlüge die bessere Wahl als die Wahrheit ist. Hier wird die Nötigung nicht durch eine Person, sondern durch die besondere Situation erzeugt.

Auch bei Kindern wird teilweise die Notlüge verwendet, wenn diese z.B. Fragen stellen zur Sexualität, aber noch nicht das Alter und damit das Verständnis besitzen, um den tatsächlichen Sachverhalt zu verstehen.

Im Gegensatz geht es bei der Lüge um Täuschung oder Betrug und Vorteile für die eigene Person. Das reicht schon, wenn Lügen erzählt werden, um die eigene Person in besonders gutem Licht dastehen zu lassen, wie das z.B. Hochstapler tun. Dabei gehen die Lügner davon aus, dass die Gegenseite ihre Lüge nicht aufdecken wird.

Übertreibungen sind mit den Lügen eng verwandt, da sie auch über den tatsächlichen Sachverhalt täuschen. In vielen Fällen gehen jedoch beide Seiten davon aus, dass die Übertreibung bekannt ist und zur besseren Darstellung bestimmter Situationen im gegenseitigen Einvernehmen benutzt werden darf.

2.13. Selbständig - abhängig

Nicht nur Drogen oder Alkohol können abhängig machen. Auch in vielen Partnerschaften sind Abhängigkeiten anzutreffen.

Dabei sind eine Reihe Abhängigkeiten normal.

Materielle Abhängigkeiten: Wenn z.B. ein Kredit für ein gemeinsames Haus aufgenommen wurde könnte keiner der beiden Partner diese Last allein übernehmen.

Abhängigkeiten durch die Aufgabenverteilung: In der Familie ist häufig der Mann zuständig für Reparaturen, das Auto oder die Auseinandersetzung mit Behörden, während die frau sich um den Haushalt und die Kinder kümmert (klassische Rollenverteilung mir bitte nicht als frauenfeindlich anlasten – ich kann nichts dafür!).

Diese Rollenverteilung sollte jedoch nicht absolut und starr aufgefasst werden, sondern häufig auch ein Rollentausch stattfinden. Im Ernstfall, z.B. bei Krankheit, ist der andere Partner sonst möglicherweise völlig überfordert.

Abhängigkeit durch Gefühle: Ein Partner kann auch durch überstarke Gefühle auf den anderen angewiesen sein, z.B. durch starke Verlustängste.

Abhängigkeit durch die Rollenverteilung: Hiermit sind die Kinder in der Familie gemeint, die bis zu einem bestimmten Alter abhängig von ihren Eltern leben.

In allen Bereichen sollte daher vertrauensvoll in Gesprächen der jeweilige Stand der Abhängigkeit abgeklärt werden und wie damit in der Partnerschaft umgegangen wird, damit keine Unsicherheiten oder gar Ängste entstehen.

Auch in der Partnerschaft sollte eine gewisse Selbständigkeit bewahrt bleiben, damit im Notfall keine Überforderung stattfindet.

2.14. Selbstvertrauen –Selbstmitleid

Der "Leidende" und der "Rücksichtslose":
A kommt abends nach Hause. "Hallo, ich bins's!"
B: keine Antwort. B's Gesichtsausdruck ist traurig und verstimmt.

A: "Was ist denn schon wieder?"
b: "Nichts, mir geht es nicht gut."
A: "Hast du was Bestimmtes?"
B: "Nein, ich fühl mich nur schlecht."

Demonstratives Selbstmitleid in einer Partnerschaft wird oft als Manipulationsmittel benutzt. Partner A kennt dieses Spiel schon und geht nicht darauf ein, er ignoriert B's Leidenshaltung. Dadurch wird B in seiner Verstimmung bestätigt. Beide Partner verstärken sich gegenseitig in ihrem Fehlverhalten.

Selbstmitleid

Interessenlosigkeit, Rücksichtslosigkeit, Aggressionen
Bestätigung: verstärktes Selbstmitleid

vermehrte Rücksichtslosigkeit

Das demonstrative Selbstmitleid wird hier als "Waffe" eingesetzt, um eine partnerschaftliche Zuwendung zu erzwingen. Weil aber gerade das Gegenteil erreicht wird (emotionaler Rückzug des Partners) kommt es zu einer verstärkten depressiven Reaktion. Die Entflechtung solcher zwischenmenschlichen Verhaltensweisen ist außerordentlich schwierig. (1)

Auch Selbstmitleid ohne Druck auf den Partner führt als solches nicht zu Lösungen. Hier ist dann abzuklären, ob eine krankhafte Depression vorliegt oder man sich selbst wieder aus dieser inaktiven Situation befreien kann.

2.15 Sex in der Beziehung

Sex kann eine der Hauptsäulen in der Partnerschaft sein, muss es aber nicht. Bei körperlich behinderten Paaren z.B. kann Sex ganz ausgeschlossen sein.

Aber es gibt auch viele Paare, die sehr gern nur kuscheln, ohne dass es dabei zum Sex kommen muss. Ganz im Gegenteil würde das gute Gefühl beim Kuscheln verloren gehen, wenn befürchtet wird, dass der Partner andere Erwartungen hat.

Die Ansichten vieler Psychologen zum Thema scheinen dabei eher ihrem Wunschdenken zu entspringen als der Realität.

So gehen Thesen u.a. davon aus, dass erfüllte Sexualität und Liebe untrennbar verbunden seien. Dabei wird aber nicht einmal geklärt, was denn ihrer Ansicht nach Liebe überhaupt ist. Es wird also bekannter Sex mit etwas Unbekanntem verglichen. Was soll dabei heraus kommen?

Viel eher ist Sexualität und Phantasie miteinander verknüpft, wobei der Partner zwar als willkommener Erfüllungsgehilfe fungiert, aber nicht Mittelpunkt der Phantasie sein muss.

Sex ist ein Bedürfnis oder bei manchen auch eine Begierde und die Erfüllung muss mit Liebe nicht viel gemein haben. Sexualität ist auch sehr stark mit der Neugier verknüpft. Das kann dann aber dazu führen, dass Partner in einer langjährigen Beziehung keine Neugier aufeinander mehr entwickeln können. Dann muss die Neugier durch die Phantasie ersetzt werden.

So ist mir bekannt, dass lang verheiratete und ehrbare Frauen während des Sexspiels davon träumen, von mehreren jungen gutaussehenden Männern gleichzeitig beglückt zu werden. Natürlich schreibt sich der Mann zu, dass der Orgasmus seiner Frau Ergebnis seines beispiellosen Einsatzes ist.

Wer weiß denn schon, was im Kopf des Partners wirklich vor sich geht? Viele Menschen wären möglicherweise entsetzt, wenn sie das wüssten.

Es gibt Paare, die gehen gemeinsam in den Swingerclub und leben trotzdem eine feste und glückliche Partnerschaft oder vielleicht auch gerade deswegen.

Frauen rasten bei guten Strip Shows bis zur Ekstase aus und Männer gehen auch schon mal ins Bordell. Alles das hat mit Liebe nicht das Geringste zu tun.

Natürlich ist die Verknüpfung von Liebe und Sex der beste aller Fälle, aber ist bei vielen Beziehungen eher ein Mythos aus 1001 Nacht als Realität.

Und wie viele Partner benötigen Sie zum glücklich sein?

In unserer abendländischen Gesellschaft wird ja die Monogamie favorisiert. Aber warum eigentlich? Weil sie dem Eigentumsdenken folgt – mein Partner ist mein persönliches Eigentum. Und niemand sonst soll etwas von meinem Eigentum abbekommen.

Aber warum soll man denn nicht einen Partner für den Sex, einen für eine glückliche und zuverlässige Partnerschaft, einen als guten Ratgeber haben usw.?

Wer verbietet uns denn das? Das machen wir nur selbst, indem wir uns in unser Gefängnis der eigenen Gedanken, Phantasie und Gefühle einsperren und dort nicht wieder heraus finden. Aber unser eigener Partner kann doch nicht auf allen Gebieten der Beste wie ein Gott sein, oder?

2.16. Mangelndes Einfühlungsvermögen

Es gibt echte Mängel im Einfühlungsvermögen und vorgetäuschte.

Echte Mängel sind vorhanden, wenn ein Partner den anderen nicht verstehen kann oder will.

Wenn er es nicht will: dazu wurde im Punkt Missverständnisse bereits genug ausgesagt.

Wenn er es nicht kann besteht einerseits die Möglichkeit einer autistischen Störung oder seine bisherige Erziehung und Anschauung lässt bestimmte Empathie nicht zu.

Im Gegensatz sind die vorgetäuschten Mängel lösbar. Sie kennen alle diese Vorurteile Männer sind ganz anders, Frauen auch, aber auch Vorurteile zwischen Schwarzen und Weißen, Juden und Moslems, Autofahreren und Radfahrern. Sie können das beliebig fortsetzen.

Einfühlungsvermögen wird auch als Empathie bezeichnet.

Empathie bezeichnet die Fähigkeit und Bereitschaft, Gedanken, Emotionen, Motive und Persönlichkeitsmerkmale einer anderen Person zu erkennen und zu verstehen.

Zur Empathie gehört auch die Reaktion auf die Gefühle Anderer wie zum Beispiel Mitleid, Trauer, Schmerz oder Hilfsimpuls.

Grundlage der Empathie ist die Selbstwahrnehmung; je offener man für seine eigenen Emotionen ist, desto besser kann man die Gefühle anderer deuten.

Empathie spielt somit nicht nur in Bezug auf andere Menschen eine Rolle, sondern ist auch unter dem Aspekt der Selbstempathie bedeutsam
(Quelle: Wikipedia)

In seinem Buch „EQ. Emotionale Intelligenz" schreibt Daniel Goleman:

„Wer Erfolg haben will, muss klug mit Gefühlen umgehen. Es geht um die Wiedervereinigung von Herz und Verstand. Wer Erfolg im Leben haben will, muss klug mit seinen Gefühlen umgehen können und das "emotionale Alphabet" beherrschen. »EQ statt IQ« heißt die neue griffige Erfolgsformel. Sein internationaler Bestseller zeigt spannende Forschungsperspektiven zu einem Thema, das uns alle angeht: die Wiedervereinigung von Herz und Verstand. »Was nützt ein hoher IQ, wenn man ein emotionaler Trottel ist?«"

Dem kann ich auch nichts hinzufügen, sondern das Buch nur allen weiter empfehlen, die daran interessiert sind.

2.18. Verbote, Zwang, Kritik

Verbote sind dazu gebrochen zu werden, sagt man im Volksmund.

Gerade bei Kindern führen Verbote nicht selten dazu, dass die Sache erst richtig interessant und spannend wird. Man erreicht also genau das Gegenteil.

Kennen Sie das noch als Kind? Es wird Weihnachten und bestimmte Schränke wurden Ihnen verboten?

Wir aßen gern Rosenkohl in der Familie. Allerdings ist Rosenkohl etwas herb und wird von Kindern daher nicht gern gegessen. Ein Befehl: „Du isst jetzt deinen Teller leer" hätte vielleicht dazu geführt, dass Rosenkohl ein ganzes Leben nicht mehr gegessen worden wäre. Also haben wir Rosenkohl gekocht, auf den Tisch gestellt und den Kindern verboten, davon zu essen, weil sie dafür noch nicht groß genug wären. Dass ein Kind für etwas noch nicht groß genug wäre ist in den Augen von Kindern eine fast tödliche Beleidigung. Für meine Kinder gibt es auch heute noch nicht viele Sachen, die besser schmecken als Rosenkohl.

Verbote, die nicht erklärt oder nicht verstanden werden rufen im Allgemeinen Trotz und andere Gegenreaktionen hervor. Ich arbeite daher grundsätzlich nicht mit verboten, sondern mit Vereinbarungen auf der Basis wenn – dann. Es wird also geklärt, um was es geht und warum und gleichzeitig die Konsequenzen vereinbart, sowohl im positiven Sinne (nicht vergessen!) als auch im negativen Sinne. Hierauf können sich beide Seiten einlassen, ohne ihr Gesicht zu verlieren und gegebenenfalls nachverhandeln.

Ähnlich den Verboten sind Handlungen, zu denen wir gezwungen wurden, unangenehm. Der Zwang muss nicht vom Partner ausgehen, sondern kann durch Umstände erfolgen wie Geldmangel. Nicht immer vermeidbar aber besser ist es, rechtzeitig zu planen und Zwänge im Vorfeld zu vermeiden. Nicht vermeiden lassen sich unvorhersehbare Ereignisse wie Unfälle oder Krankheiten. Da muss man sich dann in das Unvermeidliche fügen und gemeinsam das Beste daraus machen. Im Abschnitt „Werte" wurde jedoch bereits darauf eingegangen, dass auch solche Phasen im Leben wertvoll sind.

Manche setzen sich aber selbst Zwängen aus. Am Häufigsten kann man das bei Rauchern beobachten. Bei jeder sich ergebenden Gelegenheit wird sofort zwanghaft zur Zigarettenschachtel gegriffen ohne vorher darüber nachzudenken, ob man denn eigentlich überhaupt Appetit auf eine Zigarette hat. Und so wird dieser selbst erzeugte Zwang irgendwann zur Abhängigkeit oder gar Sucht. Starke Persönlichkeiten wissen meist, was sie wollen und was sie tun.

Wenn mir etwas am Verhalten des Partners nicht gefällt kann ich es tolerieren, wenn es nur eine Kleinigkeit ist oder wir müssen und dazu verständigen. Ich war viele Jahre lang Leitungskader an einer Ingenieurschule und hatte dort sowohl mit einem großen Lehrerteam als auch vielen weiteren Angestellten zu tun. Das Schlechteste in einem solchen Fall ist, den Betroffenen in der Öffentlichkeit bloß zu stellen. Ich selbst habe versucht, so wenig wie möglich zu kritisieren, da man dann mit erheblichem Widerstand rechnen muss und man nicht zum gewünschten Ergebnis gelangt.

Vielmehr habe ich das 4-Augen-Gespräch gesucht. Zuerst habe ich die Stellung des Betroffenen innerhalb des Teams beschrieben und vor allem seinen Wert und seine bisherige gute Leistung betont. Darauf aufbauend habe ich die Kritik als noch weiter zu lösende Aufgabe, meist in Form einer mündlichen Vereinbarung, gemeinsam mit ihm getroffen.

Das war die wirksamste Art und hat den Betroffenen auch motiviert, die Vereinbarung zu erfüllen. Natürlich hat sich das positiv auf das kollektive Klima ausgewirkt.

Genau so kann man in einer Partnerschaft miteinander verfahren, wenn man sich gegenseitig achtet und wert schätzt.

2.19. Selbstmitleid, Scham, Verlegenheit

Selbstbemitleidung kann die Partnerschaft schwer belasten, in der der Partner die Schuld seines Zustandes bei Anderen sucht und sich dann als Opfer fühlt, anstatt selbst Verantwortung für sein Denken und Handeln zu übernehmen und den Zustand aktiv zu verbessern.
Es hat bestimmt jeder schon durch, dass man nach einem Misserfolg die Wunden leckt. Auch der Partner wird dann da sein und gemeinsam kann man da wieder raus finden.
Aber längere Zeit in dieser Phase zu verharren ist eine Sackgasse. Und wenn wir anderen die Schuld für unseren Zustand zuweisen nehmen wir uns ja die Chance, uns selbst zu helfen.
Wir vergiften damit uns selbst, unsere Partnerschaft und unser Umfeld. Als Folgen können Depressionen oder der Griff nach Alkohol oder Drogen folgen.

Gestandene Persönlichkeiten finden da wieder selbst raus. Warum bin ich derzeit in diesem Zustand, was sind die Ursachen, habe ich etwas falsch bewertet, brauche ich Hilfe von anderen Menschen oder noch andere Hilfsmittel? Welche Ziele stelle ich mir in der nächsten Zeit und darüber hinaus? Am besten mal hinsetzen mit einem Blatt Papier und die positiven und negativen Seiten aufschreiben, die mir zur Situation jetzt einfallen.

Allein der Wille, diesen Zustand zu verlassen reicht, „um Berge zu versetzen". Ich muss es nur wollen und dann auch tun!

Scham ist dagegen anerzogen und häufig nur mit fremder Hilfe ablegbar. Teilweise sind mit Scham traumatische Erlebnisse verbunden. Scham widerspiegelt ein falsches Selbst und die Person ist sich selbst in dem Bereich der Scham sehr unsicher. Meist herrscht das Gefühl vor, anders zu sein als andere und wird sowohl als starkes negatives Gefühl als auch der Schwäche oder gar Ohnmacht empfunden.

Scham ist ein Warnsignal. Sie zeigt uns, dass wir mit unserer Anschauung von der Welt und bestimmten Teilaspekten nicht mit anderen Menschen übereinstimmen.
So kann eine unbedachte Äußerung in einer Gruppe von Menschen schnell zu Scham, erröten, Aufregung usw. führen. Wir haben wieder mal eine schlechte Erfahrung gemacht und schämen uns für unser Verhalten.

Scham bezieht sich nicht nur auf Sexuelles, sondern kann sich auch darin äußern dass man sich schämt, sich in der Öffentlichkeit zu äußern. „Ich mache es nicht - ich schäme mich" hat ja vielleicht jeder von uns schon mal im Leben geäußert.

Oder man schämt sich für eine in der Vergangenheit begangene Dummheit. Dann ist Scham durchaus gesund für die Psyche.

In der Partnerschaft kann die Scham des Partners ausgenutzt werden um ihn zu bestimmten gewünschten Verhalten zu verleiten. Verantwortungsbewusste Partner werden dies jedoch vermeiden. Im Punkt 8 des Buches können Betroffene sich mit einem Anti-Scham-Training befassen.

Verlegenheit dagegen bezeichnet ein Gefühl in einer Situation, in der wir befangen und unsicher sind und damit gefühlsmäßig verletzbar. Das können z.B. verbale Angriffe in der Öffentlichkeit sein, gegen die wir uns momentan nicht wehren können (Handlungsinkompetenz) oder nicht wehren wollen (Bloßstellung). Meist werden wir überraschend mit dieser unangenehmen Situation konfrontiert.

Solche Angriffe in der Öffentlichkeit und Bloßstellungen kennen wir ja aus Presse und Fernsehen genug.

2.20. Verantwortung und Fairness

Fairness geht als Begriff auf das englische Wort „fair" („anständig", „ordentlich") zurück. Fairness drückt eine (nicht gesetzlich geregelte) Vorstellung individueller Gerechtigkeit aus. Fairness lässt sich im Deutschen mit akzeptierter Gerechtigkeit und Angemessenheit oder mit Anständigkeit gleichsetzen. (Wikipedia)

Verantwortung für den Partner und die Partnerschaft zu nehmen heißt gleichzeitig auch, fair miteinander umzugehen. Das sind die beiden Grundsäulen der Partnerschaft. Ist eine dieser Säulen zu schwach wird die Partnerschaft als solche keinen Bestand haben.

In beiden Begriffen sind weitere Vorstellungen wie im Punkt 1 des Buches enthalten.

Verantwortung heißt aber, einmal Verantwortung für das eigene Denken und Handeln zu übernehmen und erst darüber hinaus für den Partner und die Partnerschaft zu übernehmen. Wer die Verantwortung für sein eigenes Handeln nicht übernehmen kann ist mit allem anderen überfordert.

Sie können aber auch Angst haben vor der Übernahme von Verantwortung. Das betrifft vorrangig unsichere Menschen, die Angst haben, etwas falsch zu machen.

Natürlich macht jeder Mensch Fehler und „Fehler sind dazu da, um gemacht zu werden".
Spaß beiseite. Wenn wir ehrlich sind haben wir das Meiste in unserem Leben aus Fehlern gelernt, oder? Natürlich ist das in der Situation erst mal unangenehm. Aber selbst die Wissenschaft arbeitet am häufigsten nach der trial and error-Methode bzw. Versuch und Irrtum. Wir dürfen das natürlich auch so lange,, wie wir Anderen keinen Schaden zufügen oder müssen dann für diesen Schaden haften.

Die Ablehnung von Verantwortung besonders für das eigene Leben heißt aber auch, dass wir uns Anderen aussetzen und abhängig machen.

Und letztendlich tragen wir immer wieder die Konsequenzen für unser tun, ob wir das wollen oder nicht, ob wir Verantwortung übernehmen oder nicht.

„Das hat mein Vater nun davon, wenn ich mir die Finger abfriere. Warum zieht er mir auch keine Handschuhe an!"

2.21. Unsicherheit

Neben dem im letzten Punkt Gesagtem entsteht Unsicherheit meist dann, wenn Wissen und oder Erfahrungen zur bestehenden Situation fehlen.

Es gibt zu den meisten Situationen meist 3 Zustände: ein ja, ein nein und keine Information. Mit dem ja und dem nein können wir uns arrangieren und uns darauf einstellen, wie schlimm die Situation auch sein mag.

Am Schlimmsten sind jedoch Situationen, in denen man „in der Luft hängt".

Sie haben im Fernsehen Entführungen gesehen. Wenn der Entführte wieder da ist, ist alles gut. Wenn er getötet wurde können wir ihn betrauern.

Wenn wir aber über lange Zeit nichts erfahren wird uns das nervlich sehr stark belasten und möglicherweise überlasten. Wir sind schließlich meist handlungsaktive Menschen und diese Verurteilung zum Nichtstun wird tatsächlich wie ein Urteil empfunden, gegen das man im Augenblick nichts tun kann.

In der verantwortlichen Partnerschaft daher möglichst eindeutig miteinander umgehen, um den Partner nicht zu überlasten.

2.22. Unterschiedliche Interessen und Bedürfnisse

Ein Bedürfnis wird als Mangelzustand empfunden, den man abstellen möchte.
Der größte Feind des Wunsches ist seine Erfüllung.

Die Interesse und Bedürfnisse umfassen neben den Grundbedürfnissen nach Essen, Trinken, Kleiden, Wohnen und Sexualität vor allem die Bedürfnisse nach Freiheit und nach Selbstverwirklichung.

Weitere sind Bedürfnisse nach Sicherheit, Schutz, Ordnung, Gerechtigkeit, Stabilität, Zugehörigkeit und nicht zuletzt nach Liebe und andere.

Daraus erwachen nach Maslow auch der Wunsch nach Stärke, Leistung und Kompetenz, zum anderen das Bedürfnis nach Prestige, Status, Ruhm und Macht. Darauf gründet sich das Selbstwertgefühl eines Menschen. Bedürfnis nach Selbstverwirklichung (Wachstumsbedürfnis, Selbstaktualisierung).

Die Selbstverwirklichung aber ist ein Zustand, den man lebenslang behält und der über die Jahre auch unterschiedliche Interessen und Motive hervorbringen kann.

Unterschiedliche Interessen und Bedürfnisse können eine Partnerschaft bereichern durch Vielfalt und interessante Spannung, aber auch Trennen. Das kommt auf die jeweiligen Ansichten der Partner dazu an.

Viele Partner neigen jedoch dazu, die Interessen des Partners möglichst einzuengen, um selber mehr vom Partner zu erhalten (Egoismus) oder falsche oder übertrieben Ansprüche an den Partner zu stellen.

Beide haben unterschiedliche Vorstellungen vom Wert der einzelnen Bedürfnisse. Und so kann einer den Wert seines Bedürfnisses als sehr hoch ansetzen und es beim Partner einfordern und der andere Partner erkennt das entweder gar nicht oder will die Forderung gar nicht wie gewünscht erfüllen.

Es gibt aber auch sich widersprechende Bedürfnisse. So möchten Frauen ihren Mann so häufig wie möglich in ihrer Nähe haben. Ist er aber dann wirklich häufig in ihrer Nähe wird es ihnen auch schnell zu viel. Genau so ist es mit vielen anderen Erwartungen: zu viel Lob, zu viel Kritik. Zu viel und zu wenige bringt Defizite und Spannungen. Wo ist das Gleichgewicht?

Oder es gibt ein Bedürfnis, dessen Wunsch nach Befriedigung das Gegenteil bewirkt.

So gibt es das Bedürfnis nach Informiert sein. Telefoniere ich aber meinem Partner ständig hinterher wird er genervt sein Telefon abschalten.

In dieser Situation muss bereits aufgepasst werden, dass der Partner nicht verletzt wird (Dünnhäutigkeit). An dieser Stelle ziehen viele lieber den Schmerz der Trennung und das Alleinsein vor als das Ertragen der ständigen Spannungen. „Lieber ein Ende mit Schrecken als ein Schrecken ohne Ende" heißt das passende Sprichwort dazu.

Ist der Partner wirklich so wenig wert, dass man die Beziehung durch falsche Einstellungen zerstört? Oder ist ein rechtzeitiges Umdenken und dazu Lernen möglich? Oder weiß ein Partner gar nichts von den Bedürfnissen des anderen?

Allein die Erkenntnis, dass den Bedürfnissen andere Werte vom Partner zugeordnet werden ist schon eine gute Basis für eine Verständigung. Häufig wissen aber die Partner nichts von den Ursachen ihrer Beziehungsprobleme, da sie sich nicht damit beschäftigen. Und werfen dann nur dem Partner vor, er wäre Schuld an allem (siehe Abschnitt Killerphrasen sowie Einleitung).

Es gibt aber auch übertrieben Bedürfnisse, wie sie in der Geschichte „Vom Fischer und seiner Frau" erzählt wird.

2.23 Freiräume und Freiheiten

Jeder Mensch braucht seine Freiräume und Freiheiten. Im Abschnitt „Klemmern" wird noch näher darauf eingegangen, was passiert, wenn Freiräume einseitig zu sehr beschnitten werden.
Das Bedürfnis danach kann aber über die Zeit schwanken, ohne dass der andere Partner daraus immer ein Drama machen muss. In guten Partnerschaften reicht häufig ein Hinterfragen, möglicherweise braucht der Partner auch Hilfe innerhalb oder außerhalb der Partnerschaft.
Freiheit heißt nicht zwangsläufig mehr Zeit für sich haben, sondern kann sich auch auf andere Sachverhalte wie Finanzen, Essen und andere Dinge beziehen. So möchten heute Frauen meist finanziell mehr Unabhängigkeit vom Mann, Veganer möchten anders essen als ihr Partner und andere mehr.

Diese Freiheiten sollten dem Partner auch zugestanden werden. Erstens fühlt er sich damit besser und zweitens werden unnötige Spannungen vermieden.

Notfalls können auch sinnvolle Kompromisse geschlossen werden.

2.24. Status Quo

Der Ausdruck geht auf eine Formel der lateinischen Rechtssprache zurück: in statu quo ante – „in dem Zustand, in dem [es] vorher [war]".

Es gibt Situationen, in denen man momentan keine vernünftige Lösung findet. Das können finanzielle Probleme zwischen beiden Partner sein, das kann den Gesundheitszustand betreffen, die Beziehung zu Freunden, beengter oder schlechter Wohnraum (z.B. bei Flüchtlingen oder nach einem Neuanfang) und anderes sein.

Im Abschnitt Unsicherheit wird erklärt, dass diese Situation schwierig zu meistern ist.

Jetzt können sich die Partner gegenseitig unendlich nerven und aufreiben oder sie treffen eine Vereinbarung: „bis wir eine bessere Lösung gefunden haben bleibt der Zustand vorläufig so wie er ist" und können damit erst mal wieder emotional Abstand vom Ereignis nehmen. Das bringt wieder etwas Ruhe und Stabilität in die Beziehung.

Man muss es nur wissen, dass es auch einen Zustand des Status Quo geben kann und man sich nicht auf der Suche nach momentan nicht vorhandenen Lösungen gegenseitig aufreibt.

2.25. Unverhältnismäßigkeit und nerven

Kennen Sie das auch, dass manche bei jeder Kleinigkeit „an die Decke gehen" und bei wirklich wichtigen Dingen recht teilnahmslos reagieren? Meist fällt den betroffenen das nicht mal auf. Aus Erfahrung weiß ich aber, dass es sehr schwer ist, solche Menschen wieder „hinzubiegen". Sie haben sich selbst für diese Situationen völlig falsche Werte und Zuordnungen eingeprägt und diese Prägungen sind nur sehr schwer wieder aufzulösen und erfordern meist unendlich viel Geduld und Verständnis. Häufig scheitern solche Versuche daran, dass der Betroffene gar keine Änderung will und Ihnen zu diesen Sachverhalten feindlich gegenüber steht.
Warum das so ist wird ja in vielen Kapiteln dieses Buches angesprochen.

Und wenn die „Fliege an der Wand" als Störung zum Dauerzustand wird kann das die Beziehung stark belasten bis zur Zerstörung. Ich möchte auch nicht ständig mit jemand zusammen leben, der dauernd nur meckert und mit dem man keine sinnvolle Lösung findet, weil er die gar nicht möchte. Dann schon lieber in so einem Fall ein Ende mit Schrecken als ein …

2.26. Streit

Streit: Streit ist nicht selten bewusste (mentale) Gewaltanwendung, um entweder Interessen durchzusetzen oder seinen Unmut zu verkünden. Bei Streit gewinnt aber niemand, da kein Gegner dem anderen zubilligen wird, dass er möglicherweise recht haben könnte. Der Normalfall ist, dass bei Streit alle Beteiligten verlieren, wobei Kraft, sinnvolle Zeit, Nerven verloren werden und häufig richtiger Schaden angerichtet wird.

Wie kann man bei Streit reagieren?

Es   gibt   2   Arten   von   Streit:

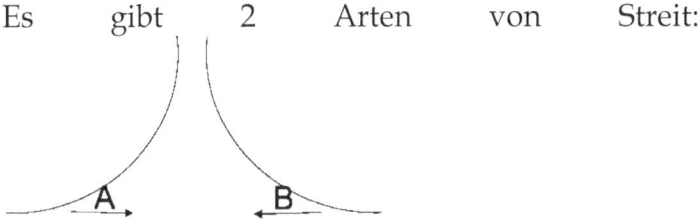

A beginnt einen Streit und steigert sich immer weiter hinein. B hält voll dagegen und steigert sich gemeinsam mit A hinein, bis zum mögliche Crash. Beide erreichen ihr angestrebtes Ziel nicht und sind frustriert.

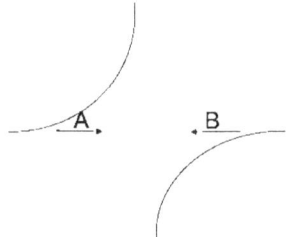

A beginnt den Streit und B gibt immer mehr auf (lass mich in Ruhe mit Deinem ....). A erreicht auf diese Art sein Ziel auch nicht. Beide sind wieder frustriert.

Streit ist also keine Lösung, weder für die eine noch für die andere Seite.

Gelegentliches Streiten in einer Partnerschaft gehört dazu. Ansonsten kann man davon ausgehen, dass die Partner das Interesse aneinander verloren haben.

Aber wie oben bereits gezeigt kann Streit für beide Seiten ausschließlich Nachteile haben, wenn man nicht weiß, wie man sich „erfolgreich" streitet. Und wie geht das und warum sollte ich mich streiten?

Nun, ungelöste Probleme in der Partnerschaft erzeugen nicht nur unnötigen Stress, sondern damit verbunden können sie auch psychosomatische Gesundheitsprobleme verursachen. In diesen Fällen ist Streit eine der wenigen Optionen zur Lösung und Besserung der Situation.

Um die in den beiden obigen Grafiken gezeigten Resultate zu vermeiden und zu sinnvollen L   Lösungen zu gelangen müssen bestimmte Regeln beachtet werden.

Die gegenseitige Achtung darf nicht verletzt werden und es sollte sachlich argumentiert werden ohne Killerargumente.

Weiter sollten Missverständnisse hinterfragt und ausgeräumt werden. Ein ehrliches Interesse an der Auflösung des Konflikts muss beidseitig vorhanden sein.

Wo notwendig klar abgrenzen ohne wenn und aber und „vielleicht aber doch oder doch nicht?" oder Kompromisse gemeinsam ausarbeiten und verbindlich festlegen als Vereinbarung.

Nicht allgemein „rumschwafeln" oder orakeln wie „man könnte vielleicht" oder „der und jener hat gesagt", sonder ich empfinde diese Situation ganz konkret so und so. damit weiß der Partner wenigstens etwas anzufangen.

Die Partner lassen einander ausreden, versuchen den anderen zu verstehen und führen alles bis zu einem befriedigenden Ergebnis. Das schaffen viele Paare nicht!

Weiter: hinterfragen, welche Ursachen zugrunde liegen und welche Motive die Partner bei der Lösung bewegen. Diese Motive sind ja in allen anderen Abschnitten des Buches Ausgangspunkt.

Krisenmanagement beim Streit:

Beide Seiten können sich im Streit durch starke Gefühle ziemlich aufgeschaukelt haben, wie oben in der Grafik gezeigt. Wenn nichts mehr geht hilft nur noch ein radikaler Schnitt, also ein Abbruch des Streites, Verständigung darüber, dass man sich darüber später verständigen wolle, wenn die Gemüter wieder abgekühlt sind und es bis dahin im Status Quo (siehe weiter hinten) belassen wolle. Sich weiter Streiten führt nur noch zu mehr Schaden oder gar zum Bruch der Partnerschaft.

Aber auch dieser harte Schnitt zu einem bestimmten Zeitpunkt will geübt sein. Daher rechtzeitig immer dann üben, wenn der Streit umzukippen droht und keine Vorteile mehr für eine Seite momentan zu erreichen sind (zeitliches Waffenstillstandsab-kommen zwischen den Parteien).

2.27. Erziehung des Partners

Aus: www.elitepartner.de/forum/den-partner-3714.html

„Sie wusste, es war Liebe auf den ersten Blick. Er, lange Haare und Bart, Lederjacke, Motorrad – ihr Märchenprinz. Sie zogen zusammen in eine kleine Wohnung und waren glücklich.

Nach einiger Zeit, sie wollte ihn endlich ihren Eltern vorstellen, bat sie ihn sich doch die Haare und den Bart kürzen zu lassen. Ihre Eltern wären so konservativ. Schweren Herzens kam er ihrem Wunsch nach, denn er liebte sie sehr. Wenig später beschloss sie, dass die kleine, alte Wohnung ihren Anforderungen nicht mehr genügte. Sie wollte in ein schickes kleines Reihenhäuschen am Stadtrand ziehen. Allerdings müsse er dann seine Garderobe ändern, denn so könnte sie sich mit ihm nicht vor den neuen Nachbarn zeigen. Da sie die Frau seiner Träume war und er ihr den Gefallen nicht abschlagen wollte, verbrannte er seine alte Motorradlederjacke und kleidete sich so wie sie sich es vorstellte.
Kurz darauf verkündete sie ihm freudig, dass sie ein Kind erwarten würde. Nun ginge es ja nicht mehr an, dass sie auf dem Motorrad fahren. Er solle sich doch bitte von der alten Maschine trennen und sich einen Familienkombi anschaffen. Mit Tränen in den Augen verkaufte er sein Motorrad, legte sich ein familientaugliches Fahrzeug zu und freute sich auf die Zeit als Familienvater.

Kurz nach der Geburt des Kindes teilte sie ihm mit, dass sie sich auseinandergelebt hätten. Er sei nicht mehr der Mann in den sie sich einmal verliebt hatte. Sie packte ihre Sachen und zog zu ihrem neuen Freund. Einem langhaarigen, bärtigen Motorradfahrer in Lederklamotten."

Auch ich persönlich habe das am eigenen Leibe erfahren müsse. Da wird lange an einem herum erzogen und wenn man sich dann darauf einlässt und die Frau hat einen genauso, wo sie einen haben wollte, ist man für sie uninteressant geworden.

Der größte Feind des Wunsches ist seine Erfüllung! Es gibt keine Gewinner, nur Verlierer auf beiden Seiten! Leider wird das meist erst erkannt, wenn es zu spät ist.

Etwas anderes ist die Hilfe, die man dem Partner gewährt, damit er sich weiter entwickeln kann. Damit wird den Bedürfnissen beider Seiten entsprochen.

2.28. Machtspiele auf dem Hühnerhof?

Gerade in Familien hat man wiederkehrende Machtspielchen. Da werden den Eltern die Macht über bestimmte Dinge, Zustände oder Sachverhalte streitig gemacht oder auch zwischen Kindern erfolgt ein ständiger Kampf um die Macht. Die Motive dazu können das Bedürfnis nach mehr Zuwendung oder nach mehr Freiheit und mehr Rechten sein und viele andere. Volkstümlich wird das auch als die „Hackordnung" genannt.
Es gewinnt durchaus nicht immer der Stärkere. Der Sieger in allem ist nicht selten das jüngste Kind, das innerhalb der Familie die alpha-Position einnimmt und Andere aus falsch verstandener Liebe den Forderungen nachgeben und fast alle Wünsche und Forderungen erfüllen zum Nachteil aller anderen Familienmitglieder.
Es wird zu wenig abgewogen zwischen den Bedürfnissen der einzelnen Familienmitglieder, sondern häufig nach Gefühl und damit teils zum erheblichen Nachteil anderer entschieden.

Besonders gefährlich wird es, wenn ein Mitglied der Familie raffiniert genug ist, die anderen Mitglieder gegeneinander auszuspielen, also je nach Bedarf einen Teil der Familie für sich zu gewinnen und mit der neuen Allianz und Macht gegen die Anderen vorzugehen. Manchmal sogar, ohne dass diese es bemerken. Da reichen schon Gerüchte, Behauptungen und Andeutungen, vor allem, wenn man die Stärken, aber vor allem die Schwächen den Anderen kennt.

2.29. Rollen in der Partnerschaft, Pubertät und Großfamilien

Im vorigen Abschnitte wurde darauf eingegangen, dass es einen dauernden Kampf um die Rollen innerhalb der Familie gibt. Vor allem in der Pubertät und dem Stadium des Erwachsenwerdens werden die Postionen der Eltern immer wieder in Frage gestellt.

Internationale wissenschaftliche Studien zeigen z.B., dass das Phänomen der Pubertät sich auf die hochentwickelten Industrieländer konzentriert. Hier wird die Familie zum Übungsplatz der Jugendlichen für die kommenden Auseinandersetzungen in der Gesellschaft.

In traditionellen Ländern, in denen es noch intakte Familienstrukturen gibt ist das Problem der Pubertät meist völlig unbekannt. Hier sind die Rollen nach Verantwortung innerhalb der Familie fest vergeben, wobei auch die Alten eine hohe Achtung und Wertschätzung erfahren, auch wenn sie nicht mehr voll mitarbeiten können. Kinder und Jugendlich steigen dann mit der Übernahme von mehr Verantwortung auf. Das macht auch am meisten Sinn.

In der modernen Kleinfamilie geht es dagegen um die Durchsetzung eigener Interessen und nicht mehr um die

Stärkung der Gemeinschaft. An eine Gegenleistung für mehr erfüllte Wünsche wird dabei gar nicht erst gedacht!
Ganz im Gegenteil wird die Gemeinschaft der Kleinfamilie durch diese Hühnerhofhackerei gefährdet und geschwächt.

2.30. Mentaler Umgang miteinander - man sollte sich alles sagen dürfen, aber nicht alles an den Kopf werfen

Es ist eine Einstellungssache, wie man mit dem Partner umgeht. Man kann sich morgens liebevoll „Guten Morgen" sagen und abends das Gleiche beim zu Bett gehen.

Man kann sich anschweigen, sich streiten oder Probleme ansprechen und gemeinsam nach Lösungen suchen.

Aber bestimmte Tabus sollten schon gelten. Dazu gehören

Körperliche Attacken

Schimpfwörter und Beleidigungen

Unterstellungen, Verleumdungen und Lügen

Über den Partner hinter seinem Rücken schlecht reden.

Psychische Wunden können weit mehr Schmerz erzeugen als körperliche und auch die Heilung kann wesentlich schwieriger sein. Viele Menschen wissen das nicht und benehmen sich daher verantwortungslos – also auch Nicht-Wissen kann verantwortungslos sein.

2.31. Anerkennung und Kritik

Wie sagt Ihr Partner, was ihm gerade an Ihnen gefällt?

Und wie oft sagt er, was ihm gerade nicht gefällt? Merken Sie etwas?

Begegnet uns jemand, der uns Dank schuldig ist, gleich fällt es uns ein. Wie oft können wir jemand begegnen, dem wir Dank schuldig sind, ohne daran zu denken.
Johann Wolfgang von Goethe

Wenn einen am Partner etwas stört sagt man es in der Regel sofort. Wenn der Partner alles zur Zufriedenheit macht ist das alltäglich und der Normalzustand und wir müssen das nicht berücksichtigen?

Auch die Art, wie mit Lob oder Kritik umgegangen wird ist eine Bemerkung wert. Natürlich merkt der Partner, wenn wir anfangen, zu übertreiben oder „rum zu schleimen". Dann kommt sicher eine Rückfrage: Du willst doch etwas von mir? Aber geht Loben auch dann, wenn dafür gerade nichts zurück erhält?

Auch das Kritisieren will gelernt sein.
Man kann Kritik aussprechen in der Öffentlichkeit und den anderen damit blamieren. Man kann ihn auch verletzen, wenn die Art der Kritik unangebracht ist.
In meiner früheren Tätigkeit als Leitungskader einer Ingenieurschule hatte ich es mit Lehrern zu tun, die eigene Ansichten zur Kritik durch andere haben. Vor allem ist jeder einzigartig seiner eigenen Auffassung nach und Kritik an seiner Person gehört damit zu den Todsünden.

Nun, ich habe die Kollegen zum Gespräch gebeten und zu Beginn ihre bisherigen guten Leistungen gewürdigt. Auf dieser Grundlage konnte ich dann aber auch sagen, was daran noch zu verbessern wäre. Wir haben dazu Vereinbarungen geschlossen, wobei der Kollege vorher gebeten wurde, Ziele und Vereinbarung selbst vorzuschlagen. Dabei verliert keine Seite ihr Gesicht und da der Kollege die Vorschläge selbst gemacht ist er auch motiviert, diese zu erfüllen.

2.32. Ich habe Schuld, Du bist schuld?

Unsichere Menschen suchen meist die Schuld zuerst bei sich selbst, auch wenn sie die Situation überhaupt nicht verursacht haben. Häufig können sie sich gar nicht vorstellen, dass andere Menschen anders denken und fühlen als sie und sie selbst würden bestimmte Dinge einfach nicht tun.

Egoistische und auch dumme Menschen suchen die Schuld grundsätzlich bei Anderen, da sie die Ursachen für den eingetretenen Zustand entweder gar nicht erkennen können (dumme Menschen) oder nicht erkennen wollen (Egoisten).

Die Schuldfrage hin und her zu schieben macht wenig Sinn. Wenn ein schlimmes Ereignis eingetreten ist, z.B. ein Unfall, macht es wenig Sinn, ewig über die Schuldfrage zu lamentieren, da das niemanden weiter hilft. In so einem Fall weiß ja der Verursacher selbst, was er verbockt hat und hat meist dazu auch ein schlechtes Gewissen. Da noch oben drauf zu hauen ist unfair.

Vielmehr sollten die Partner gemeinsame Lösungen finden zur Schadensbegrenzung oder –behebung und wenn dann einige Zeit ins Land gegangen ist auch mal darüber lachen.

Es macht aber Sinn, darüber sprechen, wenn man denkt, dass man selbst oder der Partner die Schuld an etwas trägt, ohne irgendwelche Zuweisungen. Vielmehr sollte dann entweder geklärt werden, ob es überhaupt eine Schuld gibt und wenn, wie künftig mit solchen Situationen gemeinsam umgegangen werden soll, um problematische Situationen dann zu vermeiden.

<u>Wie spricht man richtig miteinander?</u>

In der Ich-Form, so dass man die Verantwortung für seine Denken, seine Gefühle und sein Verhalten übernimmt, statt Du ... und Vorwürfe. Sachlich, auf konkrete Situationen bezogen, so dass der andere etwas mit den Aussagen anfangen kann, statt "immer machst, nie tust du ...". Außerdem wichtig:

den anderen ausreden lassen,
ehrliches Interesse an seiner Person und Achtung,
ohne indirekt zu manipulieren: deutliches Nein, um Grenzen zu setzen, wo man nicht einverstanden oder überfordert ist.
Klare Wünsche äußern.
Kompromisse anbieten,
Schwächen und Fehler zugeben und sich entschuldigen.

2.33. Kränkungen, seelische Verletzungen, Angriffe

Mit dem Begriff **Kränkung** wird die Verletzung eines anderen Menschen in seiner Ehre, seinen Gefühlen, insbesondere seiner Selbstachtung bezeichnet. (Wikipedia).
In einer guten Partnerschaft wird so etwas nicht passieren, da die Partner verantwortlich miteinander umgehen. Was darunter zu verstehen ist wurde ja im Punkt 1.3. geklärt.

Trotzdem kann ein Partner sich gekränkt fühlen. Natürlich können Sie sich dann gekränkt zurück ziehen und schmollen, aber warum sollten sie das tun?

Es kann nur aufgelöst werden, wenn die Partner sich darüber austauschen, was beim Anderen dieses Gefühl ausgelöst hat. Wahrscheinlich war es gar nicht beabsichtigt. Aber nur, wenn man sich darüber verständigt kann man Lösungen finden und muss nicht länger mit diesem unangenehmen Gefühl leben.

Es gibt aber auch Ausnahmen von Menschen, die sich gerade mit einem solchen Gefühl wohl fühlen oder bei ihrem Partner Schuldgefühle erzeugen wollen, weil er sie angeblich gekränkt hätte.

Auch das ist nicht tolerierbar und muss beidseitig geklärt werden.

2.34. Neid und Eifersucht

Neid und Eifersucht haben 2 Quellen:

- erstens das berühmte und überkommene Eigentumsdenken aus Punkt 4.2.

- zweitens Unsicherheit der eigenen Person

Neid ist der Wunsch, über etwas zu verfügen das die beneidete Person besitzt. Das können im Kindesalter Spielzeuge sein, später auch Personen als Partner oder die gesellschaftliche Stellung.

Neid als negatives Gefühl bezeichnet die momentane Ohnmacht, diesen Wunsch möglichst schnell erfüllt zu bekommen und ist nicht selten mit dem Bedürfnis verbunden, der beneideten Person ihren Schatz zu vergällen. Neid kann also zu Lügen, Behauptungen und Verleumdungen führen, um der beneideten Person die Freude an ihrem Vorteil zu nehmen, möglichst mit dem Ziel der eigenen Vorteilnahme. Neid kann auch einfach Missgunst sein, also der Wunsch, die beneidete Person möchte den Vorteil wieder verlieren, ohne dass die missgünstige Person den beneideten Vorteil selbst haben möchte.

Eifersucht dagegen geht ja vom vorhandenen Besitz, z.B. des Partners, aus und sieht diesen Besitz gefährdet, wenn dieser Besitz z.B. mit einer anderen attraktiven Person flirtet. Eifersucht ist also eine Unsicherheit, die vom möglichen Verlust des Partners ausgeht und dagegen entsprechenden Widerstand aufbaut.

Beide Partner sollten sich in einer wertvollen Partnerschaft über die Grenzen ihres Denkens und Handels verständig und einig sein. Vor allem das gegenseitige Verständnis füreinander ist wichtig für die konstruktive Lösungsfindung.

2.35. Frauen: was man auch macht ist falsch- 3 Varianten der Erwartung

Wenn mir meine Frau etwas erzählt kann es sein, dass meine Reaktion darauf falsch ist:

Variante 1: Sie erwartet, dass ich nur zu höre ohne etwas zu sagen

Variante 2: Ich soll sie verstehen, bemitleiden, Trost zusprechen u.a.

Variante 3: Ich soll ihr mit guten Ratschlägen und praktikablen Lösungen helfen.

Welche der 3 Varianten sie beim heutigen Gespräch erwartet kann man ihr weder am Gesicht ablesen noch Ihren Ausführungen entnehmen. Entscheide ich mich aber als Mann für die falsche Variante verstehe ich weder sie noch alle anderen Frauen dieser Welt. (Killerrhetorik).

2.36. Unterschiede Mann-Frau, Schwarze-Gelbe, Katholiken-Protestanten, Junge–Alte, Inländer–Ausländer, Ossi-Wessi...

Immer wieder werden Unterschiede zwischen Männern und Frauen konstruiert. Natürlich gibt es auch Unterschiede im Körperbau und der Biologier, in der Erwartung der Gesellschaft an das jeweilige Geschlecht und andere.
Viele Unterschiede werden jedoch manipulativ vermittelt mit den unterschiedlichsten Motiven.
Wenn ich Jemandem ein schlechtes Gewissen vermitteln will, damit er mir danach meine Wünsche und Bedürfnisse umso williger erfüllt ist das Manipulation und hat nichts mit tatsächlichen Unterschieden zu tun.

Hinter solchen konstruierten und manipulierten Unterschieden steckt also immer ganz klare Motive, die der Manipulierer aber nicht offen legen möchte.

Wer sich darauf einlässt hat in der Regel verloren.

2.37. Mein Igor hat mich nicht verprügelt – Stockholm-Syndrom

Ein Witz: Eine Frau erzählt Ihrer besten Freundin „Mein Igor liebt mich nicht mehr!". „Woran erkennst du das denn?" „Er hat mich schon seit 14 Tagen nicht mehr verprügelt!"

Es gibt masochistisch veranlagte Frauen, die einfach die Misshandlungen durch den Partner brauchen oder die solche Art von Partnern nach Trennungen immer wieder anziehen. Es gibt aber auch gleichermaßen veranlagte Männer.

Außenstehende werden das kaum verstehen.

Sadomasochismus wird in der Psychotherapie so lange nicht als notwendig behandelbar eingestuft, so lange wie zwischen den Partnern Einvernehmen besteht und keiner zu schwereren körperlichen oder psychischen Schäden kommt, sondern wird soziologisch als besondere Art des sexuellen Auslebens betrachtet.

Das Stockholm-Syndrom dagegen ist ein Phänomen, bei dem die Opfer eine positive emotionale Beziehung zu ihren Entführern oder Peinigern aufbauen und auch nach der Befreiung oder Pein immer noch mit den Entführern oder Peinigern sympathisieren.

Die Ursachen für solches Verhalten sind nicht eindeutig geklärt, scheinen aber Verzerrungen der Wahrnehmung darzustellen.

2.38. Geschenke sind nichts wert!

Ein junger Mann aus gut bürgerlichem Elternhaus bekommt ein Auto geschenkt, ein anderer junger Mann muss sich sein Traum-Auto über 2 Jahre mühsam erarbeiten und zusammen sparen.

Wessen Auto wird nach 5 Jahren noch schöner aussehen und wertvoller sein?

Viele Menschen betrachten Geschenke nicht als etwas Besonderes.

Von Etwas, das ich mir nicht selbst erarbeitet oder erkämpft habe besitze ich keine Wertvorstellungen und werde dem also auch kaum dem ihm gebührenden Wert zuordnen.

Es macht also z.B. wenig Sinn, Freundschaften erkaufen zu wollen.

Viele sind jedoch auch enttäuscht, wenn sie ihre Liebe aus ganzem Herzen verschenken und dafür kaum einen Gegenwert zurück erhalten. Vor allem Eltern sind ganz verwundert, wenn ihre Kinder die Aufopferung und viele Liebe, die meist mit hohem Geldaufwand, viel Zeit und starken Gefühlen verbunden sind, nicht zu würdigen wissen und sich demzufolge kaum dankbar zeigen.

Im Punkt „Werte, Wertmaßstäbe,.." wurde bereits heraus gearbeitet, dass Wertmaßstäbe erarbeitet werden müssen. Wer das bisher nicht musste kann auch keine Werte zuordnen!

Überlegen Sie sich also rechtzeitig, wie ihr Partner sich Ihre Liebe und Zuneigung erkämpfen muss, so dass er diesen Wert auch entsprechend zu würdigen weiß. Sie werden sich und Ihrem Partner damit einen großen Dienst erweisen!

Im Band 3 der Reihe „Psychologie für Dummies - Erziehung" wird auf diesen Punkt ausführlicher eingegangen.

2.39.   Stolz entwickeln dürfen (Erfolge)

Wenn jeder in der Partnerschaft ein selbstbestimmtes Leben führt, das auch unabhängig geführt wird, kann jeder seine Ziele erreichen und Erfolge im Leben erzielen.
Durch Erfolge werden wir ja erst selbstbewusst, da wir dann wissen, dass wir es richtig gemacht haben.

Wer abhängig und unselbständig lebt wird diese Erfolge und Selbständigkeit auch nie erreichen und wird dann auch nie wissen, was stolz sein auf Erreichtes für ein schönes Gefühl ist.

2.40. Ich habe es doch nur gut gemeint

Wie oft habe ich im Leben gehört „Ich habe es doch nur gut gemeint!".

Besonders ältere Leute wollen Anderen eine Freude machen und machen genau das Falsche. Das passiert, wenn man andere nicht versteht oder nicht verstehen will.

Meine Kinder sind mit gesunder Nahrung groß geworden. Meine Mutter dagegen hatte die Kriegswirren als Kind miterlebt. Ihr Vater war Fleischer. Nach dem Krieg war ein „gutes" Stück Butter oder ein „gutes" Stück Fleisch immer etwas Besonderes. Ein Fleisch ohne einen größeren Fettanteil war kein Fleisch.

Wenn wir sie besuchten gab es öfter auch mal Weißkohlsuppe mit sehr viel fettem Fleisch darin.

Meine Kinder mussten das nur sehen und haben sich schon beim Anblick geekelt.

Wo liegt das Problem? Meine Mutter ist davon ausgegangen: was mir schmeckt das schmeckt auch allen Anderen. Leider hat sie selbst nach mehreren Hinweisen nicht verstanden, sich umzustellen. Oma besuchen und die ekelige Suppe vorgesetzt zu bekommen war für meine Kinder nicht attraktiv.
Natürlich lag das nicht an meiner Mutter sondern an meinen verwöhnten Gören. Nun ja.

Wenn man also etwas gut meint, dann sollte man zumindest denjenigen verstehen, dem man das gute antun möchte oder es kommt auf beiden Seiten zu Enttäuschungen. Häufig tritt das Problem zu Weihnachten bei den Geschenken auf, wo man zu den Fehlkäufen auch noch ein freudiges Gesicht zu machen hat.

2.41. Sich verstehen lernen

Definition: Verstehen ist das inhaltliche Begreifen eines Sachverhalts, das nicht nur in der bloßen Kenntnisnahme besteht, sondern auch und vor allem in der intellektuellen Erfassung des Zusammenhangs, in dem der Sachverhalt steht. (Wikipedia)

Sich verstehen lernen bedeutet daher, dass man einerseits überhaupt lernfähig und lernbereit ist (das sind 2 verschiedene Sachverhalte!) und das Interesse am Partner so groß ist, dass man sich ernsthaft mit dem Verstehen des Partners, dem Funktionieren einer Partnerschaft und dem Verstehen der eigenen Persönlichkeit befasst. Viele Menschen fordern aber nur von ihrem Partner, dass er sie zu verstehen habe und befassen sich gar nicht damit, wie Verständnis untereinander gemeinsam erreicht werden kann. Das ist für eine gesunde Partnerschaft zu wenig und führt automatisch zu Enttäuschungen

2.42   Geduld haben

Während meiner beruflichen Laufbahn hatte entweder ich selbst gute Ideen oder diese guten Ideen wurden an mich herangetragen. Bei Kollektivgrößen von mehr als 130 Mitarbeitern aber ist die Umsetzung ein langwieriger Prozess, bis auch der Letzte mitzieht. Da musste ich mich wirklich häufig in Geduld üben und mit winzigen Schritten und viel Kleinarbeit mich dem gewünschten Ziel nähern.

Viele Menschen sind aber ungeduldig und wollen alles gleich und sofort oder gar nicht. Damit schaffen sie aber ein sehr unruhiges Umfeld und Ungleichgewicht.

Allein diese Ungeduld führt schon zu tausenden Berufsausbildungs- und Studienabbrüchen.

Johann Wolfgang von Goethe (1749 - 1832) gibt uns dazu folgendes mit auf den Weg:

Wer das Recht hat und Geduld, für den kommt auch die Zeit.

Es gibt keine Lage, die man nicht veredeln könnte durch Leisten oder Dulden.

Wer Geduld sagt, sagt Mut, Ausdauer, Kraft.

Und:

Ist man in kleinen Dingen nicht geduldig, bringt man die großen Vorhaben zum Scheitern.
Konfuzius (551 - 479 v. Chr.)

Trage und dulde: dir wird dieser Schmerz dereinst noch nützen.

Prefer et obdura (dolor hic tibi proderit olim)
Ovid (43 v. Chr. - 17 n. Chr.)

2.43. Mangelnde Kompromissbereitschaft

Ein großer Teil unseres Lebens besteht aus Kompromissen. Wir möchten zwar bessere Lösungen, aber jetzt gibt es gerade keine bessere. Ganz im Gegenteil ist es häufig so, dass man nur zwischen einer schlechten und einer noch schlechteren Lösung wählen darf.

Gerade in solchen Situationen kann es passieren, dass der Partner blockt und diese Lösungen nicht akzeptiert. Möglicherweise macht er Gegenvorschläge, die aber gerade jetzt nicht realisierbar sind und beharrt aber darauf. Oder er verkennt die Brisanz, dass kurzfristig eine Lösung notwendig ist, um schlimmeren Schaden zu vermeiden und beschäftigt sich mit weniger wichtigen Dingen.

Wo treffen Sie häufig solche Situationen? Z.B. bei der Erziehung der Kinder. Wenn hier die Eltern gegeneinander arbeiten ist das für alle von großem Nachteil. Leidtragende sind meist die Kinder. Aber gerade darüber kann man sich wahrscheinlich nicht verständigen, da jeder der Partner der Meinung ist, er habe die richtige Auffassung zum Thema und der andere solle einsichtig sein und nachgeben. Das macht aber keinen Sinn, wenn der Nachgebende recht hat. Denn das Sprichwort geht ja so: „Der Klügere gibt nach, so lange, bis er der Dümmere ist".

Diese Situation ist schwierig. Es kann sein, dass beide Partner die Situation nicht allein lösen können, sondern sie brauchen einen Schiedsrichter. Professionelle Inanspruchnahme von Hilfe ist genauso möglich wie gute Freunde, Geschwister oder eigene Eltern, die dann aber unparteiisch im Interesse der Sache beraten müssen. Sonst verhärtet sich die Situation noch mehr.

2.44. Falsch verteilte Verantwortung
(verwöhnen, Werte, Erziehung)

Meinen Kindern soll es mal besser gehen als mir – dieser liebevolle und verantwortungsbewusste Gedanke führt aber häufig zu völlig unerwarteten Ergebnissen.

Wenn ich damit meinen Kinder erspare, Verantwortung zu übernehmen hindere ich sie ganz stark am Lernen und der Entwicklung gerade dieser wichtigen Persönlichkeitseigenschaft.

Wenn ich ihnen alles abnehme werden sie nichts dabei lernen und lebensuntüchtig heranwachsen. Als Erwachsene sind sie dann weder in der Lage, ihr Leben selbständig zu organisierten noch Verantwortung für irgendetwas zu übernehmen.

„Gib einem Hungernden keinen Fisch sondern eine Angel" lautet ein altes chinesisches Sprichwort.

Wenn Sie also auch ihrem Partner alles abnehmen, weil sie ihn lieben, wird er sich ganz schnell daran gewöhnen und dabei nichts Ungewöhnliches mehr finden. Ganz im Gegenteil wird er sich beschweren, wenn er mal nicht rundum verwöhnt wird, weil sie dafür gerade keine Zeit oder keine Kraft haben. Sie haben ihn dazu erzogen!

Genau so ist es ja mit Geschenken, die nichts wert sind, weil der Wert nicht selbst erarbeitet wurde und damit gar nicht eingeschätzt und gefühlt werden kann.

Enttäuschungen sind hier vorprogrammiert.

2.5. Beziehungskrisen

Im Kapitel „Entwicklung einer Beziehung" wurde ja bereits angedroht, dass es diese Entwicklung geben kann, aber nicht muss. Jeder ist seines eigenen Glückes Schmied und selbst für ein glückliches und selbstbestimmtes Leben verantwortlich, niemand anderes.

2.5.1. Das große Schweigen

Wenn der Alltag die Beziehung überrollt hat tritt häufig das große Schweigen ein – man hat sich (eingebildeter weise) nichts mehr zu sagen. Alles was zu sagen war wurde im Laufe der Jahre gesagt und jetzt ist sowohl der Stoff ausgegangen als auch das Interesse aneinander erloschen. Die Kinder sind erwachsen und die bisherigen Pflichten sind weggefallen und haben eine große Leere hinterlassen.

Aber ich kann es nicht oft genug wiederholen:

Jeder ist seines eigenen Glückes Schmied und selbst für ein glückliches und selbstbestimmtes Leben verantwortlich, niemand anderes.

Allein der Wille beider Partner zählt. Was hatten Sie für Ziele, für Interessen, für Hobbys, für Freunde?

Brechen Sie doch aus dem Alltagstrott aus! Wer verbietet ihnen denn das? Ich kenne
Paare in hohem Alter, die zwar über ihre Gebrechen reden, sich aber nicht über ihre Partnerschaft beschweren. Ganz im Gegenteil ist man im Alter froh, wenn man jemanden hat, der um einen drum rum ist. Der Partner erhält da ganz neue Werte zugeordnet.

Wann haben Sie in einer solchen Phase Ihren Partner das letzte Mal freudig überrascht? (Vorsicht vor: ich habe es doch nur gut gemeint!). Kennt Ihr Partner überhaupt ihre neuen und alten Wünsche, Ziele, Vorstellungen? Wann haben Sie darüber sich das letzte Mal ausgetauscht?

Wann sind sie an die Orte Ihrer Jugendsünden gefahren oder haben bis dahin völlig

Unbekannte Orte besucht?

Haben Sie einen Teil des entstandenen Loches nach dem Verlassen der erwachsenen Kinder mit neuen Interessen, Herausforderungen und Freunden gefüllt? Dann kann es doch wieder interessant und spannend werden am Abendbrotstisch, wenn über neue Erlebnisse erzählt wird.

Ich persönlich habe viel Freude an meiner Großelternpatenschaft. Hier bei mir bin ich nicht irgendwer sondern eine Institution mit dem Spitznamen Opa BB.
Und so fahren meine Partnerin und ich nicht selten nicht allein, sondern mit begeisterungsfähiger junger Klientel irgendwohin, wo es uns allen gefällt. Und das bereichert unsere Beziehung ungemein und bringt neues Leben und Schwung hinein.

Nehmen Sie sich auch Zeiten im Alltag, an denen der fernsehe nicht läuft, die Zeitung weggelegt wurde und man mal nur für sich da ist ohne jegliche Ablenkung von außen! Was gefällt Ihnen an Ihrem Partner heute noch? Haben Sie darüber schon mal nachgedacht? Und weiß ihr Partner das auch, aber auch, wofür sie ihn am liebsten auf den Mond schießen würden?

2.5.2. Druck auf den Partner ausüben

Bereits Newton erkannte schon „actio = reactio", Kraft erzeugt Gegenkraft.
Wenn ich mit Druck meinen Willen beim Partner durchsetzen will muss ich also mit erheblichem Widerstand rechnen. Das kann dazu führen, dass ich mein Ziel nicht erreiche und der Partner künftig auf dieses Thema sauer reagiert. Der angerichtete Schaden also ist groß.

Ist es da nicht viel besser, den Partner dahin zu ziehen, wo ich ihn hinhaben möchte?

Wenn intelligente Frauen etwas haben möchten machen sie ihm die Sache über die Zeit so schmackhaft, dass er letztendlich davon ausgeht, dass es sein Wunsch war, ihr das zu schenken.

An anderer Stelle hatte ich auch berichtet, wie Meine Kinder Rosenkohl oder Spinat als äußerst lecker fanden, die ja viele Kinder nicht essen wollen. Hier wurde ein Verbot ausgesprochen mit der Begründung, dass sie noch gar nicht groß genug wären, um so ein Essen für Große essen zu können. Es wurde also an ihnen gezweifelt und da mussten sie beweisen, dass diese Zweifel völlig unberechtigt sind.

2.5.3. Negative Einstellungen - ich finde niemand, alle Männer sind,...

Mit negativen Einstellungen und Vorurteilen verbauen wir uns selbst den Weg zu Erfolg und Glück.

Wenn ich davon ausgehe, dass ich sowieso keinen Partner mehr finde brauche ich mich auch gar nicht erst auf die Suche machen.

Es gibt ein Sprichwort: „Wer nicht kämpft hat bereits verloren!" und ein anderes „Jeder ist seines Glückes Schmied!"

Leider treffe ich ständig auf solche negativen Einstellungen oder auch auf Vorurteile.

Wenn ich z.B. derzeit keinen Partner habe, aber mir eine glückliche Beziehung wünsche nutzt es einerseits wenig, das Glück erzwingen zu wollen. Das funktioniert meist nicht.

Aber ich kann mir einerseits überlegen, welche Wege es gibt, wie man potenzielle Partner finden kann. Über Kontaktbörsen, Kleinanzeigen, über die Vermittlung von guten Freunden usw.

Andererseits muss man häufig nur die Augen offen lassen. Ich habe meine Frau durch Zufall an der Bushaltestelle kennengelernt. Wir beide haben aber in anderen Orten gewohnt und zu einer anderen Zeit wären wir uns nie begegnet.

Welche Tipps kann ich dazu mit auf den Weg geben?

- Bleiben Sie locker und verkrampfen Sie nicht. So etwas kann man im Alltag üben mit Menschen beiderlei Geschlechts, mit denen man keine Partnerschaft eingehen will. Kommt die richtige Situation beherrscht man diese auch.

- Schauen sie sich im Alltag um überall da, wo Sie auf Menschen treffen. Ich denke, ich könnte jede Woche eine neue Beziehung beginnen, wenn ich das wollte.

- Überlegen Sie sich, wo Sie die potenziellen Partner antreffen können, die Sie suchen. In Vereinen und Clubs, in Fitnessstudios, in Bars usw.? Sie können ja dem Zufall etwas nachhelfen.

- Sind Ihre Ansprüche zu hoch oder tolerieren sie alles, was Ihnen über den Weg läuft? Mit beiden Einstellungen werden sie wahrscheinlich nicht glücklich werden.

2.5.4 Falsche Erziehung; Scham, Prüde;.. über den Schatten springen lernen und Spaß haben

Eine falsche Erziehung kann uns ganz schwer belasten und ist für viele Menschen ohne fremde Hilfe kaum zu korrigieren. Diese falsche Erziehung kann aber auch eine Partnerschaft schwer belasten, kann Ängste, Phobien und Ekel auslösen oder unser Leben sehr stark einengen.

Es gibt ein Buch „Gute Mädchen kommen in den Himmel, böse überall hin" und einen guten Spruch:
„Wenn wir es recht überdenken, so stecken wir doch alle nackt in unseren Kleidern."
Heinrich Heine

Neben professioneller Hilfe kann man auch ein Verfahren aus der Psychotherapie anwenden, dass sich „schrittweise Annäherung" nennt. Das wird vorrangig bei der Bearbeitung von Ängsten oder Traumata eingesetzt, kann aber auch ein gutes Werkzeug bei anderen psychischen Störungen sein.

Grundlage hierfür ist die Fähigkeit unseres Gehirns zu lernen und negative Gedächtnisinhalte durch positive zu überschreiben.

Wer z.B. einen Autounfall hatte bekommt den Rat, möglichst schnell wieder zu fahren, damit sich der Schock des Unfalls gar nicht erst langfristig einnisten kann.

Es werden also 2 Schritte gegangen: Als erstes begibt man sich in die problematische Situation. Auf einer gedachten Skala von 1 – 10, bei der 1 kein Problem bedeutet und 10 als nicht ertragbar bedeutet begibt man sich so weit rein in die Situation, wie es gerade noch möglich ist. Z.B. bis Stufe 8 und verbleibt dort eine Weile.

Unser Gehirn schüttet da jede Menge Botenstoffe wie Dopamin aus. Das funktioniert aber nur für kurze Zeit, dann sinkt der Spiegel wieder und wir rutschen auf unserer Skala z.B. bis auf Stufe 4 herunter.

Das Spiel kann man so lange betreiben über die Zeit, bis das Problem verschwunden ist.

Weit eleganter, schneller und viel weniger belastend kann man solche Probleme auch unter Hypnose bei einem erfahrenen Hypnosecoach lösen.

Wichtigste Voraussetzung ist der Wille zur Besserung. Ohne diesen Willen kann nicht mal ein Hypnosecoach erfolgreich arbeiten.

Mit der Auflösung der bisher problematischen Situationen werden sie selbst lockerer und werden wesentlich mehr Freude am Leben haben, versprochen!

Und denken Sie bitte daran: alles spielt sich nur in Ihrem Kopf ab – nirgendwo sonst. Und für Ihren Kopf sind Sie ganz allein verantwortlich, kein anderer, auch nicht Ihr Partner! Aber solches „Kopfkino" kann man überwinden durch lernen. Man muss es nur wollen!

Schauen Sie ruhig auch mal auf unsere Webseite oder fragen sie bei Problemen nach.

2.5.5. Süchte und Abhängigkeiten

Süchte und Abhängigkeiten belasten das Zusammenleben immer! Allerdings kommt es auch hier auf die tatsächlichen Umstände und Reaktionen an.

Es wird nicht nur bei der Einnahme von Drogen von einer Sucht gesprochen. Auch viele andere Auslöser gibt es.

Wenn ein Alkoholiker nicht nur das Familienbudget „versäuft", sondern im Rausch auch noch aggressiv und gewalttätig wird ist das keine Basis für eine gesunde Partnerschaft.

Wenn jemand hyperaktiv ist und hin und wieder eine Shisha mit Hanf raucht ist das zwar verboten, aber er kann sich damit relativ gut beruhigen und wird meist auch wieder als Mensch angenehmer.

Wenn ein Harz-IV-Empfänger Raucher ist und über 200 € im Monat für Zigaretten ausgibt und dazu noch die Wohnung verpestet ist das auch nicht gut für eine gesunde Partnerschaft, vor allem dann, wenn der andere Partner Nichtraucher oder sehr auf Sauberkeit bedacht ist.

Die einzelnen Fälle sind also recht verschieden und de Partner müssen sich darüber einig sein, was geht und was nicht. Bei Problemen ist zu klären, ob diese gemeinsam lösbar sind oder eine Trennung der einzige Ausweg darstellt.

Wenn es zur Trennung kommt ist häufig der verursachende Partner darüber erbost. Aber keiner hat ihn zu seiner Sucht oder seinem falschem Denken und Verhalten gezwungen. Mit entsprechendem Willen hätte es sinnvollere Auswege gegeben als eine Trennung. Aber eine Suchberatung oder andere Hilfe muss natürlich gewollt sein und dann aktiv mit den Helfern durchgestanden werden. Wenn dieser Wille nicht da ist hat auch der beste Therapeut keine Chance.

Wege zur Hilfe finden Sie u.a. in unserem Webshop unter www.psychologie.we.de

2.5.6. Eifersucht

Eifersucht entsteht dann, wenn wir annehmen, dass jemand anderes etwas erhält, das eigentlich mir zusteht, z.B. Liebe, Zuneigung, Anerkennung.

Eifersucht kann daher nicht nur in einer Zweierbeziehung entstehen, sondern auch in der Erziehung zwischen mehreren Kindern. So sind ältere und jüngere Kinder häufig im ständigen Streit, wer mehr Liebe und Zuneigung von den Eltern erhält.

In Beziehungen entsteht Eifersucht meist dann, wenn der Partner sich gerade jemand anderem zuwendet und dadurch eine Gefährdung der Beziehung befürchtet wird (Verlustangst).

Eifersucht kann sich dann in verschiedenen Formen zeigen:

- als Vertrauensverlust oder gar Verrat

- als empfundener Mangel der eigenen Persönlichkeit (nicht attraktiv genug, zu langweilig usw.)
Daraus ergeben sich aber auch die Lösungsansätze. Im gemeinsamen Gespräch kann doch geklärt werden,

- ob der Partner das vermutete Interesse an der anderen Person tatsächlich hatte?

- ob ich als Person zu große Mängel in die Partnerschaft einbringe?

- ob die Partnerschaft stabil oder instabil empfunden wird.

Auch Eifersucht ist eine Kopfsache und nicht selten mit falscher Erziehung oder schlechter Erfahrung verknüpft. Auch da kann die eigene Phantasie böse Streiche spielen.

2.5.7. Bindungsangst

Wie in dem Film „Die Braut, die sich nicht traut" überkommt manche Menschen Angst vor der Übernahme von Verantwortung oder dem Aufgeben des lieb gewonnenen Alltags.

Bindungsangst und Verlustangst können auch kurioserweise ein Paar bilden. So wurden bisherige angehende Beziehungen nach kurzer Zeit wieder gelöst, weil der Glaube nicht vorhanden war, dass jemand längere Zeit bei ihm bleiben würde. Und bevor dann die in der Phantasie bereits vorhandene Trennung schmerzhaft eintritt steckt man gar nicht erst große Gefühle hinein und trennt sich lieber schnell wieder.

Der britische Psychoanalytiker und Kinderarzt John Bowlby begründete Mitte des 20. Jahrhunderts die Bindungstheorie. Demnach lernen Kleinkinder an ihrer ersten Bezugsperson – also meist der Mutter –, ob sie von diesem Menschen Fürsorge empfangen und sich darauf stets verlassen können. Ergo hat jemand, der im Kindesalter eine Bindungsperson verliert oder von ihr nicht die gewünschte Nähe bekommt später die Tendenz, enge Bindungen abzuwehren.

Und so gibt es ein Wechselbad der Gefühle. Anfangs die berühmten Schmetterlinge im Bauch und nach relativ kurzer Zeit wieder Abstand oder gar Trennung.

Manchmal ist auch die Erfüllung eines Wunsches gleichzeitig der nachfolgende Tod des Wunsches.

Auch die Gefühle und Einstellungen von Menschen mit Bindungsangst lassen sich behandeln, aber der Betreffende muss das wirklich wollen.

2.5.8. Mobbing

Mobbing ist eher aus dem Schul- oder Arbeitsalltag bekannt, aber auch in Partnerschaften kann so etwas auftreten.
Dabei muss man aber unterscheiden zwischen den alltäglichen Auseinandersetzungen, einem „normalen" Streit oder Kritik und Mobbing.

Während die alltäglichen Auseinandersetzungen normal sind und die alltäglichen Probleme regeln trifft das für Mobbing nicht zu.

Beim Mobbing geht es nicht um die Suche nach gemeinsamen Lösungen sondern rein um das Verletzen des Partners.
Mobbing kann man an 5 Symptomen erkennen:

- Unversöhnlichkeit: Streit gerät zum Selbstzweck. Wenn Streit nicht beigelegt werden kann und keine einvernehmlichen Lösungen gefunden werden kann sich Streit verselbständigen und über die Zeit ausufern ohne sachliche Basis. Es geht nicht mehr um die ehemalige Streitfrage, sondern nur noch um das Streiten als solches.

- Entwertung der Person: Achtung und Wertschätzung werden ersetzt durch abfällige abwertende Äußerungen, besonders im Beisein anderer Personen, um den Partner möglichst schwer zu verletzen.

- <u>Überempfindlichkeit</u>: Ihr Partner reagiert auf alles, was mit Ihnen zu tun hat überempfindlich, ohne dass dafür ein konkreter Anlass vorliegt. Sehr gern wird dann noch einer oben drauf gesetzt mit Killerphrasen bzw. schwarzer Rhetorik, die sie sowie nicht widerlegen können (Siehe Abschnitt weiter hinten im Buch).

- Fehlendes Einfühlungsvermögen und mangelnde Gesprächsbereitschaft: Wenn Ihr Partner Sie auf einmal nicht mehr verstehen will, das Interesse an Ihnen oder an gemeinsamen Lösungen verliert oder sich klärtenden gesprächen verweigert

2.5.9. Geduld haben und Weisheit erlangen

Ungeduld ist kein guter Ratgeber. In meiner Zeit als Leitungskader einer Ingenieurschule kamen auch Lehrer zu mir, die sich über einen Kollegen beschweren wollten.

Ich unterbrach sie meistens mit dem Hinweis, dass ich gerade keine Zeit hätte und bat sie, am nächsten Morgen um eine bestimmte Zeit wieder zu kommen. Dann würde ich mir genug Zeit für Ihre Probleme nehmen.

Meistens war es so, dass der erste Ärger während der Nacht verraucht war und wieder die Vernunft die Oberhand erhielt. Dann kamen diese Kollegen mit der Nachricht, dass alles gar nicht so schlimm gewesen sei und man eine einvernehmliche Lösung gefunden habe.

Im Punkt Streit hatte ich auch das Krisenmanagement angesprochen. Wenn nichts mehr geht lieber eine Pause zur Beruhigung oder zur Erholung einlegen und danach mit frischen Kräften weiter machen und dann gemeinsam an der Erarbeitung sinnvoller Lösungen arbeiten.

„Als Geduldig erweist sich, wer bereit ist, mit ungestillten Sehnsüchten und unerfüllten Wünschen zu leben oder diese zeitweilig bewusst zurückzustellen. Diese Fähigkeit ist eng mit der Fähigkeit zur Hoffnung verbunden. Geduldig ist auch, wer Schwierigkeiten und Leiden mit Gelassenheit und Standhaftigkeit erträgt." (Wikipedia).

Nicht selten bewundern wir solche Menschen in einem höheren Alter, die weise geworden sind. Aber diese Weisheit wurde diesen Menschen nicht geschenkt. Sie mussten sich diese Weisheit hart erkämpfen und häufig auch im Leben viele Leiden ertragen. Dadurch haben sie gelernt, dass viele Wünsche und Sehnsüchte sich nicht innerhalb kurzer Zeit erfüllen lassen sondern nur mit viel Geduld, Fleiß und Ausdauer zu erreichen sind. Über die Ungeduld vieler junger Menschen können solche alten Weisen nur schmunzeln und vielleicht sagen „Du stößt Dir auch noch deine Hörner ab!"

Um das Thema abzurunden hier noch einige Zitate zum verdeutlichen:

Das Gras wächst nicht schneller, wenn man daran zieht.
Unbekannter Autor aus Afrika

Nur Geduld! Mit der Zeit wird aus Gras Milch.
Unbekannt

Man kann nicht heute Apfelbäume pflanzen und schon im nächsten Jahr die Früchte ernten.

Berthold Beitz (*1913), dt. Topmanager, AR-Vors. Grundig AG, s. 1967 Kuratoriumsvors. Alfried Krupp v. Bohlen u. Halbach-Stiftung

3.   Trennung

Trennung hat viele Konsequenzen für das eigene Leben, vor allem Verlust und Schmerz. Das betrifft vor allem Alleinsein, materieller Neuanfang, Verlust von Zuwendung, Hilfe, Unterstützung, Solidarität und vielem mehr.

Daher sollte vorher gründlich bedacht und abgewägt werden, welchen Wert die Partnerschaft hatte und was man mit der Trennung erreicht.

Sie können aber Fehler vor und während der Trennung machen, die Sie kennen sollten:

Fehler 1: Den Partner verleumden und schlecht machen, vor allem im Freundes-, Kollegen- und Bekanntenkreis. Von möglichen strafrechtlichen Konsequenzen mal abgesehen (§186 und 187 StGB) geben Sie in erster Linie ein schlechtes Bild von sich selbst. Erstens wissen die bisher gemeinsamen Freunde nichts mit der Situation anzufangen, da sie die Freundschaft zu beiden Partnern hatten und weiter erhalten wollen. Sie versuchen aber, dass die Freunde sich zu Ihnen bekennen. Das geht dann aber häufig schief. Wer nervt wird mit der Zeit ausgeschlossen.
Zweitens wissen Ihre Freunde, das sie auch über die Freunde schlecht reden werden, wenn Ihnen an den Freunden etwas missfällt. Die Freunde werden auf größeren Abstand gehen und sie möglicherweise ganz meiden. Sie haben genau das Gegenteil erreicht von dem was Sie erreichen wollten.

Auch als Vermittler eignen sich Freunde nur bedingt, da sie damit zwischen die Fronten geraten und unterschiedliche Ansichten, Wünsche und Bedürfnisse zwischen den Partner klären sollen. Damit sind Freunde aber meist überfordert. Oder ginge es Ihnen anders?

Fehler 2: Hoffnungen, irgendwann wird alles wieder gut

Sie hoffen, die Zeit heilt alle Wunden. Ja, das ist richtig, aber nicht immer im gewünschten Sinne.
Wenn Sie als Freunde auseinander gehen in der Hoffnung, dass aus dieser Freundschaft wieder Liebe wird werden sie wahrscheinlich enttäuscht werden.

Bester Freund zu sein ist das Undankbarste, was man werden kann. Man soll zwar als Problemlöser für alle denkbaren Situationen Tag und Nacht da sein, aber die eigenen Bedürfnisse nach Liebe, Zärtlichkeit, Zuwendung, Sexualität werden nicht erfüllt. Das ist ja die Grundvoraussetzung für beste Freunde.
Genau in so eine Rolle begeben Sie sich damit aber. Sie gehen wieder davon aus, dass Ihr Partner genau so denkt und fühlt wie Sie und er Sie doch verstehen muss und Ihren Schmerz. Aber dass dem nicht so ist wurde ja schon weiter vorn im Buch besprochen.

Es gab sicher handfeste Ursachen für die Trennung und für eine neue Liebe müssten sich beide grundsätzlich ändern, so dass die Ursachen für die Trennung beseitigt wurden. Die Wahrscheinlichkeit, dass das passiert ist extrem gering. Denn wenn die Bereitschaft zur Änderung beidseitig vorhanden gewesen wäre dann wäre es doch gar nicht zur Trennung gekommen, oder?

Schlimmstenfalls nutzt ihr Partner Sie jetzt richtig aus.

Fehler 3: Sie haben ein sexuelles Verhältnis mit ihm – mit ihrem Ex

Sie gehen davon aus, dass Sex nur auf Liebe beruhen kann. Das ist aber ein grundlegender Irrtum, denn dann hätten Bordelle kaum noch ihre Daseinsberechtigung.
Wenn Sie also das tun werden Sie wahrscheinlich nicht nur enttäuscht werden, sondern sich auch noch benutzt fühlen wie eine von den eben angesprochenen Damen. Tun Sie also nur dann, wenn Sie ein wirkliches Bedürfnis nach Sex haben und der Partner dieses Bedürfnis auch noch befriedigen kann. Mit Ihrer bisherigen Liebe und Partnerschaft hat das aber nichts mehr gemein.

Fehler 4: Sie reagieren stark gefühlsmäßig unter Ausschaltung des Gehirns

Eine solche Reaktion führt meist zu sehr unüberlegten Handlungen, die Ihnen meist zurück „auf die Füße fallen". Sie selbst blamieren sich vor dem Ex und vor der Umwelt und nicht Ihr ehemaliger Partner. Sie fügen sich damit selbst Schaden zu, den sie später meist bereuen und Ihren Ex dafür noch um so mehr hassen, obwohl der für Ihre „Ausraster" eigentlich nichts kann. Das sind Ihre Gefühle, die Sie da zulassen und niemand anderes ist dafür verantwortlich, auch wenn Sie das nicht wahrhaben wollen.

Fehler 5: Rache und Hass

Auch nach einer Trennung von einer Partnerschaft, die über eine Zeit funktioniert hat, gibt es meist noch viel zu regeln. Wenn Sie sich auf Hass und Rache einlassen schaden Sie in erster Linie wieder sich selbst, da alle Brücken für eine Verständigung abgebrochen wurden.

Rache und Hass kommen auch bei Freunden und Bekannten nicht gut an, wie im Fehler 1 bereits beschrieben.

Schließen Sie das Kapitel ab und nutzen Sie Ihre Energie für sinnvollere Lösungen, denn Rache und Hass sind keine Lösungen die Ihnen wirklich nutzen.

Auf keinen Fall wird Ihr Ex dafür Verständnis dafür aufbringen, genau so wenig, wie sie das in einer solchen Situation tun würden.

Fehler 6: Ihre Kinder werden als Waffe gegen den Partner benutzt (oder doch eher missbraucht?)

In einem solchen Falle sind die Leidtragenden die Kinder, die dafür gar nichts können und sich auch nicht wehren können. Sie werden zwischen den Fronten zerrieben und bekommen nicht selten irreparable psychische Schäden.

Wollen Sie Ihren Kindern das wirklich antun? Sind Sie tatsächlich dermaßen verantwortungslos?

Ich persönlich würde Menschen, die so etwas praktizieren ihre Kinder wegnehmen im Sinne des Kindeswohls.

Es besteht aber auch die Möglichkeit, dass sich die Kinder von Ihnen trennen und zum Partner gehen. Dann haben Sie auf ganzer Linie verloren. Wollen Sie diese Risiken wirklich eingehen?

Ich habe bei meiner eigenen Scheidung meinen Kindern mit auf den Weg gegeben, dass sie immer eine gute Mutter hatten und wir uns deshalb getrennt haben, da wir uns über die Zeit zu sehr verändert haben und nicht mehr zueinander passten (auch Psychologen lassen sich scheiden!)

Diese Meinung stimmte auch mit den gesammelten Erfahrungen meiner Kinder gut überein, so dass das Vertrauen zwischen uns in dieser schwierigen Zeit nicht gelitten hat, sondern noch bestätigt worden ist.

Fehler 7: Sie wollen Ihren Partner um jeden Preis zurück haben.

Sie tun alles, was Ihr Partner will und ordnen dem alle Ihre anderen Bedürfnisse, Wünsche und Interessen unter. Was dann passiert können Sie sich jetzt sicher denken?
Auf keinen Fall ist das eine Grundlage für die Weiterführung einer gleichberechtigen Partnerschaft, wo beide auf Augenhöhe miteinander kommunizieren und umgehen.

Lösungen: schauen sie der Realität ins Auge und verlieren Sie nicht den Boden unter den Füßen. Anstatt lange dieser Beziehung hinterher zu trauern, an der sie sowieso nichts mehr ändern können macht es doch viel mehr Sinn, in die Zukunft zu schauen und zu überlegen, wie es jetzt ohne den bisherigen Partner weiter geht.

Das ist auch der einzige Ausweg aus dem Dilemma, die ihren Partner durch Krankheit oder Unfall verloren haben.

Ziehen Sie sich nicht in eine sinnlose Trauer zurück, denn diese hilft Ihnen nicht weiter und wird früher oder später psychosomatische Auswirkungen auf Ihren Körper haben! Und vernachlässigen Sie sich auch nicht! Legen Sie nach wie vor Wert auf Dinge, die Ihnen bisher wertvoll waren. Betäuben Sie Ihren Schmerz nicht mit Alkohol, Drogen, Medikamenten oder anderen Ersatzstoffen. Sie bereuen das später mit Sicherheit. Treffen Sie gleich jetzt bessere Entscheidungen!

Fragen Sie sich, was in Ihren Leben wertvoll ist, welche Ziele Sie noch erreichen wollen, mit wem sie ebenfalls Freuden teilen können. Sehen Sie nicht nur den Verlust, sondern auch die neue Freiheit.

Genießen Sie diese Freiheit und trennen sich auch von allem Ihres Ex, das Sie nur wieder traurig machen würde – räumen Sie auf – in Ihren Gedanken und in Ihrer Wohnung! Das Einzige, worüber Sie vielleicht noch nachdenken sollten ist, was in Ihrer Beziehung schief gelaufen ist und warum? Lernen Sie daraus!

Wie ist es vor Ihrer Beziehung gelaufen, was haben Sie da Schönes erlebt oder was hat einen besonderen Wert für Sie gehabt?

Pflegen und hegen Sie wieder vermehrt Ihre Freundschaften. Dies kann Ihnen auch sehr viel wieder zurück geben, solange Sie Ihre Freunde mit Ihren Problemen nicht überlasten, sondern Sie selbst die Freundschaft wieder aktiv bereichern.

Im Zusammenspiel mit ihren Freunden und Bekannten finden Sie Ihr Gleichgewicht wieder für einen Neuanfang.

4. Manipulationen

Wozu folgt denn jetzt noch ein Kapitel Manipulationen? Muss das denn sein?

Partnerschaften werden durch Manipulationen sehr stark beeinflusst ohne dass es den Beteiligten bewusst wird.

Es gibt Situationen, da verstehen wir uns selbst nicht und erst recht nicht andere Menschen, auch unseren Partner nicht. Was ist da passiert? Warum ist das so?

In meinen Büchern stelle ich ja immer wieder die Frage: wie funktioniert etwas?

Eine weitere Frage, die sehr häufig zu richtigen Antworten führt heißt: Wem nutzt es?

Und da in unserer Gesellschaft manipuliert und getäuscht wird „auf Teufel komm raus" sollte man auch wissen wie das funktioniert, was dabei herauskommt und wie man sich dagegen wehrt. Aber auch, warum ich selbst oder mein Partner gerade so und nicht anders reagieren?

Wenn man also sich selbst und Andere verstehen will muss man auch wissen, wie Menschen durch Manipulationen sehr stark in ihrem Denken, ihren Entscheidungen und ihrem Handeln beeinflusst werden. Auch, wenn die Betroffenen das meist gar nicht erkennen – genau das ist ja das Ziel erfolgreicher Manipulation.

Ich bitte um Verzeihung, wenn viele Beispiele einen politischen oder gesellschaftlichen Hintergrund haben und man daraus nicht gleich erkennt, was dieser Zusammenhang mit Partnerschaft oder Beziehungen zu tun haben soll.

Seien Sie nicht böse! Auch bei den meisten Manipulationen und Täuschungen wird eine Partnerschaft vorgetäuscht, die aber nicht tatsächlich vorhanden ist und dann zu sehr einseitigen Vorteilen auf der Seite der Manipulierer und Täuscher liegt und Sie oder ihr Partner dann die dummen oder auch die Verlierer sind. In Wirklichkeit sind Sie in solchen Situationen keine Partner, sondern Gegner, die man mit diesen Mitteln besiegen will! Erkennen Sie das und lernen Sie daraus!

Manipulationen und Täuschung – die geheimen Verführer

„Ein siebenmal verschlossener Schrank imponiert der Menge immer. Wenn er auch gänzlich leer ist. Das wissen die Schlauen unter den Dummen und hüllen sich in Schweigen." - Franz Edler von Pernwald Schönthan

„Besitz: Unwort der Menschheit." © Andrea Mira Meneghin (*1967)

Im Alltag sehen wir eine Scheinwelt, von der wir glauben sollen, sie wäre die Realität. Tatsächlich werden wir aber meist getäuscht über die tatsächlichen Verhältnisse und Sachverhalte von den Machern hinter den Kulissen.

"Wer a sagt, der muss nicht b sagen. Er kann auch erkennen, dass a falsch war." Bertold Brecht

Ziel dieses Kapitels ist nicht, Polemik oder Propaganda für oder gegen irgendetwas zu machen, sondern Manipulationen zu analysieren und aufzudecken und das gewonnene Wissen Ihnen zur Verfügung zu stellen. Ich kann weder beeinflussen, ob Sie sich künftig vor Manipulationen schützen noch, dass Sie Ihr neu gewonnenes Wissen selbst zu Ihrem Vorteil einsetzen. Auch wie Sie die hier aufgeführten Informationen werten und verarbeiten bleibt Ihre Privatangelegenheit. Merken sie was?

Mir geht es also aus psychologischer Sicht um Motive, die zu Zielstellungen führen und deren Erreichung mit unterschiedlichsten Mitteln und Methoden.

In der Philosophie heißt das Analyse und Synthese, beim Militär Strategie und Taktik und in der Pädagogik versteckt sich dahinter ZIMOR.

Natürlich sind für mich durch meinen Studienabschluss auch in Philosophie viele politische Prozesse interessant.

Bei den aufgeführten Beispielen für ein besseres Verständnis macht es wenig Sinn, diese aus Wissensgebieten auszuwählen, die Sie nicht kennen oder vielleicht auch nicht verstehen. Das ist der einzige Grund, weshalb sich viele Beispiele auf das politische Tagesgeschehen beziehen, das Ihnen meist bekannt ist, wenn Sie Ihre Informationen aus Nachrichten von Fernsehen und Radio bzw. dem Internet beziehen.

Da sich der Autor auf Quellen bezieht, die von ihm nicht tatsächlich überprüfbar sind (ARD, ZDF, google usw.) werden diese Quellen wieder gegeben, ohne dass der Autor für die Richtigkeit der Informationen die Haftung übernimmt. Im Abschnitt „Manipulationen" wird auch erklärt, wie weit weg Wahrheit und Information voneinander entfernt sein können und warum.

E s kann sehr viel Spaß machen, hinter die Kulissen und den Akteuren auf die Finger zu schauen und sie zu durchschauen.

Ergänzend zu meinen Beiträgen kann ich noch Elias Erdmann: „Methoden-der-Manipulation" empfehlen (Quelle: Elias Erdmann: „Methoden-der-Manipulation", elias.erdmann@gmx.de, www.manipulation.tk).

Diese hier vorgestellten Kategorien und Prinzipien der Manipulation sowie der Beispiele sind ein Ausschnitt aus der Wirklichkeit und können nicht vollständig sein. Es werden aber viele weiterführende Quellen hier mit angeboten, so dass sich jeder entsprechend seiner Interessen vertiefend in das Gebiet einarbeiten kann. Weitere Quellen lassen sich aus der Wikipedia oder über Suchmaschinen wie unter www.seo-united.de/suchmaschinen.html aufgeführt schnell und problemlos erschließen

In Wikipedia wird Manipulation so beschrieben:

„Der Begriff **Manipulation** (latein. Zusammensetzung aus *manus* ‚Hand' und *plere* ‚füllen'; wörtlich ‚eine Handvoll (haben), etwas in der Hand haben', übertragen: Handgriff, Kunstgriff) bedeutet im eigentlichen Sinne „Handhabung" und wird in der Technik auch so verwendet. Darüber hinaus ist Manipulation auch ein Begriff aus der Psychologie, Soziologie und Politik und bedeutet die gezielte und verdeckte Einflussnahme, also sämtliche Prozesse, welche auf eine Steuerung des Erlebens und Verhaltens von Einzelnen und Gruppen zielen und diesen verborgen bleiben sollen (Camouflage, Propaganda)."

Im Weiteren wird hier keinen Verschwörungstheorien nachgegangen, sondern Tatsachen mit der jeweiligen Quellenangabe aufgeführt.

Hier geht es also nicht um die Manipulation von Gegenständen, sondern um die *Beeinflussung von Menschen*, häufig zu deren Nachteil oder zum Nachteil anderer.

Eine Manipulation oder Beeinflussung kann auch zum Vorteil der Menschen führen, z.B. in der Erziehung von Kindern. Die Erziehung von Kindern ist aber einem anderen Band von „Psychologie für Dummies" zuzuordnen.

Auch in der ärztlichen Hypnose werden Menschen zu deren Vorteil behandelt. Dazu gibt es ebenfalls einen gesonderten Band „Hypnose und Schulmedizin".

Besonders anfällig für Manipulationen mit negativen Auswirkungen sind eher unwissende Menschen. Menschen mit einem großen Allgemeinwissen durchschauen meist die Zusammenhänge und hinterfragen im Bedarfsfall, während bildungsferne Menschen allen möglichen Manipulationen schnell zum Opfer fallen, wer denn eigentlich an ihrem Unglück schuld sei. Natürlich sind das weder die Ausländer, noch die Juden oder Aliens, sondern sie selbst sind an ihrer Misere schuld und die Macher unserer Gesellschaft, die die Gesellschaft in verschiedene Schichten teilen und dafür Sorge tragen, dass sich daran auch nichts ändert. Aber bildungsferne Menschen greifen solche Manipulationen gerne auf und tragen sie auch noch an andere bildungsferne Menschen weiter in ihrer grenzenlosen Dummheit. Das soll jetzt keine Beleidigung sein, sondern ist Alltag in Deutschland. Und das ist nicht nur dumm sondern auch verantwortungslos.

Hier wollen wir uns also mit den negativen Auswirkungen von Manipulationen auf Menschen zu deren Nachteil befassen, ohne dass diese Menschen die Beeinflussung bemerken sollen. Dabei geht es um die Motive und Ziele der Manipulierer und die angewandten Methoden. Dabei geht es uns hier vorrangig um die Manipulation großer Menschengruppen zum Vorteil mächtiger Interessentengruppen in Politik, Wirtschaft und Finanzwesen, Parteien und Kirchen. Dabei sollen aber hier nicht bestimmte Personen oder Interessengruppen angegriffen werden, sondern nur deren Ziele und Methoden aufgedeckt werden, damit sie der interessierte Leser kennen lernt und sich davor schützen kann.

Die Menschen sollen den Eindruck haben, dass alles zu ihrem Besten getan wird und sie sich glücklich und zufrieden zurück lehnen können.

Wozu brauche ich denn Manipulationen? (Bitte künftig alles hinterfragen, was um euch vorgeht!)
Manipulationen werden immer dann benötigt, wenn unterschiedliche Meinungen, Lebensauffassungen oder Ziele aufeinander treffen.

Da gibt es sowohl als Lösung die Überzeugung der Gegenseite oder die direkte oder indirekte Manipulation. Teilweise werden aber Gegner auch einfach nur gekauft und man hat sein Ziel ohne großen Aufwand erreicht. Leider ist das häufiger als den Meisten bekannt.

Wie der Slogan "Wir wollen nur Ihr Bestes". Das ist aber meist das Geld der Kunden mit möglichst geringem Aufwand, Investitionen und Verantwortung oder Risiko zu bekommen.

Wer hat denn nun einen Nutzen aus Manipulationen großer Menschengruppen und wer hat die Möglichkeiten dazu? Das sind 4 große Komplexe, die ineinander verwoben sind:

- Die Staatsmacht mit Regierung, Militär, Polizei, Justiz, Geheimdienste und regierenden Parteien

- Die Finanz- und Wirtschaftsmonopole

- Die Medien: Presse Fernsehen, Rundfunk, Internet

- Die Kirchen

Dabei können die Ziele gleich oder auch sehr unterschiedlich sein.

Die Methoden und Prinzipien sind aber gleich oder sehr ähnlich und daher bei Kenntnis auch durchschaubar.

Motive und Motivation – Ursache und Wirkung

„An allem Unfug, der passiert, sind nicht etwa nur die schuld, die ihn tun, sondern auch die, die ihn nicht verhindern." Erich Kästner

Motive und Motivationen sind die Grundlagen für unser Denken und Handeln. Daher sollte immer hinterfragt werden, warum jemand so etwas oder warum macht er es nicht?

Wenn mich etwas interessiert habe ich ein Motiv, etwas zu unternehmen und bin auch motiviert.

Wenn mich etwas nicht interessiert bin ich nicht motiviert, etwas zu unternehmen und lasse alles so, wie es ist. Nichtstun der übergroßen Masse der Menschen hat zu dieser Gesellschaft der Gier, des Machthungers, der Gewalt, der staatlich akzeptierten und nicht akzeptierten Kriminalität und des Missbrauchs geführt

Direkte und indirekte Methoden der Manipulation

Bei den direkten Manipulationen werden Menschen vom Manipulator selbst beeinflusst durch Scheinargumente, Fehlinformationen, Drohung, Lob und Tadel.

Wenn mir jemand sagt, die Ausländer sind an allem schuld kann ich das glauben, wenn ich es nicht besser weiß.
Wenn mir jemand sagt „Geiz ist geil" kann ich das zu meiner Lebensmaxime machen und spende nie wieder in meinem Leben für Menschen in Not.

Wenn ich meine 4-jährigen Kinder im Garten nackt fotografieren will und werde dafür künftig mit mehrjähriger Haft bestraft werde ich das unterlassen auch wenn ich nicht weiß, warum das so ist.
Oder wenn mir AGB oder Verträge vorgelegt werden, die viele Seiten lang sind und in unverständlichem Rechtsdeutsch abgefasst wurden kann ich häufig nicht mal feststellen, ob diese Schriftstücke nicht selbst gegen jede Menge Rechtsnormen verstoßen. Wenn ich kann vermeide ich derartige Verträge.

Die **indirekte** Manipulation erfolgt, ohne dass ich den Manipulator selbst bemerke.

Hier erfolgt die Manipulation z.B. durch die Werbung, durch Medien wie Presse, Rundfunk, Fernsehen usw., indem ich einem Produkt oder einer Situation gegenüber gestellt werde.

Wenn ich weiß, dass meine Zähne mit Zahnpasta xyz am weißesten strahlen werde ich künftig nur noch diese kaufen.

Oder wenn im Irak Chemiewaffen versteckt sind und dort Babys gleich massenweise hingeschlachtet werden fordere ich meine Regierung sofort auf, diesem bösen Treiben endlich ein Ende zu setzen! Auch wenn hinter allem nur eine PR-Agentur steht, die Gerüchte in die Welt gesetzt hat. Aber diese Gerüchte wurden von den Interessenten gern aufgenommen und weiter verbreitet.

Der Manipulator war weder bei der Zahnpasta noch beim Krieg spielen zu erkennen.

Und da Sie den Manipulator nicht erkennen kann auch kein Widerspruch entstehen!

Der Manipulator hat alle Zeit, seine Aktion erfolgreich vorzubereiten, sie damit zum richtigen Zeitpunkt zu erwischen und braucht sich nicht vor Gegenreaktionen zu fürchten.
Gruppen gewinnen: Wer manipulieren will kann dazu weitere Menschen gewinnen und entsprechen Schulen oder ausbilden.
Das betrifft z.B. die Mitarbeiter im Außendienst von Firmen, die ihr Produkt als das beste der Welt anpreisen.

Man kann aber auch über V-Männer rechte Terror-Netzwerke aufbauen und so Angst und Schrecken in der Bevölkerung verbreiten oder geheime Nato-Armeen aufbauen, die völlig unbekannt im Untergrund operieren (Quelle: „Die Schattenkrieger der Nato": ZDF-Mediathek unter www.zdf.de/ZDFmediathek/beitrag/video/2120546/Die-Schattenkrieger-der-NATO#/beitrag/video/2120546/Die-Schattenkrieger-der-NATO sowie http://de.wikipedia.org/wiki/Stay-behind-Organisation).

Ein besonderer Fall der Manipulation ist der **Lobbyismus.** „Schätzungsweise 20.000 Lobbyisten nehmen in Brüssel in ca. 5000 Verbänden, darunter dem mächtigsten Verband, dem ERT oder der ESF (European Services Forum), Einfluss auf die EU-Institutionen und deren Politik. Etwa 70 Prozent davon arbeiten für Unternehmen und Wirtschaftsverbände. Sie genießen privilegierte Zugänge zu den Kommissaren. Und sie überhäufen die Abgeordneten mit ihren Änderungsanträgen für Gesetzesvorlagen. Die europäische Demokratie läuft Gefahr, endgültig zugunsten eines wirtschaftsdominierten Europas ausgehöhlt zu werden." Teilweise werden die Vorschläge der Lobbyisten bzw. des ERT 1 : 1 als Vorlage für die nächsten Entscheidungen genommen.
(Quelle:
https://www.lobbycontrol.de/schwerpunkt/lobbyismus-in-der-eu/ sowie
www.thebrusselsbusiness.eu/at/protagonisten.html und
www.youtube.com/watch?v=g3xRd2NpCt4).

Ebenfalls zum Bereich Lobbyismus gehören Gutachten, die angeblich von unabhängigen Gutachtern im Auftrag der Regierung erstellt werden. Die Gutachter arbeiten meist hauptberuflich für große Unternehmen und erhalten von diesen ihren Lebensunterhalt und fertigen daneben die in Auftrag gegebenen Gutachten für die Regierung an. Wessen Interessen werden hier wohl am besten vertreten sein?

Interessant wird die Analyse von Manipulationen auch dann, wenn der Manipulierer auf Menschen stößt, die ähnliche Auffassungen wie er haben und die er daher problemlos für seine Ziele missbrauchen kann.

Das kann z.B. auf gläubige Menschen zutreffen, die von einer Sekte eingefangen werden oder von rechten Gruppierungen, bei denen sich junge Menschen gut aufgehoben, respektiert und geachtet fühlen.

Diese Menschen sind der Auffassung, dass die Gruppe und der jeweilige Anführer genau das machen, was sie schon immer wollten und ihre Interessen hier am besten vertreten werden.

Auch Fan-Clubs gehören in diese Kategorie. Die Fans werden für ihr Produkt, ihre Fußballmannschaft, Ihre Rockgruppe, Ihren Schauspieler usw. vielleicht mehr Werbung verschaffen, als diese das selbst können.

Auch Sammler werden in Foren, Tauschclubs und Messen usw. sich zusammen schließen und für die Produkte leidenschaftliche unbezahlte Werbung machen (auch Sammler von Bierflaschenverschlüssen, von Werbeaufklebern für ihr gerade aktuelles Sammelbuch und andere mehr), ohne dass ein Manipulator dazu an sie herantreten muss. Diese Menschen werden als kostenlose Helfer bezeichnet.

Beliebt sind auch das Schädigen durch Beleidigen und Verleumden von Gegnern durch das Ausstreuen eines Gerüchtes. Hier werden Wahrheiten und Unwahrheiten mit Zweifeln und Unterstellungen pikant gewürzt. Häufig reicht es schon aus, dass auch andere Menschen dadurch in Zweifel zu bringen, um z.B. einer Person im öffentlichen Leben ein weiteres Wirken unmöglich zu machen.
Spätere mögliche Richtigstellungen können den angerichteten Schaden nicht wieder gut machen.

Reagieren anstatt überlegt handeln

Im Bereich Verhalten heißt reagieren, dass ein bestimmter Reiz ein nachfolgendes Verhalten ausgelöst hat (Konditionierung). Bereits Iwan Petrowitsch Pawlow wies an Hunden nach, dass man Tiere als auch Menschen durch bestimmte Reize zu vorhersehbaren wiederkehrenden Verhalten bringen kann.
Ein Kind, das einmal eine heiße Herdplatte berührt hat wird diese künftig meiden. Aber wenn es eine Schokolade vor sich hat wird es vielleicht bis ins hohe Alter hinein Appetit darauf haben.
Pawlow wies nun nach, dass man bestimmte Reize auch für anderes Verhalten ausbilden kann, so das z.B. sein Hund Hunger beim aufleuchten einer bestimmten Lampe auslöst.

Das Gegenteil von Reagieren ist das überlegte Handeln.

Erfahrene Menschen reagieren nicht sofort auf jede Provokation. Beispiel: in meinem Umfeld streiten sich Menschen häufig wegen jeder Kleinigkeit. Sie reagieren auf jede Winzigkeit mit Verärgerung, Wut oder Gewalt. Von mir bekommen sie dann einen Tipp: wenn du ein Stück Sch.. (Kot) vor Dir liegen siehst kannst du es aufheben, es analysieren, es riechen, schmecken, fühlen usw., wenn du das so willst. Du kannst es aber auch einfach dort liegen lassen. Mache es doch mit den vielen kleinen Provokationen in Deinem Leben genauso. Überlege Dir vorher, auf was Du reagierst und was Du liegen lässt und ignorierst. Wichtig ist: was bringt Dir mehr Vorteil? Was nutzt Dir und nicht anderen?

Für Manipulationen ist reagieren besser als überlegtes Handeln.
In der Pause bei der Formel 1 bekomme ich immer wieder sooo einen Appetit auf Warsteiner? Nicht auf Ehringsdorfer oder Apoldaer Glockenhell. Seltsam, oder? Wobei ich selbst vielleicht 10 Flaschen im Jahr trinke bekomme ich immer bei der Formel 1 so einen komischen Appetit?

Und unsere Kinder bekommen manchmal unerklärlich so einen Appetit auf… (was war gerade in der Werbung?).

Natürlich trinke ich dann kein Warsteiner, sondern einen Tomatensaft oder eine Buttermilch oder koche mir einen Früchtetee. Ich reagiere nicht auf alles. Das ärgert nicht selten auch meine Partnerin.

Reizüberflutung

Wenn Menschen über längere Zeit mit Reizen überflutet werden kommen sie nicht mehr zum Nachdenken, sondern nur noch zum Handeln und zum Reagieren.

Bei der Hypnose wird das Prinzip bewusst angewandt. Man lenkt das Bewusstsein ab und öffnet damit das Tor zum Unterbewusstsein, so dass die gewollten Suggestionen gut verarbeitet werden.

Bei der Manipulation wird das Prinzip durch Reizüberflutung angewandt, um unbemerkt vom Bewusstsein und unbemerkt vom Empfänger seine Botschaften in das Unterbewusstsein zu schreiben.

Dieses Prinzip wird sehr häufig angewandt. Wenn bei den Hartz-IV-Sendungen (die intelligenten Hartz-IV-Empfänger möchten mir verzeihen. Ich hoffe, jeder weiß, was gemeint ist-bildungsferne Dauergucker) stundenlang nur Geschrei und Zoff ist kommt man gar nicht zur Ruhe oder zum Denken. Die Botschaften erreichen das gewünschte Ziel, ohne dass es der Zuschauer bemerkt.
Vielleicht bemerken noch die Menschen im Umfeld des Empfängers der Botschaften, dass er sich verändert hat. Er selber ist zur Rückveränderung nicht mehr in der Lage, sondern nur noch durch die Hilfe von außen.

Das Schlimme daran konnte ich an mehreren meiner Klienten beobachten, dass sie über die Zeit einen immer schlimmeren Realitätsverlust erlitten und die Sendungen nachmittags bei RTL und Sat1 wie Berlin Tag und Nacht, Köln..., Richter Alexander Hold, verklag mich doch usw. für Reality Shows hielten, also Ausschnitte aus dem ganz realen Leben und sich darüber noch mit anderen stritten. Dass diese Sendungen den gleichen künstlerischen Wert haben wie vor einigen Jahrzehnten die sogenannten Groschenromane, die es damals an jedem Kiosk billig zu kaufen gab blieb ihnen verborgen und dass diese Sendungen mit der wirklichen Realität genau so wenig zu haben wie die Groschenromane. Leichtgläubige Menschen also, aber meist mit einem eigene n Starrsinn und Uneinsichtigkeit verknüpft –macht mir ja nicht meine schöne einfache Welt kaputt mit eurer Aufklärerei!

Reizüberflutung kann aber auch durch besondere Arten von Reizen erfolgen und im Extremfall bis zum Tod führen. So kann ein gewaltbereiter Mensch grenzenlose Angst bei seinen Opfern auslösen oder extreme Situationen Schockzustände oder Traumata.

Reizüberflutung wird von den Mächtigen gern angewandt, um das Volk abzulenken und zu beschäftigen.

Einerseits durch Brot und Spiele. Wenn gerade eine Fußball-WM läuft kann man ohne großen Widerstand unliebsame Gesetze durchpeitschen und trotzdem sind alle glücklich.
Oder man bringt einen Horror-Meldung nach der anderen und alle sind froh, wenn sich endlich jemand findet, der was dagegen tut (Anti-Terror-Kampf nach den Anschlägen auf Ziele in den USA – wem nutzt es am meisten?).

Auch ständige Wiederholungen können zermürben. Da kommt tagtäglich die Nachricht „Es wird in Deutschland keine PKW-Maut kommen". Wenn sie dann doch kommt sind alle bereits damit vertraut und keiner wundert sich mehr. Aus der Psychologie ist bekannt, dass unser Unterbewusstsein Probleme mit verneinenden Wörtern wie nicht oder kein usw. hat. In der Hypnose werden daher solche Wörter vermieden. Dort wird aufgenommen „Es wird in Deutschland eine PKW-Maut kommen". Nun, diesen Zusammenhang kennen auch unsere Politiker. Es soll sich also hinterher keine beschweren, er hätte es nicht gewusst. Ist doch Allgemeinwissen, oder?

Und alle Menschen sind glücklich, dass jetzt das neue iPhon und die gebogenen 4k-Fernseher endlich auf dem Markt sind, auch wenn sich viele Menschen diese Artikel gar nicht leisten können. Sind trotzdem glücklich darüber.
Und dass „Hartz-V" (Arbeitstitel) jetzt alles vereinfachen soll, auch wenn hinter verschlossenen Türen erhebliche Verschärfungen und weiterer Abbau von Sozialleistungen im Geheimen beraten werden. Was solls. Die Hauptsache, alles wird einfacher!
(Quelle:
http://www.spiegel.de/politik/deutschland/arbeitsmarktref
orm-von-der-leyen-will-hartz-iv-komplett-ueberarbeiten-a-671662.html
und „Hartz 5: Ein Hartz IV-Roman" Taschenbuch – 26. April 2013 von Peter Hetzler)

Das Opfer der Manipulationen ist die gesamte Zeit mit allen möglichen Informationen und Berieselungen beschäftigt und glücklich darüber, dass es Menschen gibt, die sich Gedanken darüber machen, wie es weiter gehen soll. Da wächst richtig Vertrauen!

Der Elias Erdmann hat dazu weiter ausgeführt:

Das Militär setzt hauptsächlich auf Begriffe wie **Befehl,
Gehorsam, Autorität, Pflicht** und auf ein stark
hierarchisches Konzept.
Der Untergebene hat zu regieren und zu funktionieren.
Selbständiges Handeln ist nicht erwünscht.
Ähnliche Methoden findet man ebenfalls in der katholischen
Kirche und in autoritär geführten Firmen. Durch **Sachzwänge,
Bürokratie** und **Gesetze** kann dem Bürger eigenes Handeln
als aussichtslos erscheinen. Hier wirkt das Frustrations-
Prinzip.

Religiöse Gemeinschaften können das selbständige
Handeln der Mitglieder und Angestellten (Laien und
Priester) beschränken, indem sie auf den göttlichen Ursprung
ihrer Regeln verweisen. Jedes autonome und abweichende
Handeln ist somit gegen Gott. Und wer will schon gegen Gott
sein?
Sofern sich das Opfer für unfähig oder unwürdig hält, ist es
bereit, **Experten, Vorgesetzte** und **Autoritäten**
anzuerkennen, anstatt sich auf seinen eigenen Verstand zu
verlassen und entsprechend zu handeln. Es ist somit **Ziel des
Manipulators**, das **Opfer in Unwissenheit** zu halten, den
eigenen Wissensvorsprung zu betonen, sich durch ein
entsprechendes **Fachchinesisch** (oder Latein) vom Opfer
abzuheben und dem Opfer seine **Minderwertigkeit** und
diverse **Schuldgefühle** einzureden. Das kirchliche
Sündenbekenntnis und die Beichte verstärken diese
Schuldgefühle.

Durch Erziehung und Schule lernt man bereits frühzeitig,
nicht aus der Reihe zu tanzen, brav zu sein und sich der
Gemeinschaft anzupassen.

Bei Verhandlungen kann man seinen Gegenüber durch Fragen dirigieren. Das ist eine der Botschaften, die Vorgesetzte auf Managementkursen lernen. Der Untergebene stellt oftmals nach einem Gespräch mit seinem Chef fest, dass das Gespräch nicht so lief, wie er es geplant hatte. Alle zurechtgelegten Sätze konnten nicht so angewendet werden. Schon damit, dass der Chef fragte "Was wünschen Sie?" wird der Untergebene in die Position des Reagierenden gebracht. Und Vorgesetzte haben ein großes Repertoire an solchen kurzen Fragen, mit denen sie ihre Untergebenen in einem Gespräch pausenlos beschäftigen können: "Was schlagen Sie vor?", "Wie haben Sie das festgestellt?"
Der Untergebene ist so damit beschäftigt, die Fragen zu beantworten, dass er sein eigenes Ziel nicht verfolgen kann. Mit jeder Antwort gibt er dem Vorgesetzten neue Möglichkeiten für weitere Fragen. Nun braucht der Vorgesetzte nur noch den Untergebenen durch Fragen auf ein Thema zu dirigieren, das den Zielen des Untergebenen entgegensteht. Auf jeden Fall ist aber das vom Untergebenen zurechtgelegte Konzept dahin."

Geheimhaltung

Natürlich möchte der manipulierende nicht, dass seine Manipulation bekannt und durchschaut wird, da er mit der bekannt5gabe der Manipulation seine Ziele nicht erreichen kann. Für den Manipulierer ist es daher wichtig, dass die Zielperson/en

die Manipulation nicht bemerkt.

die Quelle der Manipulation nicht kennt oder erkennt

die Manipulation für seine eigenen Ziele oder Interessen hält und damit auch

das Ziel der Manipulation nicht kennt.

Geheimhaltung wird nicht nur bei Geheimdiensten betrieben, sondern auch bei unseren gewählten Volksvertretern.

So wurden die Pläne und die Unterlagen für den Umbau des Stuttgarter Bahnhofs nie der Öffentlichkeit bekannt gegeben. Damit wird Widerstand wie der Kampf von Don Quijote gegen die Windmühlen. Jedes Mal, wenn ein Argument vorgebracht wird kann es nieder geschmettert werden mit der Begründung, dass die tatsächlichen Fakten doch gar nicht bekannt seien, aber man alles zum Nutzen der Menschen vor Ort unternehmen würde.

Auch bei den gegenwärtigen Verhandlungen zum Freihandelsabkommen zwischen den USA und der EU wird ein solches Verfahren angewandt. Es wird hinter verschlossenen Türen geheim verhandelt und nicht mal Vertreter des europäischen Parlaments haben Zugang zu allen wichtigen Dokumenten.

Vielmehr wird vorher ausgewählt, wer einzelne Dokumente oder gar nur einzelne Seiten lesen darf. Schreibzeug, Handys und alles, was zum Kopieren geeignet wäre muss draußen gelassen werden. Es muss eine Geheimhaltungserklärung abgegeben werden. Ohne diese ist eine Einsicht nicht gestattet. Niemand außerhalb der geheimen Runde der Verhandlungspartner darf alle Dokumente einsehen. Für jeden, der einzelne Dokumente einsehen darf werden gezielte unterschiedliche Fehler in die Dokumente eingefügt so dass man sofort erkennt, wer als Quelle für die Veröffentlichung in Frage kommt und damit die Geheimhaltungsvereinbarung gebrochen hat.

Nun betreffen die Verhandlungen über 507 Millionen Bürger in der EU und in den USA fast 319 Millionen Bürger (Quelle: http://de.statista.com), also weit über 820 Millionen Menschen direkt. Da sollte man doch meinen, dass die Regierungen als gewählte Volksvertreter doch Verhandlungen solcher Größenordnungen transparent gestalten sollten. Aber weit gefehlt, wie oben beschrieben. Aber man stellt sich trotzdem als Demokratie und soziale Marktwirtschaft dar, obwohl dafür wohl die Grundlagen fehlen? Wer wohl dahinter steckt? Das darf sich jeder mit der Frage: wem nutzt es? selbst beantworten.

Und in den Medien hört man jeden Tag, wie gut es allen nach dem Abschluss der Verhandlungen auf beiden Seiten des großen Teichs gehen wird. Wer allerdings mit „allen" gemeint ist möge sich auch jeder selbst beantworten.

Und wie werden die nationalen Parlamente damit umgehen, was ihnen die Kommission so ausgehandelt hat.

Abzusehen ist, dass es einen ganz engen Zeitrahmen für die Ratifizierung geben wird und kaum mehr Spielraum da sein wird als ja oder nein zu sagen.

Das Gesamtdokument wird viele tausend Seiten lang sein und nicht in die Muttersprache der einzelnen Länder übersetzt werden.

Der einzelne Parlamentarier wird also schon mit der Übersetzung Probleme haben und erst recht mit den ganzen Verklausulierungen und Umschreibungen in Juristensprache u.a. Der Parlamentarier wird also völlig *überlastet* und hat keine Chance, vernünftig zu reagieren. In der Hoffnung, dass alle in der langen Zeit vernünftig und wie versprochen verhandelt haben wird er seine Stimme abgeben.

Es werden auch viele Alibigründe und Bauernopfer zur Beruhigung der Betroffenen vorher ausgehandelt werden. So gab es eine PR-Aktion um Chlorhühnchen.

In den USA werden Hühnchen vor dem Verkauf in den Handel mit Chlor keimfrei gemacht. Nun sollten derartig behandelte Hühnchen auch in der EU zum Verkauf kommen und löste eine Riesenwelle der Empörung aus.

Nun sind in den amerikanischen „Chlorhühnchen" tatsächlich viel weniger Keime z.B. Salmonellen und Campylobacter drin als in deutschen Hühnchen. In deutschen Hühnchen sind sogar wesentlich mehr Antibiotika enthalten, so dass die größeren Gefahren aber vom deutschen Hühnchen ausgehen, das die Amerikaner auf keinen Fall auf den Tisch haben wollen.

Aber man hat eine große Diskussion und alle sind glücklich, wenn zum Schluss das böse Chlorhühnchen aus den Verhandlungen heraus genommen wird.

Als Gegenleistung darf man dafür den „Investitionsschutz" für Konzerne behalten, der den Steuerzahler in den Folgejahren viele Milliarden Dollar/ Euro kosten und die Demokratie der einzelnen Staaten wirksam aushebeln wird. (Quelle: www.zeit.de/2014/10/investitionsschutz-schiedsgericht-icsid-schattenjustiz/seite-3)

Angeblich soll der Investitionsschutz im TTIP die deutschen Mittelstandsunternehmen schützen, z.B. soll deren Patentschutz laut Alexander Graf Lambdsdorff geschützt werden. Nur, um die Patente des deutschen Mittelstandes zu schützen gibt es weltweite Patentabkommen. Dafür braucht niemand das Freihandelsabkommen. Hier werden also Scheinargumente als Alibi benutzt oder missbraucht?

Aber der Mittelstand in den Deutschland ist ja das Rückgrat Deutschlands und wenn das geschützt wird ist auch das Abkommen gut. Denken zumindest die vielen Dummen vor den Fernsehern. Erfolgreich manipuliert – Ziel erreicht!

Sehr gut ließen sich solche Alibi- und Scheinargumente zu DDR-Zeiten beobachten Dazu gaben sich häufig auch Wissenschaftler, Ärzte und andere anerkannte Fachleute her:

Wenn es weniger Eier gab war das Cholesterin gefährlich und man sollte auf keinen Fall nicht mehr als 2 Eier pro Woche essen. Im Folgejahr gab es völlig andere wissenschaftliche Meinungen.

Wenn Milch und Fleisch rar waren dann war tierisches Fett stark gesundheitsschädlich und nur Kartoffeln und Weißkraut versprachen ein hohes Alter.

Da hat sich mancher Arzt, aber auch Bauer gewundert über so viel Forscherfleiß.

Oder wenn den USA die Präsenz der arabischen Welt zu dominant wird macht man dort einfach unter erfunden Vorwänden von Chemiewaffen und Babymorden Krieg gegen den Stärksten. Und ruft die ganze Welt auf, sich im Kampf gegen das „Böse" zu beteiligen. Wem nutzt es? Wer sichert sich Erdöl? Wer kann Waffen testen und Milliardenprogramme zur Ankurbelung der maroden Wirtschaft mit den Rüstungsausgaben für einen unbedingt notwendigen Krieg auflegen?

Wer zieht den größten Nutzen aus dem 11.09.2001? ich beantworte diese Fragen nicht. Das muss jeder für sich tun!

Diese Manipulationen werden umso stärker akzeptiert, je mehr sich daran beteiligen. Ich habe immer gesagt: Leute esst Sch… äh Kot. 1000 Milliarden Fliegen in Deutschland können sich nicht irren.

Wenn sich England und Frankreich noch auf solche Spiele einlassen kommen doch auch sofort Forderungen nach einer Beteiligung Deutschlands hoch, weil, wenn es die Anderen machen haben wir doch logischerweise auch Verpflichtungen, oder?

Ist es legitim, dass deutsche Soldaten für die Sicherung amerikanischen Erdöls ihr Leben geben? Sicher, oder? Todsicher!
Je mehr sich beteiligen umso größer wird die Glaubwürdigkeit und umso mehr verschwinden die tatsächlichen Drahtzieher und deren Ziele in der Versenkung, oder?

Ich muss also nur Gleichgesinnte finden, um ihnen meine Ziele unterzujubeln. Nach Möglichkeit ohne dass diese es bemerken. So arbeiten auch Geheimdienste, aber auch Sekten.

Scientology benutzt z.B. eine eigene Meta-Sprache, um die wirklichen Ziele zu verschleiern. Mit dieser Meta-Sprache werden alltagsbegriffen völlig andere Bedeutungen zugeordnet und erst im Laufe der „Ausbildung" offenbart sich dem jünger, was sich hinter welchen begriffen und Formulierungen verbirgt.

Chaostheorie

Chaotische Systeme sind für den Laien nicht vorhersehbar. Chaotisch wird es dann, wenn bei minimal unterschiedlichen Anfangsbedingen erhebliche unberechenbare Abweichungen entstehen so z.B. auch bekannt als Schmetterlingseffekt. (Quelle: http://de.wikipedia.org/wiki/Chaosforschung)
Danach soll ein Schmetterling mit seinem Flügelschlag in Brasilien einen Tornado in Texas auslösen können. Frage ist nur, welcher Schmetterling von den vielen Millionen? Denn es gibt ja nicht millionen von Tornados in Texas als Ergebnis der Schmetterlinge in Brasilien.
Ähnlich verhält es sich mit dem Verhalten von vielen Millionen Menschen in einer Gesellschaft.
Wozu ist das jetzt gut?

„Am Anfang war das Chaos". Jeder Schöpfungsmythos bei allen Völkern dieser Welt beginnt mit dem Chaos, das als bedrohlich und verwirrend empfunden wird. Aufgabe und Inhalt jeder Schöpfung ist es, dieses Chaos zu überwinden und in eine Ordnung umzuwandeln.

Das heißt, dass sich chaotische Systeme durch einen Schöpfer (Manipulator) auch ausrichten oder steuern lassen.
Unter   http://de.wikipedia.org/wiki/Chaosforschung werden wissenschaftliche Zusammenhänge und Theorien vorgestellt, wie sich chaotische Systeme erkennen, ausrichten und steuern lassen.

Ein Wissensgebiet hat sich in den letzten Jahren rasant entwickelt mit dem Schwarmverhalten. Hier wurden sowohl Tierschwärme von Vögeln, Insekten oder Fischen analysiert als auch ableitend dazu Regeln für die Entwicklung von Roboterschwärmen   entwickelt.   Unter http://de.wikipedia.org/wiki/Schwarmverhalten   wurden eine Reihe Regeln für das Verhalten von schwärmen entdeckt, die ähnlich auch für große Menschengruppen zutreffen.

Auf die Gesellschaft bezogen würde sich folgendes Szenario wie bei den Anschlägen am 09.11.2001 ergeben:
Die Wirtschaft der USA schwächelte stark vor sich hin. Die meisten Menschen hatten kein Interesse mehr an der Politik ihrer Regierung und stellten immer konkretere Forderungen an ihre Regierung zur Veränderung bis hin zur Lockerung der Überwachungsgesellschaft. Bisherige Manipulierungen waren mit der Zeit unwirksam (Beispiel Guantánamo). Nach Korea und Vietnam wollten die Menschen einen sicheren Frieden weltweit. Die Forderungen gingen bis zur Abrüstung der US-Armee. Große Rüstungskonzerne wären möglicherweise bankrott gegangen.

Die Anschläge am 11.09.2001 verwirrten erst mal die gesamte USA und die ganze Welt und stürzten die USA vorerst in chaotische Zustände. Jetzt war der Boden bereitet, um Forderungen gegen den internationalen Terror zu formulieren und an die Öffentlichkeit zu tragen. Jetzt konnten neue Programme zur Überwachung der Bürger aufgelegt werden, die Rüstungsindustrie wurde wieder angekurbelt und Kriege gegen den Irak und Afghanistan konnten sogar mit Billigung und Unterstützung vieler Länder geführt werden.

Chaos erzeugen, um auf diesem Boden zielgerichtet etwas Neues wie der Schöpfer zu schaffen. Man hat aus der Biblischen Geschichte viel gelernt. Dass das Szenario dazu möglicherweise bereits in den Schreibtischschubladen lag ist Inhalt vieler Verschwörungstheorien.

Ähnliche Situationen gab es übrigens auch nach der Weltwirtschaftskrise 1929, die den Nationalsozialismus ermöglichte.

Und dass Europa in eine Krise nach der anderen geriet, weil amerikanische Rating-Agenturen ganze Länder abwerteten ist sicher auch kein Zufall. Krieg wird heute zumindest zwischen hochentwickelten Ländern anders geführt. Ein Schelm, wer Böses dabei denkt.

Daraus kann geschlussfolgert werden, dass ohne die chaotischen Zustände die Entwicklungen ganz anders verlaufen werden. Und dass jedes Mal dieser chaotische Zustand benutzt wurde, um bis dahin unmögliche Ziele zu erreichen.

Für den Manipulator ist es also sinnvoll, zuerst ein Chaos anzurichten, anrichten zu lassen oder zu begünstigen und anschließend die Lösung aus dem Dilemma anzubieten und alle sind glücklich über den „Guten", der als Einziger den richtigen Weg weist. Er hatte ja im Gegensatz zu allen anderen auch genug zur Vorbereitung.

Besonderheiten im Chaos sind sogenannte Ruhepunkte. So können für Jugendliche mit einer schwierigen Kindheit, die ihr bisheriges Umfeld als chaotisch erlebt haben, in dem sie sich nicht verstanden fühlten und sich nicht ihren Wünschen entsprechend entwickeln konnten, rechtsradikale Vereinigungen oder Sekten die Inseln im bisherigen Chaos sein, die ihnen diese Wünsche und Entwicklungen scheinbar anbieten.

Trägheit

Wenn es für bestimmte Menschen gut läuft im Leben und ihre Ziele planmäßig erreicht werden gibt es nichts Schlimmeres als Veränderungen. Sie sind also an einer Weiterführung der bisherigen Situation interessiert.

Dieses Interesse kann man sowohl bei Kirchen als auch bei totalitären Staaten beobachten. Auch reiche Leute sind nicht daran interessiert, ihren Reichtum zu verlieren. Sie werden alles dafür tun, damit der Staat ihre Interessen vertritt und damit ihr Reichtum erhalten bleibt oder sogar noch gemehrt wird.

Auch wenn ein Zustand geplant als Ziel erreicht ist möchte der Erfolgreiche diesen Zustand so lange wie möglich aufrecht erhalten und alle Anderen davon abhalten, daran etwas zu verändern.

Bei den Regierungen übernehmen diese Aufgabe unter anderem die Lobbyisten.

Wie werden Fallen aufgestellt?

Wenn ich nicht die macht dazu habe, jemanden zu zwingen, das zu tun, was ich von ihm will, stelle ich fallen auf, in die er sich freiwillig begibt.

Keiner kann zwingen, Bier einer bestimmten Marke zu trinken. Beim Fernsehen von Formel-1-Rennen bekomme ich aber immer so einen Appetit auf W...?
Ähnlich ist es, wenn Banken viel Geld an Ihnen verdienen wollen. Natürlich können Sie sie nicht zwingen, irgendwelche Finanzprodukte von ihnen zu nehmen. Aber die Bank kann Ihnen nicht nur zinsgünstige Kredite anbieten, sondern auch Ihr Konto mit einem Kontokorrent ausstatte, für den Sie dann ganz freiwillig Unmengen an Zinsen zahlen. Oder Sie geben mit Kreditkarten viel mehr Geld aus als wenn sie das Geld immer vom Konto abheben müssten.

Wie macht man Meinungen?

Die meisten Menschen sind der Auffassung, dass sie so gut wie alles von der Welt wissen und man ihnen kein u für ein x vormachen könnte. Genau diese Auffassung führt diese Menschen aber in eine trügerische Sicherheit die gnadenlos ausgenutzt wird. Welche Methoden werden dafür angewandt?

Totschweigen: Wenn ich die Menschen mit einer Fülle von mehr oder weniger wertlosen Informationen überflute sind sie erstens an noch mehr Information gar nicht interessiert und zweitens fällt es ihnen gar nicht auf, wenn über etwas nicht berichtet wird.

Informationsmanipulation: ich kann den Menschen unvollständige Informationen geben, wie das z.B. bei der Veröffentlichung von Untersuchungsberichten, bei denen die brisanten Teile fehlen, bei den Zielen und Ergebnissen von Kriegen, bei denen ich nur über die Erfolge berichte usw. gemacht wird. Auch über Falschmeldungen oder Verschwörungstheorien kann ich eine Veröffentlichung meiner tatsächlichen Ziele verhindern oder verschleiern. Damit können sich Andere keine objektive Meinung bilden, da ihnen dazu das notwendige Wissen fehlt. Aus den bekannten Bruchstücken lässt sich meist etwas ganz Anderes vermuten.

Tabus ausnutzen

Beispiele für Tabus sind aus der Kirchengeschichte genug bekannt.
So durfte lange Zeit das Geozentrisches Weltbild von Claudius Ptolemäus nicht angezweifelt werden. Giordano Bruno wurde 1600 in Rom hingerichtet, da er die bisherige Meinung der Kirche in Frage stellte.
Unbekannte oder latente Tabus können auch sein, das heutige Rechtssystem anzuzweifeln oder sich über Behörden zu beschweren. Das kann unübersehbare Konsequenzen für den Betroffenen nach sich ziehen. Der Nutznießer ist hier nicht der mit harten Konsequenzen bedrohte Betroffene.

Wiederholungen nutzen

Wenn tagtäglich über die PKW-Maut auf deutschen Autobahnen berichtet wird verwundert es nach einiger Zeit niemand mehr, wenn diese tatsächlich kommt. Möglicher widerstand hat sich in der ganzen Zeit dann bereits verbraucht und niemand will davon noch etwas wisse-es nervt dann.

Dabei wäre bei einer vernünftigen Politik diese Maut und damit zusätzliche finanzielle Belastung für die PKW-Fahrer gar nicht notwendig. Aber viele Straßen, Autobahnen und Brücken sind in einem schlechten Zustand und müssen saniert werden. Dafür zahlt der Autofahrer bereist die KFZ-Steuer, die Versicherungssteuer, die Öko-Steuer usw. tatsächlich wäre also mehr als genug Geld in der Kasse. Wenn ich aber Finanzpakete im Gesamtwert von 480 Milliarden Euro zur Rettung von maroden Banken schnüre kann ich das Geld in der Kasse nicht wie ursprünglich geplant ausgeben. Um die berechtigten Forderungen der Autofahrer und ihrer Lobby zu erfüllen brauche ich also zusätzliche Geldquellen und die dafür notwendige Begründung.

Schauspieler, Sänger und andere Promis nutzen dieses Prinzip ebenfalls, wenn sie langsam in Vergessenheit geraten und keine lukrativen Verträge mehr erhalten. Sie gestalten dann in der Öffentlichkeit ein Event. Es reicht, wenn jemand vor Gericht muss, in die Entzugsklinik usw. Die Hauptsache, man steht wieder im Mittelpunkt des Interesses und kann damit wieder seinen verkaufswert entsprechend erhöhen.

Auch die Werbung bläut uns jeden Tag ein, dass wir Produkt xyz unbedingt zum glücklich sein benötigen, bis wir es auch tatsächlich verinnerlicht haben und andere weniger beworbene Produkte stehen lassen. Ganz krass kann man dies an Schulen bemerken, wenn die Kinder und Jugendlichen nur noch teure Markenklamotten tragen wollen, die sich die Familie kaum leisten kann. Die sinnvolle Einführung von Schuluniformen würde bei der deutschen Modeindustrie großen Schaden anrichten.

Wer sind die Nutznießer? Und wer vertritt politisch deren Interessen?

Wenn dazu noch die Vorteile von xyz von Vielen geteilt und verbreitet werden kann es gar nichts Besseres geben und ich muss das unbedingt haben. Das können sowohl Fachleute sein, die ihre „unparteiische" gekaufte Meinung dazu abgeben, aber auch kostenlose Hilfe über Fun-Clubs, über Internet-Foren, Blogbeiträge oder (gekaufte) Kundenrezensionen tragen dazu wesentlich bei. Wenn so viele Leute davon überzeugt sind muss es richtig sein (Leute, esst Sch…-Kot- , denn 100 Milliarden Fliegen in Deutschland können sich nicht irren!). Zu DDR-Zeiten gab es den Slogan: „Die Partei hat immer recht", wenn es darum ging, die Dummheiten der Spitzenpolitiker zu rechtfertigen.

Erfundene Behauptungen

Auch erfundene Behauptungen können mich meinen Zielen oder deren Verschleierung näher bringen. So können UFO-Sichtungen durchaus davon ablenken, was dort wirklich passiert. Man muss nicht nach den tatsächlichen Gründen für bestimmte Erscheinungen suchen, da man ja bereits Begründungen dafür fertig hat.

Mischen von richtigen mit falschen oder absurden Aussagen

Reale Fotos lassen sich manipulieren oder falsch interpretieren. So können friedliche Bürger in einem Kriegsgebiet schnell zu Terroristen werden. Oder Spiegelungen zu UFOs oder zu Geistererscheinungen.
So wurde z.B. der Jenaer Pfarrer Lothar König künstlich zum Gewalttäter hochstilisiert, nachdem er im Spiegel die Rolle der sächsischen Polizei bei den Krawallen in Dresden bei der Auseinandersetzung mit Rechtsextremisten während Demonstrationen scharf kritisiert hatte. (Quelle: http://de.wikipedia.org/wiki/Lothar_König_(Pfarrer))

Lothar König war zwar zum Zeitpunkt vor Ort (wahr), hatte aber mit den erfundenen Vorwürfen (falsch) nichts zu tun.

Aber durch seine bereits jahrelange Kritik zum Thema Nationalsozialistischer Untergrund (NSU) hatte er bereits den Ärger der sächsischen Landesregierung, Staatsanwaltschaft und Polizei auf sich gezogen. Diese haben möglicherweise lieber die Rechtsextremisten geschützt, wie auch man auch aus den Berichten der Untersuchungskommissionen zur NSU herauslesen könnte?

Mir sind nur Verfolgungen gegen linke Aktivisten bekannt in diesen Zusammenhängen. Welche anderen Verfolgungen gab es noch?

Desinformation

Häufig reichen Desinformationen aus, um ein Ziel zu erreichen oder eigen zu verschleiern.

Der IRAK hat Chemiewaffen und da werden Babys abgeschlachtet, Politiker xyz hat Seiten mit Kinderpornografie besucht.

Aus http://de.wikipedia.org/wiki/Barschel-Affäre original zitiert:

Den Landtagswahlkampf 1987 führte die in Schleswig-Holstein seit 1950 ununterbrochen regierende CDU mit ungewöhnlicher Härte. Um eine befürchtete Wahlniederlage abzuwenden, schürte sie die Angst vor einem angeblich drohenden „rot-grünen Chaos". Insbesondere den Spitzenkandidaten der SPD Schleswig-Holstein für das Amt des Ministerpräsidenten, Björn Engholm, griff die CDU scharf und auch persönlich an. So wurde in einer Wahlkampfbroschüre des CDU-Landesverbandes Schleswig-Holstein Engholm als „geländegängiger Opportunist" mit „Gummirückgrat" bezeichnet, der „Kommunisten und Neonazis als Lehrer und Polizisten" einstellen und „Abtreibungen bis zur Geburt" freigeben wolle. In keinem anderen Fall wurde die „sexuelle Denunziation" so systematisch eingesetzt wie in diesem Landtagswahlkampf. Hunderttausendfach brachte man mit einer CDU-Wahlkampfzeitung die Botschaft „Sozialdemokraten und Grüne wollen straffreien Sex mit Kindern" ins Land.

Vereinfachung und Übertreibung (Hyperbeln)

Es ist doch alles gar nicht so schlimm, ihr übertreibt doch nur, ihr macht alles viel zu kompliziert usw.
Derartige Formulierungen kann man u.a. unter schwarzer Rhetorik oder Killerphrasen wieder finden.
Das tatsächliche Problem wird herunter gespielt und verharmlost. Der Böse ist der Gegner, der das tatsächliche Problem anspricht.

Übertreibungen bis zu Hyperbeln findet man im Alltag: Ein Meer aus Tränen oder Blut, ich habe das schon tausend Mal gesagt usw.

Man kann seinen Gegner auch so angreifen: Ich habe Ihnen das schon 100 Mal erklärt - wollen sie das nicht verstehen oder können Sie es nicht? Das tatsächliche Problem wird so nicht gelöst, sondern die Lösung gekonnt und zielgerichtet verhindert.

Arbeiten mit Nebenschauplätzen

Wenn ich wie bei den gegenwärtigen TTIP-Verhandlungen vom Kern ablenken will werfe ich dem Volk ein Opfer hin, über das sie herfallen können. Die heiße Diskussion um das Chlorhühnchen ist ein nebenschauplatz, der aber der breiten Masse Spielraum gibt, ihrem Unmut Luft zu machen und ist damit vom eigentlichen Geschehen abgelenkt.

Wichtiges und Unwichtiges

Viele Menschen sind kaum in der Lage, Wichtiges und Unwichtiges effektiv auseinander zu halten.
So kann das dreißigste Paar Schuhe derzeit wichtiger sein als die Sicherstellung Finanzierung der Familie bis zum Monatsende.

Erschütterung der Glaubwürdigung - Rufschädigung

Die Erschütterung der Glaubwürdigkeit von Zeugen oder Tätern spielt eine große Rolle bei der Verteidigung oder Beweisführung von Gerichtsprozessen.
Aber auch im Alltag werden Menschen durch Diffamierung, üble Nachrede, Beleidigungen, Unterstellungen oder durch die Darstellu8ng falscher Zusammenhänge in ihrem Ruf stark geschädigt und dadurch für andere unglaubwürdig.

Zitate Anderer für eigene Ziele missbrauchen

Wenn man mit den eigenen Argumenten Andere nicht überzeugen kann gibt es immer noch die Möglichkeit, andere zum Thema zu zitieren. Damit steht der Gegner möglicherweise allein mit seiner Meinung da und beginnt, unglaubwürdig zu werden.

Gegen die Zitate muss man sich auch nicht rechtfertigen oder vor Angriffen verantworten, da man für diese Äußerungen ja nicht verantwortlich ist.

Im Alltag wird das häufig in der Form verwendet, dass jemand konfrontiert wird mit: ich habe von dem und dem gehört, dass Du.....", auch wenn das vielleicht gar nicht stimmt. Der Angegriffene muss sich für Sachverhalte rechtfertigen, für die er vielleicht gar nicht verantwortlich ist. Lässt er sie unbeantwortet gilt das bereits als Schuldeingeständnis.

Man kann auch zitieren, indem man aus Pressemitteilungen oder anderen Veröffentlichungen Teile aus dem Zusammenhang nimmt und in einen neuen Zusammenhang stellt. In der Politik wird das gern benutzt und als Demagogie bezeichnet. Die rechte Szene beteiligt sich gern an Projekten zur Kinderbetreuung. Weil sie die Guten sind, oder?

In diese Kategorie fallen auch selektierte Berichte. Wenn z.B. der Minister für Umwelt als Dienstwagen einen 600er Benz hat, aber am Tag xyz mit seinem Fahrrad zur Arbeit fährt und ihn dabei das Fernsehen begleitet wird sein Ruf völlig anders sein.

Oder eine Familienministerin einmal in ihrem Leben gemeinsam mit dem Fernsehen einen Kindergarten besucht und kleinen Kindern beim Essen hilft usw. Selbst Stalin war mit einem kleinen Kind auf dem Arm ein sympathischer Mensch.

Sparsamkeit

In Kampagnen gilt, dass man Ziele mit dem geringsten Aufwand und der kürzest möglichen Zeit erreicht. Dazu gibt es besondere Strategien. Zu DDR-Zeiten wurden Menschen, die überzeugt von der Sache waren und kostenlos die Sache aktiv vertreten haben, Multiplikatoren genannt. Auch Versicherungen und Dienstleistungsunternehmen nennen ihre Außendienstmitarbeiter so.

Häufig wissen Multiplikatoren gar nichts von ihrem Auftrag, sondern erfüllen ihn ganz unbewusst.

Wenn ich z.B. zu selten neue modebewusste Sachen kaufe wird meine Frau für mich schon diese Sachen im Internet bestellen und mich damit freudig überraschen.

Fun-Clubs für den Fußballklub BM werden sich keine Jacken ohne Werbung für ihren Club kaufen, Teenie-Girls brauchen unbedingt alle Poster und Bettwäsche von Hannah Montana, möglichst noch mit allen Taschen, Stiften und T-Shirts usw. Kennen Sie nicht? Nun, ihr Vermögen wird auf ca. 1 Milliarde Dollar geschätzt, vorrangig durch Werbeverträge und den Verkauf von Merchandising-Artikeln

(Quelle:

http://www.bild.de/unterhaltung/leute/erfolgreichster-teenager-der-welt-hat-sich-erstes-eigenes-haus-gekauft-12319458.bild.html)

Auch wenn Sie Bettwäsche für Ihre Kinder kaufen wollte, die viel preiswerter und mit besseren gebrauchseigenschaften aufwartet werden Ihre Kinder Sie schon mit den richtigen Argumenten überzeugen, Ihre Meinung schnellstes zu ändern, oder?

Ehefrauen, die für ihre Männer einkaufen und Kinder, die für ihre Eltern denken sind die billigste Investition in eine Kampagne, da kostenlos und überaus wirksam. So viel Überzeugungskraft bringt keine Werbekampagne zustande.

Wenn jemand von Dir nicht überzeugt werden kann suche Dir also jemanden, der das für Dich ganz unbewusst erledigt.

Auch Kirchen und Sekten arbeiten missionarisch mit derartigen Mitteln.

Das Unterbewusstsein

Einen großen Teil unserer Entscheidungen treffen wir nicht mit unserem Verstand sondern „aus dem Bauch heraus" und begründen diese Entscheidungen danach gegenüber Anderen möglicherweise mit dem Verstand.
So werden heute Geschäfte nach bestimmten Farbzusammenstellungen eingerichtet, mit angenehmen Düften versehen und der potenzielle Kunde mit angenehmer Musik gut gelaunt gestimmt. Haben Sie schon mal den unbändigen appetit verspürt, wenn sie an einem Bäckerstand vorbei gegangen sind wo es nach frisch Gebackenem duftet?
Und warum muss ich denn bei Ikea so einen langen Weg nehmen, um wieder raus zu kommen oder warum sind in der Kasse von Kaufhallen noch so viele Leckereien?

In seinem Buch „Die geheimen Verführer" veranschaulicht Vance Packard mit zahlreichen Beispielen, wie Verbraucher nicht nur durch das Design von Waren, sondern auch durch Verpackung, Reklame und Verkäufer beeinflusst werden.

Hinter den meisten Gefühls-Entscheidungen stehen Motive, die Gefühle auslösen.

So fragen wir uns unbewusst nicht selten, welches Gefühl wir nach der Entscheidung haben werden.

Wollen wir gelobt werden
mehr Anerkennung,

mehr Aufmerksamkeit,

mehr Freiheit,

mehr Entspannung?

Oder ist das Kind nicht so süß oder das Kätzchen oder Hund, Pferd, Schwein...?

Erkennen Sie die Werbeslogans wieder? Warum kaufen Sie dann nicht nach dem Verstand und vergleichen Preis und Gebrauchswert? Oder ob Sie das Produkt überhaupt gebrauchen?

Aber, wenn es Sie beruhigt, auch ich bin davor nicht gefeit, weil man sich damit einfach besser fühlt, oder?

Sprachliche Manipulation

Natürlich gibt es Gebiete wie in der klinischen Hypnose, wo Suggestionen für den Klienten angepasst werden, damit dieser sie auch annimmt und verarbeitet.

Ein Meister in der Formulierung von Suggestionen war Meister Hypnose, Milton H. Erickson.

In dem Buch „Patterns - Muster der hypnotischen Techniken Milton H. Ericksons" erklären Richard Bandler und John Grinder, wie die Sprachmuster (Patterns) konstruiert werden müssen, um eine gewünschte Beeinflussung zu erreichen.

Auf dieser Grundlagen wurden in der Folge sowohl das NLP (Neurolinguistische Programmierung) als auch in der Werbung und anderen Bereichen der Kommunikation und Manipulation zurück gegriffen.

Das Wort Neurolinguistische Programmierung gibt ja das Ziel bereits an: Neuro für Nerven, linguistisch für sprachlisch und Programmierung erklärt sich wohl dann von selbst. Das ist also z.b. Alltag in meiner Praxis, um meine Klienten mit sinnvollen Methoden weiter zu helfen bei Ängsten, Phobien, Traumata, Burnout, Sprachproblemen oder Heilungsprozessen, denen mit anderen, z.B. kognitiven Therapien, nicht geholfen werden konnte.

Genau so können diese Mechanismen natürlich auch in der Werbung oder Politik verwandt bis hin zum Missbrauch verwandt werden, ohne dass es die betroffenen bemerken.
Auch Metasprachen wie bei Scientology oder Verklausulierungen wie Fußbodensachbearbeiter statt Reinigungskraft, Entsorgungspark statt Müllkippe usw. fallen unter diese Kategorie. Damit vermeide ich im vorfeld bereits größe Widerstände, da die neuen Begriffe entweder erst gar nicht verstanden werden oder angenehmer klingen als sie sind.
Unter
http://de.wikipedia.org/wiki/Unwort_des_Jahres_(Deutschl and) - kann man sich derartige Umformulierungen zu Gemüte führen.

Selbstlose Helfer

Viele stellen sich gern als Helfer oder Beschützer vor. So gab es Väterchen Stalin, der sich um seine sowjetische Familie kümmerte, Altkanzler Kohl als Vater der deutschen Einheit, Kirchen als Helfer der Armen, Versicherungen als Helfer bei Unglücken usw.
Die Armee schützt und vor Überfällen, der Geheimdienst vor Terroristen und der deutsche Mittelstand vor Verarmung, wenn man der Werbung Glauben darf. Und manchen machen uns sogar den Weg frei.

So erreicht man den Glauben, dass man ohne diese Abhängigkeit nicht existieren könne und auf die Hilfsbereitschaft dieser Leute und Organisationen angewiesen sei wie ein kleines Kind auf seine Eltern.

Wenn ich in der Politik unbeliebte Ziele erreichen will ist es von Vorteil, ein sicheres Feindbild zu haben. Der Kampf gegen den internationalen Terrorismus hat den Überwachungsstaat und die Waffenindustrie in den USA gerettet.

Feindbilder können sehr unterschiedlich aussehen:

Für Arbeitnehmer ist es die drohende Entlassung, die sei zu immer mehr Zugeständnissen veranlasst.

Mögliche Krankheiten lassen uns zu Medikamenten und Wundermitteln greifen.

Bei der Kirche ist es die Hölle, die die Gläubigen in die Kirche und zum Ablasshandel führt.

Und in der Werbung ist es Haarausfall, schlechte oder trockene Haut usw.

Es werden also künstlich Ängste geschürt für die man dann im richtigen Moment genau die richtige Lösung parat hat.

Die Schuldfrage - Schuldgefühle

Die Schuldfrage wird bereits in der Schöpfungsgeschichte beschrieben.

In der Werbung wir diese Schuldgefühl gern als Ausgang benutzt:

Du bist zu dick

Du isst das Falsche

Du ziehst Dich nicht modisch genug an

Du fährst kein Auto aus Deutschland und gefährdest damit deutsche Arbeitsplätze usw.

Politischer Widerstand wird gern verwechselt mit Störenfrieden, Randalierern, schwerer Landfriedensbruch usw.

Scheinbare Unabhängigkeit

Unabhängige Gutachten oder Entscheidungen sind für viele Situationen notwendig. Was ist Unabhängig? So sollen Gutachter vor Gericht unabhängig sein. Der Gutachter verdient aber an dem Gutachten gutes Geld und möchte von diesem Gericht wieder mit Gutachten beauftragt werden. Er wird das Gutachten so gestalten, dass es vom Gericht wohlwollend aufgenommen wird und sich das Gericht auch beim nächsten Mal wieder auf den Gutachter verlassen kann. Unabhängig?
Rechtsanwälte sollen unabhängig ihren Klienten vertreten. Aber zwischen beiden gibt es einen Interessenkonflikt.

Der Klient möchte, dass sein Anwalt für möglichst wenig Geld maximale Vertretung übernimmt. Der Anwalt dagegen möchte mit möglichst geringem Aufwand möglichst viel Geld verdienen. Und während der Klient so wenige Prozesstage wie möglich möchte ist sein Anwalt genau am Gegenteil interessiert. Daher vertreten nicht selten Anwälte ihre Klienten so, dass sie leichtes Spiel für den Staatsanwalt werden, der dann wieder nach Erfolgen bewertet wird in seiner beruflichen Laufbahn und nicht nach der festgestellten Schuld oder Unschuld des Angeklagten. Dabei werden auch nicht selten die § 244 und § 160 Abs.2 StPO eklatant verletzt. (Quelle: www.strafrecht-bundesweit.de/info-recht-verhalten-strafverfahren/ablauf-eines-strafverfahrens/)

Unabhängig sollen auch die Abgeordneten der Regierungen ihre Entscheidung nach Artikel 38 Grundgesetz fällen. Aber da gibt es einerseits den Partei- und Fraktionszwang, den sie sich unterordnen müssen, weiter die Gunst der Wähler, wen man wieder gewählt werden möchte und nicht zuletzt den Lobbyismus in seiner vielfältigen Form über unabhängig-abhängige Gutachter, die in erster Linie die Interessen ihrer Geldgeber vertreten oder die direkten Lobbyisten, die die Abgeordneten selber mit Vorschlägen zu Gesetzesänderungen überhäufen und zu deren Umsetzung mit der Macht großer Finanz- und Wirtschaftsoligarchien drängen.

Kinder

Wenn mein Ziel die langfristige Beherrschung von Menschen ist macht es für mich als Manipulator am meisten Sinn, möglichst frühzeitig im Alter damit zu beginnen.

Das trifft man sowohl bei allen religiösen Vereinigungen an als auch bei totalitären Staatsystemen.

In der früheren DDR wurde bereits mit der Prägung der Persönlichkeit im Kindergarten begonnen, setzte sich dann mit der Pionierorganisation und der Freien Deutschend Jugend in Schule und Ausbildung fort und von da an war es ein für die Meisten ein Muss, mit der Volljährigkeit Mitglied der Partei, der SED, zu werden.

Auch in der Werbung wird dieses Prinzip gern verwendet. So gibt es z.B. Zeitschriften für Erwachsene auch als Kinderausgaben mit den entsprechend zubereiteten Inhalten.
Oder Kinder erhalten zum Geburtstag bereits ein Tretauto von Porsche.
Sowohl in der Werbung als auch in Fernsehfilmen und Fernsehserien für Kinder werden diese für ihr späteres Leben nach bestimmten Kriterien ausgerichtet (ich möchte später auch mal Spießer werden!).
Zur Manipulation von Kindern gehört aber auch unsere Mehrklassengesellschaft, dass man viele Kinder von einer umfassenden Bildung und Entwicklung ausschließt, da sie das Geld für gute oder höhere Schulen, für kulturelle Einrichtungen, für Vereine, für Bildungsreisen usw. nicht zur Verfügung haben (siehe Diskussion um Harz IV-Bildungsgeld).

Bestechung – Korruption - Erpressung

Meinungen werden häufig erkauft, auch von Politikern. Im Buch: Das System Leuna - Abschied vom Glauben an den gerechten Staat von Das System Leuna - Abschied vom Glauben an den gerechten Staat von Thomas und Bruno Schirra Kleine-Brockhoff wird diese Prinzip im Einzelnen beschrieben.

Auch unter www.youtube.com/watch?v=evdiMpOcc6k wird humorvoll beschrieben, wie internationale Großbanken mit der Politik verstrickt sind.

Das braucht man nicht mehr ergänzen, da bei diesen beiden Quellen alle Zusammenhänge gnadenlos aufgedeckt werden.

Verdeckte Bestechung und Korruption wurden z.B. mit den Fällen von kostenlosen Urlaub, kostenloser Benutzung von Flugzeugen usw. bekannt.

In diese Kategorie fallen eigentlich auch die im Abschnitt „scheinbare Unabhängigkeit" getätigten Äußerungen. Wie man dort sieht geht es sowohl um die Sicherung der Geldgeber oder andersherum die zuverlässige Vertretung von Interessen als auch z.B. das berufliche Weiterkommen, also die Abhängigkeit von Vorgesetzten. Wenn ich deren Erwartungen erfüllen möchte bin ich in meinen Entscheidungen genau so abhängig wie ein Verantwortlicher, der für die Beeinflussung seiner Entscheidungen Geld erwartet.
Allerdings ist die Abhängigkeit von Vorgesetzten nicht strafbar, also weder im Sinne des § 240 oder § 253 noch des § 299 StGB. Man muss sie erdulden ohne Möglichkeit der Verteidigung.

In den Teil staatlich geduldete Erpressung fällt unter anderem, wenn Konzerne mit der Verlagerung von Arbeitsplätzen ins Ausland drohen, wenn ihre Forderungen nicht erfüllt werden.

Staatlich sanktionierte Erpressung wird auch im Bereich der Jobcenter durchgeführt mit der Drohung des Leistungsentzuges und damit der Existenzgrundlage.

(Quelle unter vielen weiteren: http://syndikalismus.wordpress.com/2010/08/11/„jeder-muste-endlich-den-mund-aufmachen"-unertragliche-zustande-im-jobcenter-gangelung-erpressung-schikane-und-jede-menge-inkompetenz/)

Belohnung und Bestrafung (Schädigung und Behinderung)

Um dieses Mittel der Manipulation wirksam einsetzen zu können, muss man

- die Stärken und Schwächen des Opfers kennen und

- selber in der Position sein, diese Mittel einsetzen zu können (Macht, Geld, andere Vorteilspositionen).

Auswirkung haben solche Mittel also auf beide Seiten:

- auf den, auf den dieses Mittel angewandt wird und ihn bestärkt oder bestraft. Es besteht also eine Abhängigkeit desjenigen, auf den diese Mittel angewandt werden.

- auf den, der die Mittel einsetzt und damit seine Machtposition stärkt.

Drohungen mit zu erwartender Bestrafung erfolgen nicht nur bei Kindern mit Zimmerarrest, sondern vorrangig bei Erwachsenen durch Haftandrohung, Arbeitsplatzverlust, Entzug der ALG-Leistungen und damit der Existenzgrundlage, Pfändungen, durch Geldstrafe oder Bußgelder, der Verlust des Führerscheins, der Approbation oder anderer Zulassungen, Einreiseverbote, Abschleppen von Autos aus dem Parkverbot usw.

Das Mittel der Androhung von Konsequenzen ist in unserer Gesellschaft sehr häufig und vielfältig und kein Ausnahmefall.

Die unverhältnismäßige Anwendung bei Kindern kann zu irreparablen Persönlichkeitsstörungen führen.

Auch die Nichtbeförderung, die Nichtaufstellung für eine Wahl oder Verweigerung von bestimmten Leistungen wie Leistungsentgelte gehören dazu.

Belohnungen können u.a. sein: Beförderungen, Lohnerhöhung, Punkte beim Einkauf, der Zugang zu exklusiven Kreisen, die Benutzung bestimmter Dienstleistungen oder Waren (Dienstwagen auch privat nutzen), Preisverleihungen und Medaillen.

Behinderungen sind vor allem im behördlichen Alltag zu finden:

- lange und unverständliche Antragsformulare
- lange Wartezeiten, z.B. bei Berichtsverfahren, besonders im sozialen Bereich
- Verweis auf Nichtzuständigkeit ohne weiter Information auf Zuständigkeit
- mangelnde oder komplizierte/ unverständliche Aufklärung zu bestehenden Rechten,

aber auch der lange Weg zum Ausgang bei IKEA.

Geplante vorzeitige Alterung

Wir leben ja derzeit in einer Wachstumsgesellschaft. Immer wieder wird behauptet, dass ohne jährliches Wachstum des Bruttosozialproduktes, des Firmenumsatzes usw. der Staat oder die Firma früher oder später kaputt gehen.
Um diese geplante Wachstum zu erreichen werden vielfältige Mittel eingesetzt:

- Das Patent zur ewigen Glühlampe versank in der Versenkung.
- In Computern oder anderen elektrischen oder elektronischen Geräten werden Bauteile mit begrenzter Lebensdauer geplant eingesetzt - meist billige Kondensatoren, die einen Neukauf unbedingt notwendig machen, da das Gerät niemand billig reparieren kann.
- Komplizierte oder überteuerte Reparatur von Geräten
- Serviceunfreundliche oder -feindliche Konstruktion. Unzugänglichkeit, Spezialteile für die Reparatur notwendig (auch Service-Computer mit gesperrter Software nur für zertifizierte Werkstätten), Reparaturanleitungen und Ersatzteilkataloge nur für zertifizierte Werkstätten vorhanden (z.B. das WIS bei Mercedes-Modellen ab ca. 2000 – betrifft dummerweise mich).

- Mode in allen seinen Facetten. So sind häufig gekaufte Waren nach relativ kurzer Zeit unmodern, obwohl ihre Gebrauchseigenschaften noch voll vorhanden sind.

Das betrifft nicht nur Bekleidung, sondern auch Autos und Geräte (das neuste iPhon usw.). Bei Geräten oder Software ist es häufig so, dass die Benutzer die meisten neuen Eigenschaften gar nicht nutzen. So kenne ich z.B. keinen Menschen, der alle Möglichkeiten der neuesten Office-Pakete kennt. Hier wird nur auf einen kleinen Bruchteil der Anwendungsmöglichkeiten zurück gegriffen, aber man muss z.B. als anerkennet Firma das Neueste auf seinen Computern installiert haben (Was, Sie haben noch Windows XP???). Wozu brauche ich zum Briefeschreiben Windows 8 und Office Prof. 2013 (bei dem auch eine Datenbank dabei ist), das mit Features aufwartet wie : „mit frischen Animationen, lebendigen Farben" usw. für 499 €?, wenn ich vor 10 Jahren zu ähnlichem Preis ein Office gekauft habe, mit dem ich alle meine Aufgaben problemlos abarbeiten kann? Oder wozu brauche den neusten 8-Core Prozessor in meinem Desktop-PC, wenn die meisten Anwendungen sowieso nur mit einem kern laufen? Ich habe 12-Kern-Tablet-PCs (CPU 4 Core, GPU 8 Core),die genauso schnell oder langsam sind wie Tablets mit 2 Kernen (Vergleich: Cou8GT und U30GT oder Pipo M6pro). Zumindest ich kann bei den Anwendungen keinen Geschwindigkeitsunterschied als Nutzer feststellen. Der etwas größere Speicher des Pipo macht sich aber schon bemerkbar, wenn ich nicht nur mal unterwegs E-Mails von meinem Tablet abrufen will, sondern anspruchsvolle Grafiksoftware laufen lassen will. Da erhalte ich bei Geräten mit weniger Speicher schnell Fehleranzeigen oder Abstürze.

Mode kann mir sogar Nachteile bringen: Wenn ich ein neues Tablet mit 4-Kern Prozessor und 1,2 GHz Taktfrequenz für viele Geld kaufe spare ich zwar Strom, aber das Gerät ist quälend langsam gegen mein Tablet mit 3,3 GHZ, das jetzt 5 Jahre alt ist. Grafikbearbeitung mit Photoshop, Premiere CS 6, Cinema 4d oder unity 3d können Sie damit vergessen. Das ist so, als wollte man mit einem (ungetunten) Käfer auf dem Nürbingring Rennen gegen Porsche fahren.

Leider lassen sich viele Dummen von den Versprechen der Werbeindustrie immer wieder täuschen.

Dazu zählen aber auch vorgetäuschte vorzeitige Alterung, z.B. bei Hautpflegeprodukten. Die Werbung verunsichert Sie und ängstigt Sie zur vorzeitigen Alterung Ihrer Haut.

Die Machthaber lieben und fürchten lernen

Eltern werden von ihren kleinen Kindern bedingungslos geliebt, obwohl sie den kleinen wehrlosen Geschöpfen alles Möglich antuen könnten. Hier setzt die Macht der Eltern über die Kinder Verantwortungsbewusstsein für eine gesunde Entwicklung voraus. Das ist in der Gesellschaft leider häufig nicht so.

Die Mächtigen der Gesellschaft wollen auch in erster Linie geliebt werden. Herrscher von totalitären Staaten lassen sich dazu als gottähnliche Gestalten darstellen (liebe Deinen Gott).

Für Jemanden den man liebt tut man fast alles bis hin zur Selbstaufgabe.

Autor - Niccolò Machiavelli (1469-1527) hat dazu folgende Sprüche parat:

a-Aber da es schwer ist, beides zugleich zu sein, ist es. viel sicherer, gefürchtet als geliebt zu sein ... (Der Fürst)

b-Alle Gewalttaten müssen auf einmal begangen werden, da sie dann weniger empfunden und eher vergessen werden, Wohltaten aber dürfen nur nach und nach erwiesen werden, damit sie desto besser gewürdigt werden. (Der Fürst)

c-Alle sehen in dir den, als der du erscheinst. Wenige sind es, die dich als den fühlen, der du bist.
(Quelle: http://www.operone.de/spruch/machi.php)

In unserer Gesellschaft ist es nicht einfach, unbeliebte Entscheidungen zu fällen, da man vielleicht bei der nächsten Wahl nicht mehr gewählt wird. Daher wird vor der Wahl versprochen und nach der Wahl das entweder totgeschwiegen oder Ausreden gesucht und gefunden. Mit b-Machiavelli werden also falsche versprechen schnell wieder vergessen bzw. setzen die Politiker zumindest darauf.

Politiker in Kindergärten, mit dem Kind auf dem Arm oder an der Hand, im trauten Kreis der Familie macht so sympathisch, dass man ihm gar nichts Schlechtes zutraut. Auch Väterchen Stalin hat sich gern so gezeigt.

Und natürlich ist Coca Cola gut, weil es auf einen Panzer 131 Kuscheltiere gibt. Coca Cola sind also die Guten.

Natürlich kann man auch die Mächtigen fürchten. Das zeigte sich für die Gegner der rechten Szene bei den Auseinandersetzungen mit der Polizei und anschließend mit der Staatsanwaltschaft. Da ließe sich ja fast daraus schließen, Polizei, Staatsanwaltschaft und Regierung sympathisieren mit den Rechten, oder? Ich bin zumindest ziemlich verwirrt über die Meldungen, die dazu durch die Presse gegangen sind.

Schwächen, Denkfallen und Blockaden

Sehr häufig wird der mündige Bürger oder auch der potenzielle Kunde nicht über den Sachverhalt aufgeklärt, sondern auf unterschiedliche Art und Weisen verwirrt.

So werden manipulierte Geheimdienstmeldungen als Grundlage für Regierungsentscheidungen genommen, die Otto-Normalverbraucher nicht kennen kann und daher akzeptieren muss.

Oder Gutachten von sogenannten „unabhängigen" Gutachtern zu Grunde gelegt, für die die Masse der Bürger nicht ausreichend Wissen hat wie bei Stuttgart 21 oder der Suche nach Atomendlagern.

Reduzierung der Wahrnehmung und Erwartung der Gleichartigkeit

Die Reduzierung von Wahrnehmungen lässt sich auf verschiedenen Wegen erreichen:
- durch Überforderung, da die Fülle der Informationen den Betreffenden überlastet
- durch Weglassen von Gleichartigkeit.

Versicherungsverträge sind komplizierte Rechtswerke, die weder kurz noch verständlich sind. Wenn ich eine Hausratsversicherung abschließe gehe ich davon aus, dass mein Hausrat damit ausreichend für den Schadensfall geschützt ist.
Hier kann es aber vorkommen, dass es viele Ausschließungen des Versicherungsfalles gibt wie z.B. Hochwasser, Sturm ab einer Windstärke xyz, also unno0rmalen Wetterphänomenen.
Im Schadensfall hat man dann jahrelang Versicherungsprämie gezahlt und erhält nichts.

Gibt es immer nur ein Gegenteil?

Im Alltag erwartet man zu jeder Alternative eine ja oder nein-Antwort. Also, dass etwas passiert oder nicht passiert. Der Manipulierer geht von genau dieser Erwartung aus und bietet nur eine einzige alternative an, obwohl auch andere Möglichkeiten vorhanden sind.

„Wir hatten gar keine andere Wahl, als mit Waffengewalt in diese kriegerische Auseinandersetzung einzugreifen!"
Und was ist mit alternativen politischen Lösungen? Verhandlungen, den Weg zu Waffennachschub blockieren, Aushungern der Streitenden usw. Weshalb nur die eine Lösung des Eingriffs mit Waffengewalt? Da muss man dahinter die Motive erkennen – wem nutzt es? Kann ich dort neue Waffensysteme   testen? Habe ich vielleicht den Streitparteien vorher schon die Waffen dazu geliefert und sorge jetzt für weiteren Absatz, um daran kräftig zu verdienen? Oder geht es um strategische Vorteile in der Region, die schon lange anvisiert wurden?
Wenn Sie für Frieden und Gerechtigkeit auf der Welt sind kommen sie gar nicht darum herum, Coca Cola zu trinken. Oder ist Coca Cola gesund und von der Mehrzahl der Ärzte empfohlen als Grundnahrungsmittel?

Die Folgen der Erziehung (Ziel: funktionieren statt handeln)

Wer Menschen für seine Ziele missbrauchen will fängt damit am Besten im Kindesalter bei der Erziehung zu bestimmten Glaubensrichtungen,   Weltanschauungen, Persönlichkeitsmerkmalen, die Beurteilung der Umwelt, die Einschätzung anderer Menschen (Andersgläubige, Ausländer) usw. an und lernt, was gut und böse, richtig und falsch ist. Das kann jedoch ganz nach Erziehung zwischen gleichaltrigen Kindern völlig verschieden sein.
So werden wahrscheinlich Kinder von „Hells Angels" anders erzogen werden als Kinder in einem Dorf in Afrika.
Und bei der Erziehung geben die Eltern vor, was für das Kind gut und richtig ist und werden es weitgehendst von alternativen Denkweisen fern halten. Das Gleiche passiert dann später mit den Bürgern im Staat.

Wenn ich keine Nachrichten aus Venezuela oder Bolivien zulasse weiß der Bürger einfach nichts über die sozialistischen Entwicklungen dieser Länder als Konsequenz der Ausblutung durch die Freihandelsabkommen vor 20-30 Jahren mit den USA und die folgende unmenschliche Kolonialsierung. Und am wenigsten ist man an Informationen dazu zu diesem Zeitpunkt interessiert, dass derartige Abkommen gerade zwischen USA und EU vor dem Abschluss stehen. (Quelle: http://www.attac.de/ttip).

Du bist unfähig!

Aus meiner Praxis in der Arbeit mit Klienten weiß ich, dass in Deutschland Prüfungsangst sehr weit verbreitet ist. (Siehe dazu auch Punkt diese Buches-Ursachen).
Diese Unfähigkeit und damit Lähmung kann ich aber auch beobachten in Berichterstattungen zur Politik, in Berichten zu Gutachten, Prozessen usw.

Da ich nicht genug Wissen zur Verfügung gestellt bekomme, um mir ein eigenes Urteil bilden zu können wird das Gefühl der Unfähigkeit geweckt. Das wurde ja in vielen Schuljahren schon antrainiert, auch wenn es bei mir selbst heute kaum noch wirkt.

Handeln für Belohnung

In der Erziehung wird das Prinzip der Belohnung und Bestrafung eingesetzt, um die gewünschten Ziele zu erreichen. Das kann bis zur Konditionierung zu bestimmten Verhaltensweisen gehen (besonders beliebt bei Spezialeinheiten der Armee und Polizei)
Wenn Du dies tust dann wirst Du belohnt oder auch nicht.

In der Werbung werde ich mit guten Gefühlen belohnt, wenn ich Artikel xyz kaufe.

Iwan Petrowitsch Pawlow zeiget, wie man einen Hund kontrolliert so konditionieren kann, dass dieser Speichelfluss erzeugt, auch wenn nur eine Lampe aufleuchtete.
Die Konditionierung von Menschen erfolgt durch bestimmte künstlich erzeugte Stresssituationen. Das kann wie oben beschrieben in bewaffneten Einheiten sein, aber auch Sekten. Auch Drogen- und Alkoholabhängigkeit sind eine solche Konditionierung, wo der betroffene nicht durch seinen Verstand, sondern auf äußere und innere Reize ohne zu überlegen reagiert.

Eigene Erfahrungen können gefährlich werden

Zu DDR-Zeiten durften die Bürger ja nicht ins „Nichtsozialistische" Ausland reisen. Begründet wurde das mit der Erfassungsstelle Salzgitter in der BRD, in der alle Handlungen von DDR-Bürgern erfasst wurden, die gegen geltendes BRD-Recht verstießen, jedoch nicht gegen geltendes DDR-Recht (Einmischung in die inneren Angelegenheiten eines Staates). Die Gefahr, in der BRD inhaftiert zu werden für etwas, das man gar nicht kannte, war also gegeben.
Aber man durfte ja auch in andere nichtsozialistische Länder nicht reisen, die keine derartige Bedrohung hatten, wie Schweden, Dänemark oder Italien. Nicht mal ins sozialistische Jugoslawien. Nur mit Sondergenehmigung in die Sowjetunion.
Kurioserweise durften das aber Jugendliche über Jugendtourist, was altgediente genossen nicht durften.

Oder zu besonderen Familienzusammenkünften wie Beerdigungen usw. durften die Nichtgenossen, die das ganze Jahr über die DDR geschimpft hatten fahren, aber zuverlässige genossen nicht.

Man hatte zwar das Wissen dazu, aber eine öffentliche Meinung dazu hätte einen ganz schnell in eines der Staatssicherheitsgefängnisse auf unbestimmte Zeit bringen können.

Genau so wenig kann man seinen Chef in der Firma offen angreifen, auch wenn die Meinung richtig und berechtigt ist. Noch schlimmer ist ein derartiger mentaler Angriff gegen Mitarbeiter des Staatsapparates. Auch hier ist die Gefahr der schnellen Inhaftierung auf unbestimmte Zeit wegen irgendwelchen unbewiesenen (erfundenen) Gerüchten recht groß (eigene Erfahrung).

Ähnlich geht es auch in Familien, Partnerschaften Freundschaften usw. zu, wo man Wissen nicht mit anderen teilen kann. Das kann durchaus zu erhebliche psychischen Belastungen führen, die auch bis zu Krankheiten oder Berufsunfähigkeit führen können. (Siehe mein Buch „Partnerschaft").

Unterdrückung normaler Eigenschaften und Bedürfnisse

Besonders in der Schule werden unnormale Verhaltensweisen verlangt und natürliches Verhalten nicht geduldet und unterdrückt.

In www.kindergartenpaedagogik.de/696.html wird richtig formuliert:

„Sie bewegen sich aus dem einfachen Grund, weil sie Freude, Spaß und Lust dabei erfahren wollen. Es liegt grundsätzlich in der Natur des Menschen, sich zu bewegen. Ohne diese natürliche Anlage ist eine Entwicklung vom unselbstständigen Säugling zu einer selbstständigen, selbstbewussten und gesunden erwachsenen Persönlichkeit kaum möglich."

Und Kinder entdecken ihre Welt am besten durch Ausleben ihres Spieltriebes.

Und in der Schule?

Hier erfolgt eine Konditionierung zu den Menschen, die in der späteren Gesellschaft nicht Experimente mit Gedanken machen sollen, sondern die wie Automaten und Roboter funktionieren sollen.

Selbständiges Denken und Handeln wird über 10 und mehr Jahre aus dem Verhalten der Kinder und Jugendlichen wegkonditioniert.

(Quelle: http://de.wikipedia.org/wiki/Konditionierung).

Das Ergebnis sind Menschen wie anfangs in diesem Buch beschrieben – dumme Menschen, die freudlos funktionieren.

Erziehung zu Kultur und Reduzierung der Wahrnehmung

Wir haben für unsere Anschauungen unterschiedliche Vorstellungen, Begriffe, Bilder und Gefühle im Kopf je nach unserer kindlichen Erziehung und Prägung sowie unserer Bildung und Erfahrung.

So hat ein gläubiger Mensch andere Anschauungen als ein Atheist, ein erfolgreicher Manager andere als ein jahrelang von Harz-IV-Abhängiger, ein Flüchtling aus Syrien andere als ein Neonazi.

Für die Anführer von Gruppierungen kann also auf ein entsprechend der Erziehung und Prägung erfolgtes Weltbild aufgebaut werden.

In Deutschland besteht z.B. derzeit das Problem, dass Jugendliche (nicht immer Migrationshintergrund) sich für den Dschihad (den heiligen Krieg) in Nordafrika melden (Syrien, Irak, Afghanistan).

Rechte Gruppierungen erhalten Zulauf von verwirrten und haltlosen Jugendlichen.

Oder dass Thilo Sarrazin provokant formulierte und kontroverse Thesen zur Finanz-, Sozial- und Bevölkerungspolitik aufstellt, die einzelne Bevölkerungsschichten diffamiert. Allerdings muss man sich in diesem Zusammenhang intensiver mit der Person Sarazzin beschäftigen, da es über seine Standpunkte sehr unterschiedliche Auffassungen gibt. Ich persönlich halte ihn durchaus für intelligent und streitbar in der Sache, wenn ich auch zu seinen sozialpolitischen Standpunkten gegensätzliche Auffassungen habe.

Unter die kulturellen Filter fällt auch, dass es so viele Zuschauer für Sendungen gibt, die eigentlich gar kein kulturelles Niveau mehr besitzen, wie bei RTL und SAT1 nachmittags. Hier wird ein vielleicht bislang noch rudimentär vorhandenes kulturelles Erbe dauerhaft geschädigt oder zerstört. Aber es ist erstens politisch so gewollt und zweitens verdient man mit diesen kulturlosen Sendungen für besonders viele dumme Menschen sehr viel Geld. Menschen mit gesundem kulturellen Hintergrund schalten bei derartigen Sendungen angewidert sofort um oder ab.

Eigeninitiative unterdrücken

Wenn in der Schule 10 Jahre lang und länger Kinder lernen, dass Disziplin und Duckmäusertum wichtiger sind als Eigeninitiative und Kreativität, werden sie dadurch lebenslang geprägt (konditioniert). Es entstehen Abhängigkeiten und Unselbständigkeit.

Diese Kinder brauchen später immer jemanden, der sie führt oder anführt. Diese Kinder sind besonders gut manipulierbar, da sie ihr bisheriges Leben nur angeführt und gegen ihre Interessen manipuliert wurden. Sie kommen da von allein nicht mehr heraus. Ist aber gewollt so, sonst würde die Politik schon lange daran was geändert haben, oder?

Kreativität begrenzen und bekämpfen

Kreativität und Konservatismus stehen sich unversöhnlich gegenüber. Kreative Menschen sind in der Lage, Situationen zu erkennen, zu analysieren und neue Lösungen zu finden.
Ein System, das auf Konservatismus aufgebaut ist wird zumindest im politischen Bereich kreativen und kritischen Menschen immer mit Misstrauen gegenüberstehen.
Kreativität ist eine Grundeigenschaft von Kindern, die in der Schule dann über viele Jahre gezielt aberzogen wird.
Im vorderen Teil dieses Buches, im Teil „Schlussfolgerungen" wurde darüber bereits ausführlicher eingegangen und sinnvolle Lösungen aufgezeigt.

Die Masse hat immer recht

„Du bist der Einzige, der daran glaubt", denn die vielen Anderen können sich nicht irren gehört zu den Killerphrasen, gegen die man schlecht ankommt. Ich reagiere darauf meist mit: "Leute esst Schei.., denn 100 Milliarden in Deutschland können sich nicht irren!".
Erfinder und kreative Wissenschaftler wurden häufig in der Geschichte für Ihre Genialität ausgelacht. Manche sogar verbrannt (Giardano Bruno).
Die Gesellschaft war einfach noch nicht weit genug, um diese Leistungen anzuerkennen.

In der heutigen Rhetorik jedoch wird das gern benutzt, um jemanden zum Schweigen zu bringen, wenn man keine besseren Argumente hat.

Ähnlich ist es mit der Wiederholung. Wenn bestimmte Thesen oft genug wiederholt werden gewöhnen sich meist die Menschen daran und nehmen sie dann auf. „Es wird keine PKW-Maut in Deutschland geben!" kann fast täglich momentan in der Nachrichten hören. Aber das ist nur die Vorbereitung der Menschen und die Maut wird dann ohne Widerstand eingeführt, da sich die Gegner bis dahin aufgerieben haben.

Ursachen für Gefühle sind uninteressant

Wenn kleine Kinder nachts im Bettchen schreien wird einem empfohlen, es schreien zu lassen. Es beruhigt sich von ganz allein.

Bei größeren Kindern ist es fast schon eine Schande, wenn es noch weint wie ein kleines Kind.

Aber weshalb schreit oder weint denn überhaupt das Kind? Hat es Schmerzen, fühlt es sich unwohl, fühlt es sich vernachlässigt? Warum sollte denn ein Kind schreien oder weinen ohne Grund? Kinder können noch keine Motive für ein angepasstes Verhalten entwickeln wie Erwachsene.

Aber diese Missachtung der Bedürfnisse von den Kindern hat meist psychische Schädigungen zur Folge, die sich Erwachsenalter mehr oder weniger stark zeigen.

Natürliche Entwicklung der Sexualität unerwünscht

Dieses Thema ist schwierig zu vermitteln, da man selbst schnell in Verdacht kommt, unrechtmäßig zu denken und zu handeln. Ich versuche es trotzdem, aus psychologischer und Entwicklungssicht zu erklären.

Gerade in Deutschland ist der Widerspruch zwischen Tabus in der Sexualität und der Pornographie besonders groß. Auf der einen Seite ist Deutschland Weltmarktführer der Pornographie und kein anderes Land so großzügig und tolerant damit. Pornografische Darstellungen von bis über 90-Jährigen, von besonders Dicken (Fat Mama), von Schwangeren, mit Urinieren und gegenseitig bekoten, mit Sado-Maso-Praktiken bis hin zu nackter Gewalt und mehr ist alles vertreten. Meist ist es für Menschen wie mich als Heterosexuellen sehr ekelhaft.

Ich will damit nichts gegen die Sexualität von älteren Menschen, Schwangeren usw. einwenden, die ja ganz natürlich sind. Auch die Darstellung aus künstlerischer Sicht soll hier nicht Gegenstand der Diskussion sein.

Auf der anderen Seite besteht die Sexualität in der Gesellschaft fast nur noch aus Tabus.
Wenn Kinder ihre Sexualität entdecken werden sie in der Regel von den Eltern, im Kindergarten oder der Schule usw. hart bestraft. Dieses Entdecken gehört aber zum natürlichen Entwicklungsprozess dazu.
Diese Bestrafungen führen in der Entwicklung dazu, dass das Kind davon ausgeht, dass es mit seinen Entdeckungen Unrecht tut.

Auch ein Austausch mit anderen Menschen ist streng verboten. So wird derzeit darüber diskutiert, dass Nachbars Kinder, die mit den eigenen nackt im Familienswimmingpool baden. Nicht mehr fotografiert werden, da das künftig mit mehrjährigen Haftstrafen als Kinderpornografie geahndet werden kann, auch wenn z.B. aus künstlerischer sich überhaupt keine Pornografie aus den Fotos ableiten lässt.
Nacktheit, Intimität, Gefühle sind strengstens verboten! Laut Kirche auch die Verhütung von Schwangerschaften.

Wie soll sich denn in einer solchen Umgebung der krassen Gegensätze ein junger Mensch normal entwickeln können?

Wir müssen uns nicht wundern, wenn sich natürliche Entwicklungen nicht vollziehen können, da sie von der Gesellschaft verboten sind. Als Ergebnis bekommen wir dann Menschen, die ihre sexuellen Neigungen zu Kindern entwickeln, da sie im Kindesalter Kinder nie nackt gesehen haben und diesen entwicklungsschritt verpasst haben.

Oder dass Gewalt in der Sexualität herrscht, da in der Entwicklung sexuelle Entdeckungen immer mit Gewalt „belohnt" wurden.

Und so gibt es jede Menge psychische Fehlentwicklungen, unter denen viele Betroffene leiden bis hin zu psychosomatischen Krankheiten.

Stellen Sie sich mal vor, wir hätten ganz normale sexuelle Verhältnisse, wie sie z.B. von den Bonobos aus der Gruppe der Schimpansen gelebt wird. Unvorstellbar!

Natürliches Verhalten ist unvorstellbar, weil wir als Menschen Kultur haben? Ist Kultur dazu da, uns künstlich und gegen unsere Natur zu verhalten? Was meinen denn die Kulturschaffenden und –theoretiker zu dieser These?

Der eigene Körper wird zum Spielball von fremden Interessen, von Prüderie und Dogmen, wird fremd und zur Verbotszone erklärt. Wie soll da gesunde sexuelle Aufklärung gelingen?

Wie bei vielen Sachverhalten in unserer Gesellschaft wird nicht nach den Ursachen gefragt, sondern die Symptome mit aller Härte bekämpft. Das ist ja auch viel einfacher. Aber in Wirklichkeit sind diese Betroffenen Ergebnis und Opfer dieser Gesellschaft

Und die größten Verfechter dieser Bestrafungen sind natürlich die Menschen, die man am besten manipulieren kann, unsere Dummen. Solche Gefechte auf Nebenschauplätzen der Gesellschaft lenken so wunderbar ab von den eigentlichen Problemen unserer Gesellschaft.

Natürlich gibt es erfolgreiche Therapien zur gewünschten Änderung der Persönlichkeit, aber diese kosten Geld und sind doch gar nicht erwünscht, oder? Wen soll man denn sonst als Buhmann zur Ablenkung von den anderen Gesellschaftsproblemen vorweisen?

Übrigens: erst durch die gesellschaftliche Unterdrückung der natürlichen Entwicklung der Sexualität wird die Pornografie als Ersatzbefriedung zum erfolgreichen Geschäftsmodell!

Was hat übrigens eine Regierung für ein Interesse an so einer Politik, welche Motive gibt es dafür? Moralische kaum, wenn es um die Unterstützung der pornografischen Industrie geht. Verdient da noch wer mit an den vielen Milliarden? Ich weiß es nicht und will auch weder Vermutungen noch Verleumdungen dazu äußern, aber es ist sehr seltsam!

Widersprüchliche Wahrheiten

Häufig wird uns weis gemacht, dass nur eine Wahrheit gäbe. Die Wahrheit des Berichterstatters.

Aber wer ist dieser Berichterstatter und welche Motive hat er, um uns genau diese Wahrheit zu verkaufen?

Ein Kirchenvertreter wird uns z.B. über Abtreibung eine andere Wahrheit verkaufen als ein Vertreter aus der Frauenbewegung. Ein Vertreter der Friedensbewegung wird uns etwas völlig anderes sagen als ein General der Armee. Ptolemäus würde uns verkaufen: Die Welt ist eine Scheibe.

Leider ist es häufig bei Nachrichtensendungen & Co. so, dass wir nur eine Seite hören und sind damit gar nicht in der Lage, uns ein objektiveres eigenes Bild vom Geschehen zu machen. Leider ist aber genau das gewollt.

Wer hat denn von uns die Möglichkeit, hinter die Praktiken von Banken, von Hilfsorganisationen, von Geheimdiensten zu schauen oder mit den Menschen vor Ort zu sprechen? Ich für mich kann dann nur die alles entscheidende Frage stellen: Wem nutzt es am meisten?

Wie handeln wir?

Handeln wir vernünftig?
Homo Sapiens heißt übersetzt: Homo = Mensch, sapiens = Vernunft

Wie vernünftig sind wir denn nun tatsächlich?

Ist es vernünftig, zu rauchen, sich mit viel Alkohol oder Medikamentenmissbrauch zu vergiften, durch falsche Ernährung zu dick zu werden? Kurioserweise betrifft das auch sehr viele Ärzte, die es doch eigentlich besser wissen sollten. Ist das vernünftig?

Ist es vernünftig, für fremde Interessen in den Krieg zu ziehen und dabei sein Leben zu riskieren?
Ist es vernünftig, sich wenigen Menschen, die aber viel Geld besitzen, zu Sklaven machen zu lassen?

Über diese Art von Unvernunft könnte man ein eigens dickes Buch schreiben. Aber ich möchte hier psychologische Fragen stellen und keine Propaganda machen. Die Antworten möge jeder selber für sich finden, aber in Zukunft auch die richtigen Fragen dazu stellen oder so dumm und arrogant bleiben, wie er ist.

I n unserer grenzenlosen Dummheit (Albert Einstein) und Arroganz gehen wir immer wieder davon aus, dass wir alles wüssten und uns niemand ein u vor ein x machen könnte.

Diese Dummheit, Arroganz und Unvernunft ist ein voll geöffnetes Einfallstor für Manipulationen jeglicher Art. Wenn wir alle vernünftig handeln würden sehe unsere Welt heute völlig anders aus! Aber dieses vernünftige Handeln der Masse ist ja nicht gewollt. Daher auch dieses Kapital „Manipulation", die auf Gefühlen und nicht auf vernünftigem Handeln aufbaut.

„Stell dir vor es ist Krieg und keiner geht hin." Carl Sandburg

Der freie Wille

Laut http://www.pm-magazin.de/a/sind-wir-wirklich-sklaven-unseres-gehirns sagt die Forschung heute aus, dass es gar keinen freien Willen gäbe.

Bei Manipulationen wird uns weisgemacht bzw. suggeriert, dass wir aus freien Stücken oder freiem Willen so handeln, weil unser Gefühl das so darstellt.
Unsere Gefühle sind aber vorher genau darauf programmiert bzw. konditioniert worden.

Moral , Sitte, Gesinnung, Wertvorstellungen, Verantwortung

Die **Moral** gibt die Handlungsmuster, Regeln und Prinzipien für einen bestimmten Personenkreis oder Menschengruppen vor. Das jeweils geltende Recht ist meist auf diesen Moralvorstellungen entstanden.

Die herrschenden Moralvorstellungen werden in den Gesellschaften jeweils von der herrschenden Klasse vorgegeben.

(http://sascha313.wordpress.com/2014/07/16/uber-das-wesen-der-moral/)
Daneben gibt es weitere Moralvorstellungen, z.B. der Kirchen, die damit ebenfalls ihre Machtposition zementieren und die Moral der Dummen, die sich ihre Moral nach Gefühl selbst zusammen „basteln".

Sitten bauen meist auf moralischen Werten auf, beruhen aber auf Tradition und Gewohnheit. Sie sind daher in der Regel eher konservativ und verhindern damit eine progressive Entwicklung in gesellschaftlichen Bereichen. Sitten sind der soziale Klebstoff und entsprechen dem Sparsamkeitsprinzip. Wer sich entsprechend verhält muss nicht ständig über die Richtigkeit seines Verhaltens nachdenken. Das vereinfacht nicht nur das Denken, sondern macht es häufig überflüssig.

Für Manipulationen kann man darauf zurück greifen, dass dieses oder jene Verhalten oder Denken unmoralisch oder unsittlich sei und man damit zur Räson gezwungen oder von der Gesellschaft ausgeschlossen wird. Die Geschichte gibt genügend Beispiele von Wissenschaftlern und anderen kreativen Köpfen dazu her.

Moralvorstellungen und Sitten von gesellschaftlichen Gruppen können sehr unterschiedlich bis feindlich untereinander sein. Nicht selten werden diese Unterschiede noch künstlich aufgebläht und als Grund für Spannungen, für Kriege usw. missbraucht.

Bereits einfache moralische Werte werden aber in der Gesellschaft je nach Zielstellung ganz unterschiedlich gedeutet und gewertet. So ist der Grundsatz „Du sollst nicht töten" allgemein akzeptiert, aber wenn das Tierschutzorganisationen fordern werden sie in Abseits gedrängt. Bei der Tierhaltung ist das Töten von Tieren ja meist Zweck der Tierhaltung. Und die Moral von der Geschicht?

Auch wenn Menschenrechtsorganisationen behaupten „Menschen sind Mörder" haben sie damit zwar recht, da die Ausbildung und das Ziel von Einsätzen von Soldaten genau das von ihnen verlangen, aber rechtlich wird mit aller Härte gegen derartige Behauptungen (Feststellungen von Sachverhalten) vorgegangen. Und mit dem Einsatz von bewaffneten Drohnen wird das Töten von Menschen aus der Ferne sogar zum Computerspiel ohne dass es die „Spieler" gefühlsmäßig groß belastet. Sie sind ja nicht wirklich dabei wie das bei früheren Kriegen noch der Fall war und zu vielen Traumata bei den Soldaten geführt hat.
(Quelle:
http://de.wikipedia.org/wiki/Soldaten_sind_Mörder)

Und da ja das Gebot auch für Soldaten steht „Du sollst nicht töten" wird es überlagert durch „Du musst unser Vaterland verteidigen". Aber eigentlich hat doch Deutschland gar keine Grenzen zu Afghanistan, Syrien & Co. oder habe ich da wieder mal was verpasst? Haben wir doch Grenzen dort? Seltsam, dass ich in letzter Zeit so wenig verstehe von der Welt.

Das Töten des Menschen Bin Laden hat in der ganzen Welt Jubelschreie ausgelöst, als wenn eine Starmannschaft während der Weltmeisterschaft ein Tor geschossen hätte. Das ist Moral! Oder wurde hier vielmehr unserer Rachsucht richtig Zucker gegeben? Nun ja, töten ist uns ja aus Fernsehen und Presse her mehr als genug bekannt und schon eher Alltag. Warum sollten wir uns nicht über die Ermordung von Menschen auch mal richtig freuen dürfen, oder?

Auch moralische Werte, die z.B. in unserem Grundgesetz (nicht der Verfassung) verankert sind werden ähnlich unterschiedlich gehandhabt.

So stellte selbst der Bundesgerichtshof 2010 fest, dass Harz IV und Menschenwürde nicht vereinbar seien.
(Quelle: www.erf.de/fernsehen/mediathek/wartburg-gespraeche/menschenwuerde-und-hartz-iv/4933-39)

Die **Gesinnung** ist die durch Werte und Moral begrenzte Grundhaltung bzw. Denkweise eines Menschen, die den Handlungen, Zielsetzungen, Aussagen und Urteilen des Menschen als zugrunde liegend betrachtet werden kann.
Die Gesinnung der rechten Szene ist aber eine völlig andere als die der „Linken".

Die Übernahme von **Verantwortung** gegenüber der Gesellschaft, anderen Menschen, der Umwelt usw. ist aus meiner Sicht die einzige Rechtfertigung für das Denken und Handeln von Menschen, aber leider stehe ich da ziemlich allein auf weiter Flur. Zum Glück aber nicht völlig allein.
(Quelle: www.initiativ-network.24.eu; www.initiativ-network.de ; besonders die Teile Links zu Informationsseiten und zu Videos)

In unserer Gesellschaft sind moralische Werte aber häufig negativ definiert. Unser Unterbewusstsein hat mit Verneinungen große Probleme. Es versteht sie nicht!
(Quelle: www.zeitzuleben.de/940-das-unterbewusstsein-versteht-keine-verneinung/)

Also was ist damit gemeint? Lassen sie doch mal aus folgenden Moralvorstellungen das nein weg:
„Du sollst nicht töten!"
„Du sollst nicht stehlen!"
„Du sollst nicht begehren deines Nächsten Weib"

Nun, was kommt dabei heraus? Genau die Gesellschaft, die wir jetzt haben, oder etwa doch nicht? Bilden Sie sich doch Ihre eigene Meinung, wenn Sie nicht zu den Dummen gehören wollen!

Warum wohl gibt es keine positiven Formulierungen?

Du sollst anderen helfen!
Du sollst solidarisch sein!

Passt das etwa in unsere Gesellschaft? Ist das vorstellbar oder etwa nicht?

Moralische Werte als Handlungsgrundlage

Natürlich fühlen sich auch viele Menschen aus moralischen Gründen verpflichtet zu handeln.
Das sind z.B. Tierschützer, Umweltorganisationen, Friedensorganisationen, Bürgerbewegungen oder aus kirchlicher Sicht die Hilfe an Hilfsbedürftigen und Notleidenden.

Auch Fanatiker wie die Taliban, oder auch die IS (Islamischer Staat) oder der Ku-Klux-Klan handeln nach ihren moralischen Geboten.

In einer homogenen Gesellschaft könnte die Moral als Grundlage für das Handeln Aller dienen, aber in einer Gesellschaft, wo sich jeder seine eigene Moral macht (z:B: Moral der Gier, Geld als alleiniger anbetungswürdiger Gott, Gewalt Alltag ist, Lug und Trug die Grundlagen der Gesellschaft sind) kann man mit Moral Menschen beliebig und besonders einfach und nachhaltig manipulieren.

Problematische moralische Werte

Das sind u.a. Gehorsamkeit oder Anpassung. So müssen Schüler ab der ersten Klasse an sowohl gehorsam sein als sich auch den Regeln in der Schule anpassen, oder sie werden bestraft, obwohl beides nicht ihrer Natur entspricht.

Reframing

Um moralische Werte, Sitten und Gebräuche, Wertvorstellungen usw. überhaupt einschätzen zu können ist es notwendig, den bisherigen Betrachtungspunkt zu verlassen und einen anderen einzunehmen.
Im NLP wird das Reframing genannt. Man verlässt seinen bisher gewohnten Betrachtungsrahmen und nimmt den Sichtpunkt aus einer anderen Sicht ein, z.B. aus dem Blickwinkel einer anderen Person.
Besonders effektiv ist es auch, wenn man viel in der Welt herumreisen kann und sehr unterschiedliche Anschauungen, Moralvorstellungen und Sitten kennen lernt. Erst dann ist man in der Lage zu vergleichen und für sich selbst Vorteile und Nachteile zu erkennen.

Sonst ist man in einem engen Gedanken- und Handlungskäfig gefangen, der durch geringes Wissen und Erfahrungen stark eingeschränkt wird.

Pflichten und Zwänge

Wenn ich eine Handlung als notwendig erkannt habe wird diese zur Pflicht für mich. Es muss mich niemand zwingen, dieser Pflicht, die ich selbst erkannt und mir auferlegt habe, nachzukommen. So ist es meine Pflicht, täglich zur Arbeit zu gehen, wenn ich am Monatsende Geld dafür haben möchte.
Etwas anderes ist es, wenn jemand zu Handlungen gezwungen wird. Da regt sich sofort Widerstand.
Wenn ich jemand zu etwas zwingen will ist es immer besser, wenn er das als seine Pflicht anerkennt und dieser Aufgabe aus freien Stücken nachkommt.

Streben nach Sicherheit

Sicherheit gehört zu unseren Grundbedürfnissen. Natürlich wollen wir die Sicherheit, dass wir diesen Monat genügend zu essen, trinken und zu kleiden haben.
Wir möchten auch genug Sicherheit gegen Übergriffe anderer. Dieses Sicherheitsstreben für sich und die eigene Familie führt häufig dazu, dass Menschen neben dem Streben nach Reichtum sofort nach Macht streben, um selber weniger angreifbar zu sein oder über bessere Angriffs- und Verteidigungsmöglichkeiten zu verfügen.
Sicherheit bei Schadensfällen, bei Krankheiten, gegen Arbeitslosigkeit und Armut und viele andere sind Alltag und Grundbedürfnis.

Und so wird der Überwachungsstaat trotz enormer Einschränkungen von Freiheiten und Bürgerrechten akzeptiert, damit wir mehr Sicherheit vor den bösen terroristischen Anschlägen haben. Die Grundfrage: Warum wird etwas gemacht und wem nutzt es? Ich hoffe, mein Verhalten löst keine internationalen Terroranschläge aus. Was ist es dann?

Streben nach Glück

Komischerweise streben alle Menschen nach Glück, aber außer mir gibt es nur wenige Menschen, die glücklich sind.

Reichtum und Macht sollen Glück verheißen aber auch dort findet man Glück nur selten. Irgendwas scheint an den Methoden, das Glück auch tatsächlich zu erreichen falsch zu sein, oder?

Lottomillionäre waren nur so lange glücklich bis sie von ihrer Familie, von Freunden und Spekulanten um das wenige Glück, das sie vor dem Gewinn noch hatten, gebracht wurden. Sido besingt es indem er formuliert: „Seitdem ich Geld habe weiß ich nicht mehr, wer meine Freunde sind!". Sind echte Freunde nicht viel wertvoller als Geld?

Besonders die Werbung suggeriert uns ständig, dass wir viel glücklicher sein werden, wenn wir dieses oder jenes Produkt kaufen werden.

Glück ist eng mit dem Sinn des Lebens verbunden. Wer den Sinn für sich erkannt hat und die Möglichkeiten geschaffen hat oder beim Schaffen ist hat eine Chance, glücklich zu sein.

So sind Menschen in wesentlich ärmeren Ländern meist um Vieles glücklicher als wir, da sie einen anderen Wertmaßstab haben.

„Erst wenn der letzte Baum gerodet, der letzte Fluss vergiftet, der letzte Fisch gefangen ist, werdet Ihr merken, dass man Geld nicht essen kann." (Quelle: Weissagung der Cree)

Ich bin dann auch in meinem Alter besonders dann glücklich, wenn ich noch etwas Interessantes lernen kann oder aber an andere weiter geben kann.

Streben nach Anerkennung

Das Streben nach Anerkennung hängt immer von der Anerkennung durch Andere ab.   Der Manipulation stehen hier Tor und Tür offen.

Es gibt Menschen, die müssen zwanghaft im Mittelpunkt stehen und begehen dafür sogar Straftaten.

Viele schlechte Angewohnheiten werden durch das Streben nach Anerkennung durch bestimmte Menschen oder Gruppen erzeugt. So beginnen Kinder häufig mit dem Rauchen nicht, weil es ihnen schmeckt, sondern um wie Ältere anerkannt zu werden. Alkohol- und Drogenmissbrauch folgen dann danach.

Und so werden sinnlose Dinge wie Modeartikel mit geringem Gebrauchswert gekauft, um anerkannt zu werden. Häufig kann der Mehrwert der teuren Produkte gar nicht genutzt werden, weil dazu Wissen und Erfahrungen fehlen. Die Hauptsache man hat es.

Und nicht selten enden Eskapaden auch tödlich, wenn Fahranfänger sich selbst überschätzen und wegen der gewünschten Anerkennung durch die Mitfahrer an einem Hindernis auch andere mit in den Tod reißen.

Das Streben nach Anerkennung kann auch in Verleumdungen oder übler Nachrede münden, um die Ausführungen vor anderen interessanter oder spannender zu gestalten.

Anerkennung gehört zu den Grundwerkzeugen der Manipulation.

Scheinlösungen durch Süchte

Es gibt die unterschiedlichsten Süchte: nach Alkohol, Drogen, Zigaretten oder Medikamenten, aber auch nach Anerkennung, Liebe, Geld oder Macht.

Allen gemein ist die Abhängigkeit von irgendwelchen Dingen oder Sachverhalten, die bis zur Kriminalität führen kann (Drogenhandel, Mafia u.a.) und dass man ohne fremde Hilfe nicht wieder heraus findet.

Ich verurteile nicht den Alkoholabhängigen, der durch einen Konkurs nicht nur Firma und Geld, sondern auch Haus und Familie verloren hat und keinen Ausweg außer Suizid oder Alkohol gefunden hat, da in einer derartigen Situation nicht nur alle Freunde untergetaucht sind, sondern Hilfe auch nicht weit und breit zu erkennen ist.

Aber Süchte sind perfekt für Manipulationen und Geschäftemacherei. So verdienen nicht nur Drogenbosse, sondern auch der Staat exorbitante Summen an der Alkohol- oder Tabaksteuer und Polizei und Justiz können ihre Daseinsberechtigung nachweisen, so dass diese Jobs nicht abgebaut, sondern noch erweitert werden müssen.

Auch für Ärzte und Therapeuten ist das ein sehr einträgliches Geschäft und wenn einmal eine Sucht diagnostiziert wurde lassen sich schnell ein Dutzend weitere Gebrechen feststellen, die unbedingt auch noch mit behandelt werden müssen, um daran richtig zu verdienen.

Für alle perfekt außer für den Süchtigen. Er ist natürlich der Dumme, dem man zwecks Erhaltung seiner Süchte nur Scheinlösungen anbietet. Es verwundert kaum, dass niemand eine Lösung für das Suchtproblem tatsächlich will. Mögliche Diskussionen in Regierungskreisen sind nur Scheingefechte und haben außer einer Alibifunktion keine weiteren Lösungsansätze.

Süchte lassen sich nur schwer durch kognitive Psychotherapien bearbeiten, aber relativ gut durch direktes Einwirken auf das Unterbewusstsein, z.B. mit Hypnosen.

Ängste

Es wird unterschieden zwischen den Urängsten, die sich in unserem Reptiliengehirn entwickelt haben und uns bei Gefahr zu Flucht oder Angriff verhelfen.

Andere Ängste sind erlernt, wie

Angst vor Armut und Arbeitsplatzverlust,

Angst vor Dunkelheit, Flugangst, Platzangst, Prüfungsangst.

Neben den Ängsten gibt es Ekel, der ebenfalls erlernt wurde.
Kleine Kinder essen noch Spinnen oder Regenwürmer, wenn
sie davon nicht abgehalten werden.
In asiatischen Ländern gehört das Essen von Insekten oder
Würmern zum normalen Alltag und niemand ekelt sich
davor.

Angst und Ekel sind also Lernprozesse, denen wir ausgesetzt
sind. Meist sind diese Ängste durch etwas Unbekanntes
gekennzeichnet.
Angst vor Giftschlangen ist verständlich, aber vor einer
harmlosen Ringelnatter oder Blindschleiche nicht.
Spinnen in Deutschland können keinen Menschen ernsthaft
gefährden und trotzdem haben wir davor mehr Angst/ Ekel
als vor einem Schäferhund, der uns töten kann.
(Quelle: http://nafoku.de/spinnen/giftspin.htm)

Der Unterscheid zwischen Menschen und anderen Lebewesen
wie Pflanzen oder Tieren besteht darin, dass wir denken
können. Und uns Szenarien in die Zukunft projizieren
können, was mit uns alles Positives oder Negatives passieren
wird.
Auch das Wissen, dass uns Spinnen hier nicht gefährlich
werden können wird den Ekel nicht beseitigen.
Ängste und Ekel werden also nicht durch unseren verstand
beeinflusst, sondern durch unsere Gefühle.

Diese Gefühle lassen sich durch das Unterbewusstsein recht
gut steuern. Dieses Wissen nutzt z.B. die Werbung, in dem sie
Angst macht, dass etwas Schlimmes eintreten wird, wenn wir
ihre Leistung nicht kaufen (z.B. Versicherungen).

Oder Angst wird in der Politik bei ungeliebten Entscheidungen verwandt, um z.B. den totalitären Überwachungsstaat zu begründen, indem uns Ängste über die bösen Terroristen aus aller Welt vermittelt werden, vor denen wir beschützt werden müssen.

In der Therapie lassen sich Ängste und Ekel mit Hypnosen recht gut und nebenwirkungsfrei bearbeiten.

Freiheit – Abhängigkeit

Sie kennen viele Menschen in ihrer unmittelbaren Umgebung mehr oder weniger gut? Familie, Freunde, Kollegen, Nachbarn, in Ihrer Kaufhalle und Geschäften usw.

Wer von denen ist wirklich frei? Frei von Sorgen, von Schulden, von Angst, von Erniedrigung, frei von Rechten,…

Wer ist frei und wer ist abhängig bei seinen Entscheidungen? Und wie stark abhängig sind diese Menschen? Können sie nachts noch ruhig schlafen?

Wer abhängig ist ist auch angreifbar und verletzbar. Hier werden Nötigungen, Erpressungen, Versprechungen und Manipulationen Tor und Tür ganz weit geöffnet.

Diskussion um die Mindestlöhne

Interview mit US-Multimillionär Hanauer: "Der Mindestlohn ist ein Wachstumsprogramm"
(Quelle: www.spiegel.de/forum/wirtschaft/interview-mit-us-multimillionaer-hanauer-der-mindestlohn-ist-ein-wachstumsprogramm-thread-133018-3.html)

Die Diskussion in Deutschland um Mindestlöhne ist bisher kontraproduktiv. Welche Auswirkungen haben denn niedrige Löhne auf die Wirtschaft und deren Wachstum? Wie viel kann denn ein Mensch mit geringem Einkommen konsumieren? Und wie viel kann ein Mensch mit höherem Einkommen konsumieren?

Was ist besser für die Wirtschaft – ein geringer Lohn, mit dem man nichts einkaufen kann oder ein hoher Lohn, der die Wirtschaft richtig in Schwung bringt? Sind wir nun in einer Wachstums- oder in einer Schrumpfungsgesellschaft?

Hanauer diskutiert aus Sicht des Kapitalisten, natürlich. Aber diskutiert er das Thema besonders aus Sicht des Kapitalisten vernünftig?

Und warum kann sich unsere Regierung nicht einem Binnenwirtschaftswachstum anschließen wie von Hanauer vorgeschlagen, an dem sie auch noch kräftig mit an hohen Steuereinnahmen verdient? Und allen geht es besser als vorher!

Machen Sie sich selbst ein Bild und ordnen Sie selbst die Politik unserer Regierung ein!

Verbote und Manipulation

Mit Verboten lassen sich verschieden Ziele erreichen. So kann mit Verboten etwas interessant und erstrebenswert gemacht werden. Welcher 14-Jährige möchte nicht gern einen Film sehen, der erst ab 18 Jahre zugelassen ist?

Rosenkohl ist ein recht gesundes Gemüse, doch durch den etwas bitteren Nachgeschmack essen ihn selbst viele Erwachsene nicht. Wir haben ihn aber zu Hause gern gegessen und er kam regelmäßig auf den Tisch. Da wir wussten, dass unsere Kinder ihn nicht ohne Motivation essen haben wir schlicht unseren Kindern verboten Rosenkohl zu essen mit der Begründung, Rosenkohl ist nur etwas für Große. Damit war erst mal Rosenkohl für unsere Kinder interessant und welches Kind will nicht groß sein? Rosenkohl gehört seitdem immer noch zu den wirklich gern gegessen Speisen unserer Kinder.

Das Gleiche habe ich mit meiner Patenenkelin gemacht. Spinat – nein danke. Heute verlangt sie eine gleich große Portion Spinat wie alle anderen am Tisch, ist ja schließlich ihr gutes Recht.

Es gibt viele Verbote, die damit erst interessant werden. Die verbotene Stadt in Peking durfte nur durch den Kaiser und sein Gefolge betreten werden. Ähnlich verhält es sich mit den Chefetagen oder dem Bundeskanzleramt.

Natürlich kann man auch die NPD verbieten, aber was erreicht man denn damit? Man bringt sie damit erst in das Bewusstsein und das Interesse der Öffentlichkeit! Und wer bei so einer Sache dabei macht doch auch trotz Verbot weiter, oder haben wir aus der Geschichte wirklich nichts gelernt? Hat sich in der Vergangenheit irgendeine politische Strömung von einem Verbot abhalten lassen? Die immer wieder aufkeimenden Diskussionen zum Verbot der NPD sollen einerseits ein Alibi sein, „Wir tun alles für die Demokratie". Aber wenn ich bei der NPD wäre würde ich als erster diese Diskussion immer wieder aufs Neue entfachen, um in das Interesse der Öffentlichkeit zu gelangen. Eine bessere Publicity kann ich doch gar nicht bekommen. Dazu noch kostenlos und nach außen hin neutral, da man doch gar nicht erkennt, wer dahinter steht und welche Zielstellung erreicht werden soll.

Wie mit dem Rauchen an Schulen wird das Verbot an dieser Stelle doch erst interessant! Anstatt eine Erziehung zu gesunden Persönlichkeiten zu ermöglichen wird mit solchen Verboten doch nur ein Alibi für das eigene Versagen gesucht. Warum entscheiden sich denn Kinder oder Jugendliche zum Rauchen oder sich der NPD anzuschließen? Wie in der klassischen Medizin wird hier nur an den Symptomen rumgestümpert, anstatt die Ursachen zu erforschen und diese zu verändern.

Natürliche Bedürfnisse und Moral

Es gibt Grundbedürfnisse für uns Menschen. Das sind essen und trinken, kleiden bei Notwendigkeit und wohnen. In einer modernen und leistungsfähigen Gesellschaft sollten diese Bedürfnisse ja recht einfach zu sicher zu stellen zu sein.

Warum ist es aber nun nicht so einfach zu realisieren für den einzelnen Menschen unserer Gesellschaft?

An einer reinen Befriedigung der Grundbedürfnisse lässt sich nicht genug verdienen. Man muss sich da schon mehr einfallen lassen, z.B. die Mode.

Man kann auch weitere künstliche Bedürfnisse erzeugen über die Werbung, dass mein Kind nicht nur schmackhaft satt werden muss, sondern nur glücklich werden kann mit einem teuren Happy-Meal.

Erwachsene benötigen immer das Neuste oder Teuerste. Wir hatten einige Jahre heftige Diskussionen mit unserem Sohn, da Schuhe unter 200 DM (damals) kein Mensch in seinem Alter trägt. So fährt sich ein BMW viel besser als ein Toyota (kostet ja auch viel mehr) gleicher Größenordnung. Man kann diese Aufzählung von Beispielen unnötiger Mehrausgaben und Mehraufwendungen, die nicht nur unsere Geldbörse gehörig erleichtern, sondern auch die Umwelt unnötig belasten und zerstören beliebig fortsetzen.

Aber auch in anderen Bereichen werden natürliche Umgebungen negiert, um Zielstellungen zu erreichen.

Menschen der Urgesellschaft liefen nackt herum, wenn es warm genug war. Wir können das auch heute noch bei den wenigen Naturvölkern betrachten. Nacktheit ist normal und niemand dieser Völker würde sich auch nur im Geringsten daran stören.

Warum ist das bei uns nicht so? Wir haben statt Natürlichkeit Moral und Sitte eingeführt. In der Geschichte wurden diese vor allem durch die Kirchen sowie die Fürsten und ihre Vorstellungen von Moral und Sitte geprägt, um ihre Machtposition zu sichern und weiter zu entwickeln. Auch eine Kirche kann nicht existieren, wenn nur die Grundbedürfnisse gesichert werden. Wie will ich denn jemand in Abhängigkeit bringen, der seine Bedürfnisse durch seine Arbeit auf dem Feld und im Stall selbst abdecken kann? Da muss doch etwas Künstliches her wie Angst und Abhängigkeit und dazu ist doch der liebe Gott wie geschaffen.

Und so darf ein guter Christ halt nicht nackt rum laufen, darf nur eine Frau haben und nach Möglichkeit erst nach der Heirat mit ihr sexuell verkehren. Das ist nicht natürlich, sondern wurde mit ganz genauen Zielstellungen in die Gesellschaft eingebracht, um Abhängigkeiten zu schaffen. Natürlich schafft man mit Prüderie auch das Gegenteil (siehe Kapitel Verbote und Manipulation).

Naturvölker kennen weder Pornografie nach unserem Verständnis, keine Prostitution und auch keine Vergewaltigung. Wozu brauchen die auch so was?
Selbst sexuelle Regeln brauchen sie nicht. In unserer Gesellschaft sind Kinder das Eigentum ihrer Eltern mit allen daraus folgenden Konsequenzen. Bei den Naturvölkern gehören die Kinder zum Volk oder zum Stamm und werden von allen betreut. Stellen Sie sich mal solche Zustände im heutigen Berlin vor? Da reicht Ihre Phantasie nicht?

Moral ist in erster Linie etwas, was künstlich erschaffen wurde, um Menschen abhängig zu machen und zu disziplinieren bzw. zu unterwerfen.

Wäre es wirklich so schlimm, zu natürlichen Verhältnissen zurück zu kehren? Für intelligente und kreative Menschen sicher weit weniger problematisch als für die Menschen, die sich in ihrer winzigen geistigen Welt selbst eingesperrt haben und nicht heraus trauen.

(Quelle: Jean Liedloff; Auf der Suche nach dem verlorenen Glück; Gegen die Zerstörung unserer Glücksfähigkeit in der frühen Kindheit)

Besitz und Eigentum

Haben Sie schon mal darüber nachgedacht, ob Besitz und Eigentum wirklich gut sind in der Gesellschaft und wenn ja, für wen?

Eigentum trennt ja den Eigentümer von dem Nichteigentümer. So wurde historisch über den Besitz von Eigentum Herrschaft erlangt und eine Abhängigkeit von Nichteigentümern erreicht, die dann für den Eigentümer arbeiten durften, seine Bedürfnisse befriedigen und seinen Reichtum und damit sein Eigentum mehren durften. War also für das einfache Volk Eigentum der Herrschenden vorteilhaft? Und ist für das einfache Volk von heute das Eigentum der Herrschenden auf der politischen Bühne und der Drahtzieher dahinter vorteilhaft? Nein? Natürlich ist das für das Volk nicht vorteilhaft, weil es ihm nicht gehört und daher auch nicht darüber verfügen kann.

Aber warum jammern dann alle gleich über den bösen Kommunismus, der das Eigentum abschaffen will? Haben denn einfache Menschen so viel Eigentum, dass es ihnen schaden würde, wenn sie das Wenige verlieren und dafür das Viele der Reichen und Mächtigen dazu bekommen würden innerhalb der Gemeinschaft?

Natürlich ist das eine grauenhafte Vorstellung für alle Reichen und Mächtigen, dass sie ihren Reichtum und ihre Macht mit dem gemeinen Volk teilen sollen und dieses Grauen wird dann an die Menschen der Gesellschaft weiter vermittelt. Der Kommunismus ist böse.

Nun möchte ich hier auch keine Polemik zum Kommunismus machen, sondern wie versprochen nur Fragen stellen oder Sachverhalte gegenüber stellen. Schließlich hat ja weder Kommunismus noch Sozialismus in der Welt bisher tatsächlich funktioniert.

Aber über die Fragen kann man doch wenigsten mal nachdenken, oder? In südamerikanischen Ländern wird ja derzeit alternativer Sozialismus Stück für Stück aufgebaut und ich selbst betrachte diese Entwicklung mit viel Interesse.

Eigentum und Besitz haben nicht nur Vorteile. So muss ich für meinen PKW z.B. Steuern und Versicherung sowie HU usw. bezahlen. Das geht ja noch und ist von mir auch noch einzusehen, wobei ich mit der Verwendung der Steuergelder schon Probleme habe, aber das steht auf einem anderen Blatt.

Aber ist der Besitz von Kindern auch vorteilhaft? Nun, wenn ich ein Kind mein Eigentum nenne und das ist es in unserer Gesellschaft auch muss die volle Verantwortung dafür übernehmen. Das kann richtig teuer werden, über alle möglichen kosten von Kindergarten bis zu Studienkosten, aber auch der monatliche Unterhalt gehört dazu und das ist über die Jahre eine ganz schöne Summe.

Aber ich muss auch für die Bildung und Erziehung die nötige Sorge tragen und da sind viele Eltern bereits am Ende ihres Wissens und Könnens. Wäre es da nicht besser, wenn wie bei den Urvölkern alle mit Verantwortung übernehmen würden? Das Kind also in die Sicherheit der Gesellschaft eingebettet wäre und mich in den meisten Situationen allein mit seinen Problemen da stehen müsste? Viel Denkarbeit für Pädagogen, Psychologen, Soziologen und Politiker – wahrscheinlich zu viel.

Besonders in der Politik wird ja ein großer Teil an Denkarbeit bereits benötigt, um die nächste Diätenerhöhung zu begründen. Da bleibt für andere Lösungen nicht mehr viel Reserve, oder?

Staatlich sanktionierte Kriminalität

Jobcenter und Zeitarbeit

Beide Themen könnten Stoff für eine Promotion oder mehrere Bücher abgeben. Hier nur eine kurze Einführung.   Alle Aussagen wurden rechtlich geprüft.

Unter der SPD-geführten Regierung von Gerhard Schröter wurde im Rahmen der Agenda 2010 ein starker Sozialabbau betrieben.

Dazu gehörten auch der Aufbau der jetzigen Jobcenter (damals ARGE) sowie der gesetzlichen Grundlagen für die Zeitarbeit.

1. Gegenwärtige (aktuelle) Probleme der **Jobcenter**.
Die Beispiele von Ralph Boes und Inge Hannemann sind beispielgebend für die Arbeitsweise (google). Dabei gibt es folgende Schwerpunkte:

Verstöße gegen das Grundgesetz, u.a. gegen die Artikel 1, 2, 3, 6, 12, 19 und 20

Es wird mit strafrechtlich relevanten Methoden gearbeitet wie Nötigung und Amtsmissbrauch (§ 240 StGB), Erpressung (§ 253 StGB), Vollstreckung bzw. Verfolgung gegen Unschuldige (§ 344, 345 StGB), Rechtsbeugung (§ 339 StGB), Aussageerpressung (§ 343 StGB) und Vorteilsnahme (§ 331 StGB) sowie der Gründung von kriminellen Vereinigungen nach § 129 StGB.

Die Mitarbeiter der Jobcenter selbst sind einem ständigen Dauerdruck ausgesetzt:
„Mitarbeiter in den Jobcentern sind regelmäßig vom Auslaufen ihrer befristeten Verträge durch die Bundesagentur für Arbeit bedroht. Eine Entfristung findet oftmals erst kurz vor Ende des Vertrages statt. Das Erfüllen von Zahlen unter den Jobcentern ist ein Ranking-Wettbewerb, der über die Bundesagentur für Arbeit auf die Standort- und Teamleiter herunter gebrochen wird."
(Quelle: http://altonabloggt.com/2012/04/14/kritische-mitarbeiter-von-jobcenter-werden-durch-den-europaischen-gerichtshof-gestarkt/)

„Maßnahmen" der Jobcenter haben i.d.R. das Ziel, die Statistiken schön zu rechnen. So ist u.a. bekannt, dass die Vermittlung in 1 €-Jobs keine Lösung für die Zukunft ist.
Derzeit wird vorrangig von den Betroffenen verlangt, dass sie ein Praktikum nach dem anderen suchen sollen. Mit kostenlosen Praktika werden jedoch keine Arbeitsplätze geschaffen, sondern im Gegenteil vernichtet. Es hat sich hier bereits eine Mentalität entwickelt, dass Firmen Praktikanten für schwere und schmutzige Arbeiten beim Jobcenter beantragen anstatt Mitarbeiter einzustellen. Es werden also Jobs damit vernichtet.

Mitarbeiter, die dagegen angehen werden gemobbt. Und, wie im Falle von Inge Hannemann: „Da wird ein Mobbing-Opfer zum Täter gemacht", klagt die 44-Jährige.

Fehlerhafte Bescheide sind an der Tagesordnung.

Die Sozialgerichte sind hoffnungslos überfordert. Es gibt Klagen wegen der unzulässigen Einschränkung der Freizügigkeit, der freien Berufswahl, der freien Entfaltung der Persönlichkeit bis zur Verletzung der Menschenrechte vor dem europäischen Gerichtshof für Menschenrechte.

Damit werden häufig Menschen in ihrer Persönlichkeit psychisch angegriffen und nicht selten irreparabel geschädigt, bis hin zum Suizid, zur Obdachlosigkeit, der sozialen Verelendung, der Ausgrenzung aus der Gesellschaft oder der totalen Existenzbedrohung bzw. Entzugs der Existenzgrundlage.

Diese Praktiken reichen aber bis in die Bereiche, in denen die Menschen noch einen Arbeitsplatz haben. Dort sind Erpressung und Diskriminierung von Erwerbstätigen anzutreffen, die aus Angst, ihren Arbeitsplatz zu verlieren sich mit Lohndumping und Verlust ihres sozialen Status abfinden.

(Quellen: unter google findet man unter den Stichpunkten Jobcenter + Probleme derzeit 390.000 Treffer, weiter u.a.: www.hbpublik.de/Seiten/Bremer%20Berichte/Soziales/AAB erichte/AABagisneu6.html

Probleme Zeitarbeit

Anstatt über die Zeitarbeit eine echte Chance zu bekommen, wieder in das Arbeitsleben integriert zu werden gibt es nur das folgende Ergebnis:

- Starker Abbau regulärer Arbeitsplätze – viele Firmen haben reguläre Arbeitsplätze abgebaut um mit billigeren Arbeitskräften und ohne Risiko (Urlaub, Krankheit usw.) ein besseres betriebliches Ergebnis auf Kosten der Arbeitskräfte zu erzielen.

- Niedrigerer Lohn als Stammbelegschaft- sie ziehen damit das Lohnniveau der Branche nach unten.

- Lange Probezeiten mit erheblichen Einschränkungen

- monatliche Kündigung

- Zeitarbeiter in den Unternehmen häufig isoliert

- Festangestellte haben Angst vor Leiharbeitern bzw. vor Arbeitsplatzverlust durch Leiharbeiter.

- Teure Qualifizierung wird durch die Unternehmen ausgelagert (schwarzen Peter hat der Arbeitnehmer).

- Vorrangig befristete Arbeitsverträge mit allen möglichen Folgen.

- Kaum gewerkschaftliche Organisation bei den Zeitarbeitnehmern.

- Bei Zeitarbeitern herrscht dadurch soziale Unsicherheit und prekäre Einkommenssituationen.

Mit Leiharbeit wird das Niveau der Arbeitslosigkeit in Deutschland auf Kosten der Arbeitnehmer mit meist drastischen Folgen künstlich kaschiert. Es wird hier eine neue Armut trotz Arbeit organisiert.

Das Institut für Arbeitsmarkt- und Sozialforschung (IAB) beziffert die Chance, übernommen zu werden, auf nur sieben Prozent.

Quellen:

www.tagesspiegel.de/politik/minijobs-leiharbeit-und-co-fester-job-adieu/7803370.html

www.tagesspiegel.de/wirtschaft/leiharbeiter-ein-billiges-geschaeft/7525664.html

www.focus.de/finanzen/karriere/perspektiven/zeitarbeit/tid-6555/arbeitsrecht_aid_63088.html

Probleme GEZ bzw. Beitragsservice ARD, ZDF & Co.

Hier missbraucht der Staat seine Macht, um den Bürger zu zwingen, für Leistungen zu zahlen, die er möglicherweise gar nicht in Anspruch nimmt oder zumindest nicht in dem Umfang. Hier wird besonders schwerer Betrug nach § 263 Abs. 3 verbunden mit § 129 StGB staatlich sanktioniert.
Für mich persönlich ist es unverständlich, dass jede Landesrundfunkanstalt eine Unmenge an Serien und sonstigen Beiträgen für wahnsinnig viel Geld produziert, die ich selbst mit meinen derzeitigen 62 Jahren noch nicht sehe und wahrscheinlich auch mit 90 Jahren nicht einschalten werde. Es interessiert mich einfach nicht, was da an Trivialsendungen zusammen geschustert wird.

Aber wenn ich jetzt zivilrechtlich die Leistungen, die ich nicht genutzt habe und auch gar nicht haben will einfach nicht bezahle geht selbst bei einer EV (Eidesstattlichen Erklärung) oder Insolvenz die Nichtbezahlung nicht, da dann sofort ein Bußgeld folgt und dann bei Nichtbezahlung von Bußgeldern gleich Haft folgt.

Was hat denn das mit geltendem Recht noch gemein? Das ist hoch kriminell!

Ich würde ja noch verstehen, wenn die angebotenen Sendungen einen Nutzwert hätten.

Beispiel: Wissenschaftssendungen. Beispiel Bildungsfernsehen. Beispiel: Hilfe für Eltern, für Beziehungsprobleme, Beispiel: Postwachstumsgesellschaft, für andere praktische Anwendungen. Was sind denn die Schwerpunkte in der heutigen Gesellschaft? Dumme Serien mit Sicherheit nicht! Und rumgelabere und Kochsendungen mit Sterneköchen wahrscheinlich auch nicht. Wir haben heute doch ganz andere Probleme!

Kann denn nicht eine Landesrundfunkanstalt das Bildungsfernsehen übernehmen, eine andere Schwerpunkte zur Erziehung übernehmen usw. anstatt dieser massenweisen schwachsinnigen Serien? Früher bekam man dieses Niveau als Trivialliteratur in Form von Groschenromanen an jedem Zeitungskiosk in Massen. Aber da konnte man wenigstens noch selbst entscheiden, ob man sich davon oder von einer Bild-Zeitung verdummen lässt und sein Geld gezielt einsetzen oder sparen will. Das war wenigsten nicht kriminell.
(Quelle: www.faz.net/aktuell/feuilleton/medien/die-methoden-der-gez-wie-im-krimi-1465861.html)

Die Ziele der Mächtigen

Durch fremde Arbeit wird man reich

Die gesamte Menschheitsgeschichte ist dadurch gekennzeichnet, dass einige Wenige allen Anderen etwas weggenommen haben (Diebstahl, Raubüberfälle und Eroberungskriege usw.) und andere Menschen von sich abhängig gemacht haben.

Die Abhängigkeiten gingen von der Sklavengesellschaft bis zur heutigen Versklavung der Arbeiter und Angestellten durch die Konzerne und anderen Arbeitgeber.

Niemand ist bisher durch eigene Arbeit reich und/ oder mächtig geworden. Daran hat sich bis heute nichts geändert und wird sich auch in absehbarer Zeit nichts ändern.

Reichtum entsteht erst durch die Ausbeutung anderer Menschen. Die Wege der Ausbeutung sind vielfältig und nicht immer so klar zu erkennen.

Wenn jemand einen Kredit zu überhöhten Zinsen aufnimmt, z.B. einen Kontokorrent trifft das genauso zu. Er muss das Geld für die überhöhten Zinsen erst erarbeiten und gibt daher von seinem Arbeitserlös einen Teil für diese Zinsen ab, der anschließend nicht mehr für ihn zur Verfügung steht. Andere verdienen daran, ohne dafür arbeiten zu müssen. Sie bekommen es über die Kontokorrentzinsen quasi geschenkt.

Auch durch die unüberschaubare Anzahl an Steuern muss er einen großen Teil seines Verdienstes wieder zwangsweise abgeben. Und wer profitiert von den Steuern? Er selbst am Allerwenigstens. Der größte Teil der Steuern wird verwendet, um damit Arbeitnehmer zu beschäftigen, an denen wieder Unternehmer kräftig mit verdienen.

Oder wird verwendet, um eine sündhaft teure Armee zu finanzieren, die der Normalbürger überhaupt nicht braucht. Eine Armee ist für Otto-Normalverbraucher genau so notwendig wie für einen Blinden ein Farbfernseher.

Diese Armee ist dazu da, die Interessen internationaler Konzerne bei der Ausbeutung von Rohstoffen in anderen Ländern zu sichern oder sagenhafte Profite für Waffenlieferanten jeglicher Couleur zu sichern.

Auch die Übernahme der Kosten der Finanzkrise durch den Staat wird aus Steuermitteln finanziert, ohne dass Otto-Normalverbraucher davon etwas hat außer erheblichen Nachteilen.

Wenn da eine „Rettungspaket" für marode Banken in Höhe von 480 Milliarden Euro allein in Deutschland geschnürt wird steht das Geld dem Bürger für Bildung, Soziales, Wissenschaft, Straßenbau usw. nicht mehr zur Verfügung. Er hat dafür zwar Steuern bezahlt, aber diese wurden zweckentfremdet verwendet. Beim Bürger nennt man das Unterschlagung nach §246 StGB.

Wurden denn jetzt nicht die Konten und das Geld des Bürgers gerettet? Wer hat denn sein Geld bei den maroden Banken? Der Normalbürger hat sein Geld bei Sparkasse, Volksbanken usw. die nie zum Kreis der maroden Banken gehörten, da ihre Satzungen derartige Spekulationen verboten.

Kunden dieser Banken sind vorrangig die internationale Mafia, die darüber ihr Geld wäscht und Spekulanten jeglicher Art.

Wenn sich der Normalbürger verspekuliert ist er sein Geld los.

Nicht im Falle der maroden Banken. Dort darf sich ruhig verspekuliert werden, da diese Fehlbeträge ja dann aus Steuermitteln wieder ausgeglichen werden. Die Gewinne werden privatisiert und die Verluste werden vergesellschaftet und vom Normalbürger bezahlt. Das ist „unabhängige" Politik, bei denen die gewählten Volksvertreter bei ihren Entscheidungen nur ihrem „Gewissen" verpflichtet sind, nicht dem Wähler, der in einer Demokratie eigentlich die Macht haben sollte.
(Quelle: Grundgesetz Art. 38 und http://de.wikipedia.org/wiki/Demokratie).

Weiter interessant ist, dass für die Zukunft kaum Forderungen an die Banken gestellt werden, die ein künftiges Versagen unterbinden.

Wer manipuliert denn hier wen wohl?

Island hat dort andere Lösungen gewählt. Es hat seine Bürger entlastet, marode Banken geschlossen und die Regierung eingesperrt. (Quelle: www.wissensmanufaktur.net/island u.a.). Ohne Kommentar!
In Deutschland aber bleibt unsere Bundeskanzlerin die beliebteste Politikerin.
(Quelle: www.bunte.de/meldungen/angela-merkel-kanzlerin-bleibt-beliebteste-politikerin-62136.html)

Direkte Demokratie wie in der Schweiz und damit mehr Demokratie für den Bürger wird in Deutschland derzeit von der Regierung vehement abgelehnt. Warum wohl?

(Quelle: www.swissinfo.ch/ger/weiter-weg-zu-mehr-direkter-demokratie-in-deutschland/40542972; www.mehr-demokratie.de

Wie hält man Menschen in Abhängigkeit?

Jemand, der nicht abhängig ist bestimmt selbst über sein Leben und trifft alle Entscheidungen selbstverantwortlich. Diese Entscheidungen zu beeinflussen ist recht schwierig. Daher ist es für Machthaber und Ausbeuter überlebenswichtig, andere in stetiger Abhängigkeit zu haben.

Arten der Abhängigkeit

Schlimm sind körperliche Abhängigkeiten durch Nikotin, Alkohol, Drogen, aber auch durch Medikamente, Therapien usw.
Hier können viele Strategien das Problem immer weiter verschlimmern.

Ein Problem sind die Entzugserscheinungen, die eine sofortige Wiederaufnahme sinnvoll erscheinen lassen. Häufig ist aber nicht nur der normale Konsum das Problem, sondern dass zum Erreichen der gewünschten zustände eine stetige Steigerung notwendig ist.
Diese Steigerung kann auch künstlich noch weiter erzeugt werden.

Wenn die wirksame Menge zeitlich reduziert wird muss der Betroffene mehr einnehmen, um die gleiche Wirkung zu erreichen. Wenn dann die wirksame Menge wieder höher gesetzt wird hat sich der Betroffene aber an den Mehrverbrauch gewöhnt und wird diesen auch konsumieren. So kann man Kreisläufe von zeitweiser Verminderung für einen immer höheren Verbrauch schaffen und die Abhängigkeit immer weiter erhöhen als auch den Umsatz und Gewinn.

Aus Sicht des Anbieters sind Drogen, die den Tod nach kurzer Zeit bringen oder die Existenz des Opfers zerstören nicht sinnvoll, da dann der „Kunde" ausfällt.

Besser sind da Nikotin, Alkohol, Koffein usw., da der Anbieter lange Zeit konstant und ohne Risiko verdienen kann. Und wenn man zum Kreis der Auserlesen gehören will muss man einen Jack Daniels trinken. Dort scheint der Whisky noch vom alten Jack selbst per Hand gebrannt zu werden. Oder einen Jägermeister oder einen ….

Ja, an Nikotin, Alkohol Koffein & Co. sterben mehr Menschen jedes Jahr, als an den sogenannten harten Drogen. Aber daran verdient ja der Staat mit, auch daran, dass er dann nicht so lange Renten zahlen muss, für die das Opfer jahrzehntelang eingezahlt hat. Feines Geschäft für alle, außer für die Opfer.

Die Lösung als Problem ist recht häufig im heutigen Leben. Es gibt einen coolen Spruch: „Wer sich einen Computer anschafft kann damit die Probleme lösen, die er ohne Computer gar nicht hätte".
Wer zu Alkohol & Co. greift hat ähnliche Probleme, da die Lösungen nur Scheinlösungen sind, die weitere Probleme schaffen (Geld, Gesundheit, Beziehungsprobleme).

Elias Erdmann hat das so formuliert:

„Produkt A löst Problem 1 und schafft Problem 2.

Produkt B löst Problem 2 und schafft Problem 3. ....

Produkt X löst Problem Y und schafft wiederum Problem 1.

Die Computer/Software-Industrie lebt von dieser Methode. Eine neue Betriebssystem-Version bringt mehr nutzbaren Speicher, aber Programm X läuft nicht mehr. Das Update von Programm X wird an das neue Betriebssystem abgepasst, kann aber nicht mehr die Daten von Programm Y laden. Das Update für Programm Y braucht einen Computer der mindestens einen Prozessor der neusten Bauart enthält. Dieser hat einige Besonderheiten, die aber nur mit der wiederum neusten Version des Betriebssystems genutzt werden können. Hier schließt sich der Kreis. Der Vorteil dieser Methode liegt in der mangelnden Übersichtlichkeit und der geschaffenen Sachzwänge. Das Opfer glaubt, seine Entscheidungen selbst zu treffen."
Abhängigkeiten werden auch durch finanzielle Schulden geschaffen. Es ist ja so leicht, mit Kreditkarten und angeblich günstigen Krediten in allen Lebenslagen sein Leben „zu verbessern". Meist sind aber nicht nur die Zinsen das Problem, sondern besonders bei Lebensversicherungen die besonders hohen Kosten, durch die das geplante Sparziel nie erreicht werden kann. Erschwert wird das dann weiter durch frei erfundene Hochrechnungen der Gewinnerwartungen und Versprechen von einmalig hohen Auszahlungsbeiträgen.

Mit diesen Schulden ist der Betroffene abhängig von seinem Arbeitgeber und kann nicht mehr frei entscheiden.

Abhängigkeiten entstehen auch durch die Steuerpflicht. Hier eine Auswahl:

Abgeltungssteuer, Baulandsteuer, Beförderungssteuer, Biersteuer, Börsenumsatzsteuer, Branntweinsteuer, Einkommensteuer, Energiesteuer, Erbschaftsteuer, Ergänzungsabgabe, Essigsäuresteuer, Feuerschutzsteuer, Gesellschaftsteuer, Getränkesteuer, Gewerbesteuer, Grunderwerbsteuer, Grundsteuer, Hundesteuer, Hypothekengewinnabgabe, Investitionssteuer, Jagd- und Fischereisteuer, Kaffeesteuer, Kapitalertragsteuer, KFZ-Steuer, Kinosteuer, Kirchensteuer, Körperschaftsteuer, Konjunkturzuschlag, Leuchtmittelsteuer, Lohnsteuer, Lustbarkeitssteuer, Mineralölsteuer, Notopfer Berlin, Ökosteuer, Rennwettsteuer, Salzsteuer, Schankerlaubnissteuer, Schaumweinsteuer, Schenkungsteuer, Solidaritätszuschlag, Speiseeissteuer, Spielbankabgabe, Spielkartensteuer, Stabilitätszuschlag, Stromsteuer, Süßstoffsteuer, Tabaksteuer, Tanzsteuer, Teesteuer, Tonnagesteuer, Umsatzsteuer, Vergnügungssteuer, Vermögensabgabe, Vermögensteuer, Verpackungssteuer, Versicherungssteuer, Wechselsteuer, Wertpapiersteuer, Zuckersteuer, Zündwarensteuer, Zweitwohnungssteuer.

Auch wenn die jeweilige Steuer nicht direkt zahlen so zahlen wir bei dem Kauf oder der Leistung diese Steuer anteilig mit.

Wenn Sie alle Steuern und die Beteiligung beim Kauf von Waren und Dienstleistungen bezahlt haben – was bleibt ihnen von ihrem Geld noch übrig?

Und was erhalten Sie als Gegenleistung zurück?

Sollten sie allerdings Steuern nicht zahlen wird sehr schnell der Gerichtsvollzieher bzw. das Hauptzollamt bei ihnen in der Wohnung stehen. Und die Zahlung von Steuern ist eine Pflicht. Wenn Sie mit Ihrer Firma in Insolvenz gehen und hatten eine GmbH, dann wird sich das Finanzamt nicht mit den Gläubigern über ihre Anteile herum streiten. Die Steuern bleiben Ihr Privatvergnügen und werden auch in einer Privatinsolvenz nicht mit einbezogen, sondern bleiben bis zur endgültigen Abzahlung Ihre Privatangelegenheit.

Arbeitgeber lassen gern ihre Arbeitnehmer mehr arbeiten, als diese dafür verdienen. Überstunden, Sonderschichten und anderes sind dann möglich, wenn der Arbeitgeber Angst vor Arbeitsplatzverlust hat. Rein rechtlich gesehen sind das Straftatbestände von Nötigung bis Erpressung sowie Betrug oder Unterschlagung in jeweils besonders schweren Fällen. Aber wer will denn schon seinen Arbeitsplatz und damit seine Existenzgrundlage verlieren? (Quelle: § 240, § 253, § 263, § 246 StGB)

Recht und Gesetz

Früher wurde nach Gunst und Gnade entschieden. In der Sklavenhaltergesellschaft oder im Feudalismus durfte der jeweilige Herrscher alles und bestimmte über das Schicksal seiner Untergebenen. Er war Besitzer des Landes, der Menschen und gleichzeitig oberster Richter.

Erst mit der bürgerlichen Gesellschaft vollzog sich allmählich der Wandel zu demokratischeren Verhältnissen mit der Dreiteilung des Staates, die sich in gesetzgebende Gewalt (Legislative), ausführende Gewalt (Exekutive) und richterliche Gewalt (Judikative) unterteilt. Hoheitsakte der Legislative sind die Gesetze, Hoheitsakte der Exekutive sind Verwaltungsakte und Hoheitsakte der Judikative sind gerichtliche Entscheidungen, auch wenn man in der politischen Praxis häufig andere Verhältnisse vorfindet.

Sind denn jetzt alle vor dem Gesetz gleich?

Wer genug Geld und Macht hat besitzt viel mehr Spielraum für seine Entscheidungen. Er kann

- die Regierungen in ihren Entscheidungen direkt beeinflussen (Macht der Lobbyisten sowie Korruption und Bestechlichkeit)

- seinen Wohnort oder Hauptsitz der Firma oder Konten dorthin verlegen, wo es für ihn am günstigsten ist (Cayman Inseln, die Kanalinseln Guernsey und Jersey oder in die Schweiz, Luxemburg) usw.

- sich die besten Rechtsanwälte leisten, um Widersacher zu bekämpfen bis hin zum Staat (Quelle:http://power-shift.de/?p=964 und www.welt.de/wirtschaft/article13452653/Philip-Morris-klagt-gegen-Anti-Raucher-Kampagne.html)

- Kann Unrecht von vornherein mit einplanen (Umweltzerstörung, Unterdrückung der Menschen vor Ort usw.), denn wenn niemand dagegen klagt kann das Unrecht weiter bestehen bleiben oder die Kläger werden eingeschüchtert oder durch windige Anwälte und andere Helfer in ihrer Existenz bedroht oder in Lebensgefahr gebracht).
(Quelle: www.zeit.de/2013/17/kolumbien-bergbau-kohle-umweltschaden).

Rechtsunsicherheit

Wie viele Gesetze, Verordnungen, Durchführungsbestimmungen gibt es denn überhaupt in Deutschland?

Warum müssen sich denn Rechtsanwälte spezialisieren, z.B. auf Strafrecht, auf Zivilrecht, auf Familienrecht, auf Baurecht, auf Verkehrsrecht, auf Völkerrecht, auf das Grundgesetz, Verwaltungsrecht, Versicherungsrecht, Agrarrecht, Arbeitsrecht, Informationstechnologierecht, Patentrecht, Stammzellengesetz und viele weitere?

Und wer kann da Gesetze, Verordnungen, Durchführungsbestimmungen und sonstige Verwaltungsakte überhaupt überschauen?

Und wie sind diese Dokumente formuliert? So, dass sie jeder normal denkende Bürger versteht?

Kann sich der mündige Bürger da nicht selber helfen?

Die bisherigen Fragen zeigen bereits, dass derjenige unterlegen ist, der sich nicht hochspezialisierte Fachleute leisten kann.

Und wer ist in der Lage, durch direkte Beeinflussung von Politikern auch die Rechtslage zu seinen Gunsten zu gestalten?

Die Motive und die Zielstellungen scheinen doch auch hier klar zu sein, oder? Ich weiß es nicht.

Ich bin nur Psychologe und Philosoph! Ich kann nur Fragen nach Ursache und Wirkung stellen. Die Antworten muss jeder für sich selbst finden! Ohne eigenes Denken bleibt man dumm. Denn dieses Buch ist kein Märchenbuch für Erwachsene!

Untergrabung der Demokratie

Weshalb hat denn Deutschland selbst nach der Vereinigung noch keine Verfassung, sondern nur ein Grundgesetz?

Im Grundgesetz ist die demokratische Grundlage im Artikel 20 formuliert. Allerdings bleibt davon in der Praxis nicht viel übrig.

Die gewählten Abgeordneten unterliegen sowohl einem Partei- als auch einem Fraktionszwang. Weder im Bundestag noch einer anderen gewählten „Volksvertretung" kann sich ein Abgeordneter zu Wort melden, wenn er nicht Sprecher der Fraktion ist. Er ist also vom Fraktionssprecher bzw. -vorsitzenden abhängig. Wer wieder gewählt werden will unterwirft sich der Partei- und Fraktionsdisziplin.

Der Abgeordnete ist bei seinen Entscheidungen nur seinem Gewissen unterworfen? Das steht in Widerspruch zum vorhergehenden Punkt.

Der Wähler hat nur die Wahl, die Personen zu wählen, die bereits im vorehrgehenden Ausschlussverfahren von den zugelassenen Parteien ausgewählt wurden. Ob das die Personen sind, die seine Interessen vertreten kann er in der Regel nicht beurteilen, da meist Parteien in mehrere Flügel gespalten sind.

Eine direkte Demokratie wie in der Schweiz gibt es nicht. Ein Abgeordneter, der seine Wahlversprechen nicht vertritt, kann von seinen Wählern nicht abgewählt werden. Man muss ihn nach der Wahl 4 Jahre lang mit seinen falschen Entscheidungen erdulden.

Parteien können unbequeme Abgeordnete durchaus schassen, aber auch hier kann sich der Bürger nicht dagegen wehren, dass es vielleicht gerade seinen Interessenvertreter trifft.

Wenn alle Macht vom Volke ausginge hätte das Volk doch auch das Recht, über die anstehenden Entscheidungen und die dafür maßgeblichen Sachgründe öffentlich informiert zu werden? Wie kommt es dann, dass ständig selbst gewählte Bundestagsabgeordnete sich darüber beschweren, dass sie keinen Zugang zu den Dokumenten haben? Oder dass sie mit Scheinargumenten vertröstet werden sollen. Beispiele dafür gibt es aus den vergangenen Jahren mehr als genug – Stuttgart 21, Gorleben, Bundeswehreinsätze im Ausland, Waffenlieferungen ins Ausland (Saudi-Arabien usw.). Offenheit, Ehrlichkeit, Vertrauen scheinen in unserer „Demokratie" zu Mangelware degradiert worden zu sein.

Und warum sträubt sich die Bundesregierung so gegen einen Volksentscheid auf Bundesebene, wie in vielen Jahren schon seit Urzeiten in den Verfassungen anderer Länder verankert ist?

Sind denn die übergroße Angst vor einem Plebiszit und Demokratie vereinbar? Wessen Interessen werden denn tatsächlich von unserer Regierung vertreten, wenn man solche Angst vor dem Volksentscheid hat?

Gibt es den mündigen Bürger eigentlich, oder ist es nur ein bevormundeter Bürger ohne tatsächliches Mitspracherecht, wie im Grundgesetz zugesagt?

Neoliberalistische Zustände wie in der BRD schließen sowohl eine für die Mehrheit der Bürger positive demokratische wie auch soziale Entwicklung aus. Neoliberalismus und Demokratie stehen sich antagonistisch gegenüber. Alle anderen Behauptungen sind Scheinargumente und besitzen höchstens Alibifunktionen.

Die Nutzung der öffentlich-rechtlichen Sendeanstalten wird maßgeblich durch die Parteien, beeinflusst, die an der Macht sind. Damit erhält der Bürger ein verzerrtes Abbild der tatsächlichen Verhältnisse. Informationen werden nach Bedarf weggelassen, in andere Zusammenhängen gestellt vorsätzlich falsch interpretiert (Demagogie) oder bei Bedarf ständig widerholt, bis sie der Bürger verinnerlicht und sich daran gewöhnt hat (wir bekommen keine PKW-Maut)

Entwurzelung aus der Sippe (Großfamilie)

Die frühere Großfamilie (Sippe) hatte für die Mitglieder viele Vorteile. Die Sicherung der Lebensgrundlagen, aber auch die Verantwortung für die Mitglieder lag auf mehrere Schultern verteilt. Ein Ausbrechen aus der Familienstruktur, also Kriminalität, Missbrauch von Alkohol, Drogen usw. und auch Pubertät waren viel schwerer oder gar unmöglich.
Die Belastung, die auf dem einzelnen Mitglied lag, war insgesamt kleiner, da auf mehrere Schultern verteilt.
Aber eine Großfamilie war von außen auch viel schwerer zu manipulieren oder zu beeinflussen.
In der Kleinfamilie gefährdet bereits der Arbeitsverlust oder eine Krankheit möglicherweise die Existenzgrundlage aller.
Eine Meinung in der Kleinfamilie hat kaum Unterstützung durch weitere Partner und führt schnell zu Konflikten, da keine anderen Familienmitglieder als „Schiedsrichter" vorhanden sind. Ein Ausbrechen aus dieser kleinen Gemeinschaft ist sehr schnell möglich, da keine starke Gegenwehr aufgebaut werden kann.

Für Manipuleure aller Couleur ist die Kleinfamilie perfekt für ihre Spielchen.

Die ständige Mobilität von Arbeitnehmern, kleine Wohnungen, gesetzliche Regelungen fördern daher nicht die stabile Großfamilie, sondern die herausgerissene Kleinfamilie. Und damit diese möglichst schön unstabil bleibt zeigt man ihr bei RTL & Co. In den Nachmittagssendungen wie „Verklag mich doch", „Mein dunkles Geheimnis," Berlin Tag und Nacht" und wie sie alle heißen, wie man sich auch über lange Zeit gekonnt streitet und Partnerschaften damit auseinander reißt.

Dumme könnend dabei jede Menge lernen, aber nicht intelligenter werden.

Der Trick mit dem Geld

Die frühere Tauschgesellschaft, wo man Ware gegen Ware getauscht hat wurde für eine weitere Entwicklung der Gesellschaft zum Hindernis. Daher gab es in allen späteren Gesellschaftsordnungen nach der Urgesellschaft Tauschobjekte. Das konnte Gold sein, aber auch Muscheln Edelsteine u.a.
http://de.wikipedia.org/wiki/Muschelgeld

Vorgänger des Papiergeldes war der Schuldschein. Der Schuldner musste einen Gegenwert vorweisen (Grundstücke, Waren usw.)

Das Papiergeld löste erst recht spät die Münzen aus Edelmetallen und den Schuldschein ab, da einerseits größere Mengen Münzen schwer handhabbar waren und zweitens häufig Mangelware.
Besonders die Finanzierung der Kriege ließ sich nicht mehr mit Münzen realisieren und das Papiergeld wurde endgültig eingeführt.
(Quelle:
http://www.ekritik.de/html/wie_entstand_das_papiergeld_.html)

Ursprünglich sollte man für einen Geldschein die aufgedruckte Menge an Gold bei seiner Bank dafür erhalten können. Mit den Inflationen jedoch entfiel die Goldbindung und Geldscheine wurden immer wertloser.

Auch heute sprechen wir wieder von Inflation. Während unter
http://de.statista.com/statistik/daten/studie/1046/umfrage/inflationsrate-veraenderung-des-verbraucherpreisindexes-zum-vorjahr/
von einer jährlichen Inflationsrate von max. 2.6 % ausgegangen wird sieht das für den Normalbürger ganz anders aus. Es wird dabei von gemischt gefüllten Warenkörben ausgegangen und wie viel Geld man für diesen Warenkorb zu einer bestimmten Zeit ausgeben muss. Vergleichen wir mal.

Dem DDR-Bürger wurde sein Geld 1990 1. 2 getauscht. Er hatte danach noch 50 % Kaufwert. Mit der Euro- Einführung wurde das Geld nochmals um 50 % entwertet. Wir bezahlen heute z.B. für ein Brot genau so viel in Euro wie damals in D-Mark, also das Doppelte (Zur Erinnerung: 2 D-Mark = 1 Euro).

Seit 1990 sind aber weitere Belastungen auf die Bürger zugekommen: die Mehrwertsteuer wurde von 11 auf 19 % erhöht, der Soli-Zuschlag wurde eingeführt genauso wie die Öko-Steuer, die Versicherungssteuer und andere. Weitere Steuern wurden erheblich erhöht wie die Tabaksteuer oder die Branntweinsteuer, die aber auch den Alkoholgehalt in Bier, Wein usw. besteuert. Die Pflegeversicherung wurde als Zwangsabgabe eingeführt und viele Weitere. Usw.

Der Bürger hat durch 2 Umtauschaktionen ca. 75 % seines Geldes verloren und weitere durch Steuererhöhungen usw. Seit 1990 hat der ehemalige DDR-Bürger weit weniger als 20 % für das gleiche Geld wie damals in seinem Warenkorb.

Und die Zinsen auf den heutigen Konten liegen weiterhinunter der Inflation. Wer Geld auf einem Konto hat verliert also über die Zeit mehr als er dafür Zinsen erhält.

Banken machen das schon eleganter. Sie borgen sich angenommen vom Konto ihres Kunden 100.000 Euro. Dieser erhält dafür sagenhafte 2 % Zinsen.

Mit diesen 100.000 € kann jetzt die Bank zum jetzigen Diskontsatz von 0,73 % Geld zum Verhältnis 1:11 von der Zentralbank leihen. Damit besitzt die Bank 1.20 Millionen €, die sie jetzt an Krediten mit 5-6 % Zinsen ausgeben kann.

Der Kunde erhält nach einem Jahr 2000 € an Zinsen, die Bank bei 5 % (0,05 x 1.200.000 = 60.000 €, ohne dass sie dafür eigenes Geld ausgeben musste. Von den 60.000 € zahlt sie 2000 € an den Kunden sowie (0,75 % x 1.200.000 € = 9000 €) Zinsen an die Zentralbank und behält einen Gewinn von 49.000 €. Wäre das nichts für Sie? Ohne Geld riesige Summen ohne Arbeit erhalten und das auch noch ganz legal? Und dieses Beispiel rechnet mit „nur" 5 % Zinsen. Wie viele Kunden hat so eine Bank?

Und die Bank berechnet ja nicht nur Zinsen, sondern auch noch exorbitante Kreditkosten sowie Kontoführungsgebühren u.a.

Ich kenne Menschen, die haben einen 100.000 DM-Kredit aufgenommen und zwischen 250.000 und 300.000 DM innerhalb von 30 Jahren zurück zahlen müssen.

Übrigens: wenn eine Sparkasse ihren Kunden Dispo in Größenordnungen zu einem Zinssatz von 16 % einräumt – wollen Sie das mal durchrechnen?

„Was ist ein Einbruch in eine Bank gegen die Gründung einer Bank?" – Bertold Brecht

Wie hält man Menschen in Unwissenheit?

Wenn man Menschen manipulieren oder betrügen will ist die beste Voraussetzung dazu ihre Unwissenheit.

Im Kapitel Geheimhaltung wurde dazu bereits ein Teil gesagt.

Die einfachste Möglichkeit ist natürlich, gar nicht erst zu informieren.

Es geht aber auch mit Desinformation (falsche Informationen), Demagogie oder überspitzte Information zu Nebenschauplätzen, also Ablenkung vom tatsächlichen Geschehen (Überlastung des Bürgers mit Informationen)
Das macht ja unsere Bundesregierung gern bei unbeliebten Entscheidungen, dass diese zu Zeiten gefällt werden, wenn Fußballweltmeisterschaften, Olympiaden oder andere weltumspannende und spannende Veranstaltungen stattfinden und sich kein Mensch für politische Nachrichten interessiert.

Weiterhin ist es möglich, in unverständlichen Fachsprachen und dies in besonders langen Dokumenten darzulegen. Wer liest schon eine 3 seitige AGB Kleingedrucktes bis zum Ende durch?

Dazu kommt die Unübersichtlichkeit für Uneingeweihte. Wer kennt schon alle Gesetze, Verordnungen, Durchführungsbestimmungen, die zugehörigen Kommentare und Änderungen? Wer soll überschauen? Das können nicht mal Spezialisten, einfach weil es viel zu viel ist. Damit wird man aber häufig vom Wissen fern gehalten.

Das Schulsystem bringt bereits den Kindern bei, dass es schadet, selbst zu denken. Wer selbst denkt und damit zwangsläufig mit dem Schulsystem in Konflikt kommen muss wird bestraft. Also entweder gar nicht erst das Denken erlernen oder wenigstens Duckmäuser sein, um Schaden zu vermeiden. Kritik ist tödlich.
(Quelle: http://de.wikipedia.org/wiki/Der_Untertan).

Man muss auch jemanden nicht ernst nehmen. Bei den Amokläufern ist das in aller Regel passiert. Es gibt Amokläufer, die leben in einer geistigen Scheinwelt wie Anders Behring Breivik in Norwegen. Anders sieht es am Gutenburg-Gymnasium Erfurt (Robert Steinhäuser) oder der Albertville-Realschule in Winnenden (Tim Kretschmer) aus. Hier war lang angestauter Frust die Ursache, die sich dann explosionsartig Luft gemacht hat.

Wenn man die Schüler an diesen Schulen ernst genommen hätte wären beide Amokläufe Präventiv vereitelt worden und beide Attentäter hätten eine Chance auf ein normales und glückliches Leben gehabt. Aber Unachtsamkeit, Arroganz, Mobbing u.a. führten dann zu diesen Tragödien, nicht nur für die Opfer, sondern auch für die noch jungen Täter. Es kann jederzeit wieder etwas passieren, denn gelernt wurde wahrscheinlich daraus genau so wenig wie aus der Bankenkrise. (Quelle: googel)

Warum der Kunde Produkte nicht vergleichen und beurteilen kann

Stellen Sie sich als Werbefachmann vor, Sie haben vor sich 7 völlig identische Zahnpastasorten und sollen jetzt für jede erfolgreiche Werbung entwerfen. Das Ergebnis:

Die eine putzt besonders weiß, die andere besonders gründlich, die nächste hat einen unvergleichlichen Geschmack und wieder eine garantiert besondere Keimfreiheit zwischen den Zähnen und eine hat x % mehr von irgendwas, obwohl alle völlig identisch sind. Welche davon würden Sie kaufen und warum eigentlich?

Und dann wird Ihnen noch verraten, dass der Preis unvergleichbar günstig sei, weil sie sonst eigentlich viel mehr kostet. Für wen (sorry was) werden Sie sich entscheiden?

Wie wollen Sie denn da Produkte beurteilen oder vergleichen, wenn auch noch jeder auf die Packung Fantasieinhaltsstoffe schreiben darf wie er gerade will.

Und Zahnpasta ist ja noch ein vergleichsweise recht einfaches Produkt.

Wie schwächt man die Bürger eines Staates?

Wenn jemand stark und unabhängig ist und dazu noch intelligent ist es sehr schwer, ihn zu manipulieren. Also ist die Zielstellung, ihn möglichst dumm zu halten und zu schwächen, wo es nur geht und damit in Abhängigkeiten zu bringen.

Was macht Bürger stark?

Grundrechte für alle Bürger, die auch eingehalten und durchgesetzt werden

Demokratisch gewählte und arbeitende Regierungen.

Vertrauensvolle und öffentliche Entscheidungen

Besitz von Land und Privateigentum

Erziehung und Bildung zu selbständig denkenden und handelnden Menschen ohne Auslassen lebenswichtiger Inhalte

Unverfälschte und unparteiische Informationen (Investigativer Journalismus)

Verständliche und überschaubare Formulierungen in Gesetzen, Verordnungen, AGBs, Bedienungsanleitungen u.a.

So, jetzt wissen Sie als Manipulator, gegen was Sie als Erstes vorgehen und den Bürger schwächen müssen, damit Sie wirksam werden können.

Wie ändert man das Normalitätsempfinden?

Unnormal ist die Abweichung von der Mitte. Da jeder Mensch von dieser Mitte abweicht ist er mehr oder weniger normal. Die Stärke der Abweichung kennzeichnet ihn z.B. als angepasst, als Außenseiter oder als psychisch krank.

Definition: Für die Beurteilung eines Merkmals oder bei der Bewertung eines Verhaltens treten oft Schwierigkeiten auf, was als normal (normgerecht) oder als anormal (abweichend) bezeichnet wird. Im allgemeinen wird Normalität mit Häufigkeit gleichgesetzt: Normal ist, was häufig vorkommt bzw. im Durchschnitt zu erwarten ist.
Weiterhin unterscheidet man wie folgt:

1. statistische N. (s. Statistik): Normal ist das, was in einer Gruppe oder Gemeinschaft am häufigsten vorkommt. Beispiel: In Deutschland ist die häufigste Familienform die Familie mit zwei Kindern. Im Vergleich mit dieser normalen Familie sind Familien mit fünf Kindern eher selten und nicht normal;

2. Idealnorm (s. Ideal) (auch soziale N.): Normal ist das, was eine Gruppe, Gemeinschaft, Kultur als wünschenswerten Zustand bestimmt (s. soziale Erwünschtheit). Beispiel: Viele Kinder zu haben gilt in Amerika zunehmend als wünschenswert. Dagegen besteht in China die gesetzliche Verpflichtung zu einer geringen Kinderzahl;

3. funktionale N. (auch subjektive N. (s. Subjektivität)): Normal ist, was dem Einzelwesen hinsichtlich seiner Bedürfnisse und Leistungen angemessen ist. Beispiel: Lesbische Beziehungen sind nach den Kriterien der statistischen N. oder der Idealnorm eher unnormal. Aus Sicht der betroffenen Frauen können diese Liebesbeziehungen aber durchaus als befriedigend erlebt werden und damit funktional sein.
(Quelle: www.sign-lang.uni-hamburg.de/projekte/plex/plex/lemmata/n-lemma/norm.htm)

Was in der Natur normal ist wird von uns künstlich verändert und zur neuen Normalität deklariert. Siehe dazu auch den Abschnitt: Natürliche Entwicklung der Sexualität unerwünscht.
Kennen die Eskimos oder die Urindianer Mode?

Vieles, was uns heute als normal vermittelt wird hat in Wirklichkeit nichts mit Normalität zu tun, sondern ist ein Kunstprodukt, um uns z.B. regelmäßig, kräftig und meist unnötig zur Kasse zu bitten (Mode).

Besonders der Drill an den Schulen soll als normal vermittelt werden.

Und normal ist auch, wenn alle das Gleiche behaupten. Dann muss es die absolute Wahrheit sein, denn so viele können sich ja nicht irren (Leute, esst Sch...-Kot- , denn 100 Milliarden Fliegen in Deutschland können sich nicht irren!).

Die drei Stufen der Anpassung

1. Stufe: Nichthandeln wegen Verboten, z.B. Nacktbaden

2. Stufe: Nichthandeln wegen gesellschaftlicher Kontrolle. Wenn man dafür ausgelacht oder verhöhnt wird unterlässt man das.

3 Stufe: Handeln aus eigener Überzeugung oder eigenen Motiven.

An Verbote gewöhnt man sich, wenn es alle tun. Wer sich nicht daran hält wird von der Gesellschaft ausgeschlossen. In der Regel will der Ausgeschlossen wieder zurück in die Gesellschaft und wird sich künftig an die Verbote halten.
Aus der 1. Stufe folgt die 2. Und daraus die 3. Stufe.

 Für den Manipulator ist es aber am elegantesten und schnellstens, mit Stufe 3 zu beginnen.

Umgekehrt gilt es ebenfalls. Wenn aus dem geänderten normalen Empfinden der Masse der Menschen eine neue Normalität wird kann daraus auch die 2. und 1. Stufe neu entstehen – Beispiel Energiewende.

Auch dieser Weg ist elegant. Es werden die Sachverhalte in gesellschaftliche Kontrolle oder Gesetze gebracht, von denen der Bürger selbst überzeugt ist – Beispiel: lange Diskussion um PKW-Maut oder die Diskussionen um den Umweltschutz, die letztlich zur Öko-Steuer führten. Auch wenn die Öko-Steuer tatsächlich keine Verringerung des Verkehrs erreicht hat. Ganz im Gegenteil ist der Verkehr auch mit dieser Steuer weiter angewachsen. Das war vorher bekannt. Ziel war es, mehr Geld in die Kassen zu bekommen und das bekommt man nur durch den zahlungsfähigen Bürger. Mit der Öko-Steuer wurden ja nicht die Verhältnisse und Notwendigkeiten verändert. Der arbeitende Bürger muss nach wie vor zur Arbeit fahren und mobil sein. Einkaufszentren stehen nach wie vor außerhalb der Ortschaften und sind nur mobil zu erreichen, während die Innenstädte langsam veröden. Es sind also Scheingefechte um den Bürger zu beruhigen und trotzdem sein Ziel ohne Gegenwehr zu erreichen. Wer von uns ist denn schon gegen die Öko-Steuer?

Grundrechte und Gesetze, die es nicht gibt

Wir wären sicher empört, wenn uns Lebensgrundlagen wie Luft, Regenwasser oder Sonne entzogen würden. Das sind (noch?) Grundrechte jedes Bürgers. Es wäre unverständlich, wenn wir dafür etwas an eine Firma oder Behörde zahlen müssten, wobei es da auch bereits Einschränkungen gibt (Bezahlen von Abwasser/ Regen auf unserer Dachfläche, Kauf von Leitungswasser usw.).

Auch Land war ursprünglich ein Grundrecht, das aber in der Geschichte von den jeweils Mächtigen weggenommen wurde.

Wer erlaubt denn eigentlich, dass auch heute noch aus dem Eigentum eines Volkes, dem das Land gehört, sich einige wenige das Recht nehmen, Land als ihren Besitz zu deklarieren und alle anderen davon auszusperren? Land, das vielleicht vor tausend Jahren durch einen kriegerischen Akt erobert wurde, den wir möglicherweise heute verurteilen würden.

Das Gleiche passiert mit den Reichtümern, die dieses Land besitzt. Wer hat denn das Recht, Land und Bodenschätze, die eigentlich dem ganzen Volk gehören, zu verkaufen? Verständlich wäre ja noch, wenn alles im Besitz des jeweiligen Volkes bliebe und über einen bestimmten Zeitraum vermietet oder verpachtet würde. Und der Mieter oder Pächter ähnlich wie bei Wohnungen das Miet- bzw. Pachtgut nach Ablauf der Vertragsfrist in einem vorher vereinbarten Zustand wieder zurück geben muss. Viele Umweltdiskussionen wären dann gar nicht nötig.

Und wer hat die Werte, die Millionen Menschen jahrzehntelang geschaffen haben, für
„für 'n Appel und 'n Ei" verschenkt? Die Treuhand. Und wer hat es zugelassen, wer hat geschwiegen und nichts dagegen getan? Es muss hinterher keine jammern, der alles erduldet und nichts getan hat. Er hat genauso Schuld wie die Macher und die Bereicherer.

Wir übergeben unseren gewählten Abgeordneten diese Rechte und wie gehen diese damit um? Verantwortungsvoll? Wieder die Grundfrage: Wem nutzt es und welche Motive sind demnach damit verbunden?

Aber wir lassen es zu! Wir sind mit diesen Verhältnissen einverstanden! Wir sind verantwortlich dafür, wie mit unseren Rechten und unserem Eigentum umgegangen wird! Es ist also so ähnlich, als wenn bei Ihnen zu Hause Andere Ihre Wohnung demolieren und Sie lassen sich das gefallen. Das ist Ihre Entscheidung!

Man hört dann häufig „Ich kann doch dagegen nichts tun!" Wer nichts tut hat von vornherein verloren und ist der Loser. Wer bitte schön soll denn die eigenen Rechte durchsetzen und verteidigen? Wieder alle Anderen? Und welche Motive haben die dann?

Wenn ich allein zu schwach bin gibt es für mich einen Spruch „Ein Streichholz bricht, dreißig aber nicht."

Und man kann schon allein etwas bewirken. Sie brauchen doch nur die Menschen zu wählen, die Ihre Interessen vertreten und Ihnen nicht auch noch großen Schaden zufügen (Beispiel Sozialabbau).
Oder können Netzwerke nutzen, die von Millionen Menschen genutzt werden wie avaaz oder campact. Oder sich einer Bürgerbewegung anschließen, ob die nun grün ist wie B.U.N.D. oder sozial wie das „Bündnis sozial trans-fair" oder Sie demokratische Änderungen möchten wie bei „Mehr Demokratie" oder attac, Sie müssen nicht mal was neues erfinden. Verändern Sie nach Ihren Interessen, nicht den der Anderen!
(Quelle: www.initiativ-network.24.eu -> Links zu Informationsseiten oder www.initiativ-network.de)

Reiche und mächtige Leute vereinigen sich, um ihre Kraft zu bündeln und ihre Ziele durchzusetzen wie z.B. in der Lobbyistenvereinigung ERT, im Arbeitgeberverband und vielen anderen.

Aber die Masse der Menschen, die nicht zu den Reichen und Mächtigen gehört lernt daraus nichts. Karl Marx hat ja mal formuliert „Proletarier aller Länder vereinigt euch", wobei er nicht nur die Arbeiterklasse, sondern alle unterdrückten und ausgebeuteten Schichten gemeint hat.

Aber dumme und bildungsferne Menschen wissen das natürlich nicht! Und sie wollen auch, dass sich daran ja nichts ändert! Ihnen gefällt, dass sie arm sind und ausgebeutet werden.

Da fällt auch mir als Psychologe und Philosoph nichts mehr ein, außer ein Witz: „Tamara klagt vor ihrer Freundin Nina: Mein Alexander liebt nicht mehr. – Woran merkst du das denn? – Er hat mich schon seit 14 Tagen nicht mehr verprügelt".

Und die Moral von der Geschicht? Menschen, die sich nicht zur Wehr setzen und für ihre Rechte und ihre Interessen einsetzen scheinen krankhaft masochistisch veranlagt zu sein. Hmmm!

Beispiele für ein verzerrtes Normalitätsempfinden

Warum ist das natürliche Nacktsein eigentlich verboten und kann sogar mit hohen Strafen belegt werden?

Ist es normal, in eine Schule zu gehen, in der man für das Leben fast nichts lernt und entgegen seiner Natur diszipliniert (konditioniert) und seiner Freiheit und seiner natürlichen Persönlichkeitsentwicklung beraubt wird?

Ist es normal, wenn sich Millionen mit Nikotin, Alkohol, Tablettenmissbrauch u.a. um ihre Gesundheit bringen und alle dafür aufkommen müssen?

Ist es normal, dass einige Wenige große Teile unseres Landes besitzen, die Bodenschätze ausbeuten, ohne dass die Mehrheit davon etwas hat und sie durch Ausbeutung anderer Menschen ein Leben in Reichtum führen, während die Armut um sie herum immer größer wird?

Das sind nur wenige Fragen. Wir haben uns so daran gewöhnt, haben es akzeptiert und uns so lange untergeordnet, dass diese verzerrte Realität unsere Normalität geworden ist.

Wie schafft man den gläsernen Bürger / Wähler / Kunden?

Wenn man jemand manipulieren und über ihn herrschen will muss man möglichst viel von ihm wissen, auch seine Stärken und seine Schwächen.

Um eine richtige Wertung von Daten vornehmen zu können werden folgende Daten miteinander verglichen:

- die Daten von allen Menschen, die zu einem Volk usw. gehören

- die Daten von ausgewählten Zielgruppen

- die persönlichen Daten der Zielperson (das Opfer)

Diese kann man auf verschiedenen Wegen erhalten:

- nötige und unnötige Angaben auf einem Formular

- Preisausschreiben, Sonderangebote wenn .. dann

- Registrierungen für Produkte, Anmeldungen für E-Mail, u.a.m.

- Datenerhebungen bei Vertragsabschlüssen: Kredite, Versicherungen,…

- Umfragen

- neuerdings Datensammlungen von Google, Facebook & Co.

- Geheimdienste, Polizei, Justiz & Co.

Anhand dieser Daten lassen sich über Gruppen von Menschen und einzelne Bürger bereits umfangreiche Vorhersagen für sein Denken und Handeln anfertigen und wie bei Google und Facebook Milliarden verdienen. (Quelle: www.taz.de/!133539/)

Wie zerstört man autarke Strukturen?

Autark, also unabhängig sich selbst versorgende Gemeinschaften sind ein sehr schmerhafte Stachel im Fleisch dieser Gesellschaft.

Stellen Sie sich doch nur mal vor: da gab es Gemeinden, die wollten ihren Strom aus erneuerbaren Energien selbst zu 100 % erzeugen und ihren Bewohnern preisgünstig anbieten Das geht doch nicht! Von was sollen denn da Aktionäre von RWE, EnBW oder E.ON leben? Die Spekulanten und Mafiosi, die mit ihren Aktien ihr Geld waschen wollen. Sollen die denn verhungern. Was denken sich solche Bürgermeister nur dabei? Oder wenn eine Maler die Wohnung vom Fleischer renoviert und erhält dafür kein Geld, sondern ein Spanferkel für seine nächste Party. Wie soll denn der Staat von dem Schwein seine Mehrwertsteuer, Lohnsteuer, Solizuschlag, Renten- und Krankenversicherung, Öko-Steuer und und und abziehen. Kann man da 2 kg abschneiden?

Natürlich muss man solche Verhältnisse bereits im Keim ersticken, bevor das noch einreißt. Natürlich muss man den Maler und den Fleischermeister wegen Steuerhinterziehung ins Gefängnis bringen, bevor das Schule macht! Das ist schließlich kein Banker oder Konzernboß, die diese Privilegien sich ja erarbeitet und damit auch verdient haben!

Wenn das jetzt jeder macht bekommen wir sonst noch sozialistische Entwicklungen wie in Venezuela, wo sich die Kooperationen wie Unkraut ausgebreitet haben und den Konzernen das Leben schwer machen. Wer kann den in so einer Kommune noch was verkaufen, wenn die schon selber alles haben, he? Und am meisten haben die Venezolaner auch noch was gegen die USA, die doch unsere Freunde (oder gar Brüder - das kenne ich doch schon von früher) sind? Das kann und das darf doch nicht sein!

Und wozu braucht denn so eine Kooperative eigentlich noch einen Staat, wenn alles untereinander geregelt wird?

(Quelle: vts_01_1_0.VOB unter: https://drive.google.com/folderview?id=0BwuvRwwMB1cw MUlCSFo5T3BGSU0&usp=sharing)

Wie kann man das nun verhindern?

Man erhebt Steuern.

Man kann auch das Land unter fadenscheinigen Vorwänden beschlagnahmen, die weitere Produktion oder den Handel verbieten oder stark einschränken, Ermittlungsverfahren zu erfundenen Sachverhalten (eine Staatsanwaltschaft muss ihr Vorgehen nicht begründen), Unmengen an Kontrollen ansetzen und dafür Gebühren verlangen bis zur Insolvenz usw.

Auch über Kredite kann man die Abhängigkeit wieder gewinnen.

In Deutschland gibt es ähnliche Bewegungen. Die Größte davon ist Transition-Town.
(Quelle: www.transition-initiativen.de)

Ein Leben im geistigen Dämmerzustand

Um etwas wahrzunehmen muss man es erst mal erkennen und dann in Bezug zu anderen Wahrnehmungen setzen oder mit den bisherigen Erfahrungen zu vergleichen. Wenn etwas nicht wahrgenommen wird entgeht es der Aufmerksamkeit. Können Sie, wenn Sie durch eine Menschenmenge gehen, sich eine Woche später noch an alle Menschen erinnern, an denen Sie vorbei gelaufen sind? Kaum, da viele Menschen zwar da waren, aber entweder nicht in Ihrem Sichtfeld oder nicht Ihre Aufmerksamkeit bekamen. Diese sind in der Masse für Ihre Kenntnis unter gegegangen.

Kriterien für "volles Bewusstsein"

Die Persönlichkeit entwickelt sich aus drei Teilen
- der Vererbung von Persönlichkeitsmerkmalen

- den äußeren Einflüssen, also aus Kontakten der Menschen um uns, z.B. Vorbilder

- der Selbsterziehung (starke Menschen mehr als andere)

Interessant für Manipulationen sind die äußeren Einflüsse, die bei schwachen Menschen stärker wirken als bei starken Persönlichkeiten.

So ist es für schwache Menschen viel weniger erkennbar, ob sie eigene Ziele verfolgen oder von Anderen (z.B. Eltern, Freunde) dazu „angestiftet" wurden und diese Ziele Anderer als ihre eigenen verinnerlicht haben (Rauchen, Drogenmissbrauch, rechte Szene).

Kriterien, ob wie Herr unserer Gedanken und Handlungen sind kann man prüfen:

- Werden die eigenen **Gefühle beherrscht**, oder gibt es Trigger (Schalter), die von anderen ausgelöst zu bestimmten Gefühlen führen? Sind uns unsere Gefühle bewusst und kennen wir die Quellen dafür? Können wir Gefühle bei Notwendigkeit unterdrücken oder lähmen sie uns angesteuert?

- Sind es die eigenen **Gedanken**, die dann zu Entscheidungen und Handlungen führen oder ist man von Anderen **abhängig**?

- Hat man die **Ziele für** sein **Leben** selbst festgelegt und verfolgt sie eisern und hat ein eigenes persönliches Wertesystem geschaffen oder sind das die Ziele und Werte Anderer?

- **Lernen** wir durch **Verstehen** oder häufen wir nur willkürlich Wissen an? Oder wurden wir konditioniert, um auf Knopfdruck zu funktionieren (Armee)? Konditionierung bricht den freien Willen und die eigene Kreativität. Unbrauchbares Wissen kann auch in Situationen lähmen, in denen man der Auffassung ist, man wüsste alles, aber man kann mit diesem Wissen keine sinnvolle Lösung finden. Für die Lebensbewältigung ist das nur Scheinwissen, das uns in Sicherheit wiegen soll, wir wüssten alles. Aber es hilft uns nicht weiter.

- Was nehmen wir wahr? Auf was richtet sich Ihre Aufmerksamkeit? Wird Ihre Aufmerksamkeit gefiltert (Sie sehen die hübsche Person, aber die Oma nicht)? Gibt es Personen, die für diese Filterung verantwortlich sind (Vorbilder, Idole, Anführer)?

Überforderung und Reizverarmung

Es kann sein dass nichts da ist, auf das man sich konzentrieren kann. Z.B. Nichtinformation. Dann kann man sich auch nicht damit auseinander setzen.

Reizüberflutung kam im obigen Beispiel vor, wo in einer belebten Einkaufsstraße so viel passiert, dass sie gar nicht in der Lage sind, alles aufzunehmen. Wenn Sie jetzt noch einen interessanten Straßenmusiker bewundern werden Sie von der restlichen Umwelt noch viel weniger mitbekommen.

Drogen

Drogen, Alkohol, aber auch Medikamente, Kaffee u.a. können unsere Wahrnehmung direkt positiv oder negativ beeinflussen.

Sucht und Begierde

Der Auslöser für eine Sucht oder Begierde kann vielfältig sein. Neben den bekannten Auslösern Drogen und Alkohol kann es auch zur Kaufsucht, Karrieresucht oder der Sucht nach Liebe, Sex oder Glück führen.

Diese Sucht führt zu einer Suche nach Befriedigung und schließt daher die Wahrnehmung für viele andere Dinge aus. Sie kann daher die Verfolgung weiterer Ziele, die wir uns gesetzt haben, bremsen oder sogar verhindern.

Die Suche nach dem Glück ist so eine Flucht in eine Scheinwelt. Das Glück wird in der Zukunft gesucht anstatt das heute und hier zu erleben und die vielen Glücksmomente zu erkennen und zu genießen. Glück zu empfinden ist sowieso immer nur ein kurzer Moment, da unser Kopf meist nicht in der Lage ist, Glückshormone wie z.B. Endorphine, Dopamin usw. über längere Zeit auszuschütten und schnell wieder neu zu produzieren. Beim ersten Erleben sind die Speicher solcher Botenstoffe noch gefüllt. Aber mit jedem Erlebnis wird auch die Menge an Botenstoffen, die für das intensive Erlebnis benötigt wird größer, so dass mit der Zeit das Glücksempfinden wieder nachlässt (Schmetterlinge im Bauch werden mit jedem mal kleiner und die rosa Brille wieder durchsichtiger).

Die Jagd nach dem Glück verfolgt die meisten Menschen bis an ihr Lebensende. Immer wieder wird sich gewünscht, dass der jetzige Zustand sobald wie möglich vorüber gehen möge. Zuerst will man in die Schule, dann ist es der Abschluss der Schule, dann der Ausbildung, dann die Gründung einer Familie und danach wünscht man sich, dass doch die Kinder endlich groß werden und auf eigenen Beinen stehen. Und dann dauert es nicht mehr lange bis endlich zur Rente und dann kommt der Moment, da steht man dem Herr im Himmel gegenüber und hat bis dahin die vielen glücklichen Momente auf der Jagd nach dem Glück völlig übersehen. Pech.

Auch die Erwartung, dass Glück mit Dingen verbunden sei ist ein Irrtum. Viele warten auf das große Los, um endlich reich und glücklich zu werden. Und wenn es dann jemanden tatsächlich trifft kommt nach kurzer Zeit der große jammer. Rapper Sido besingt „seitdem ich Geld habe weiß ich nicht mehr, wer meine Freunde sind".

Freunde, Familie, ganz neue Freunde und Spekulanten riechen das Aas und wollen alle daran teilhaben. Da hat sich schon manch einer den Zustand zurück gewünscht wie in „Der Fischer und seine Frau".

Man kann also immer etwas hinterher jagen, das man nie erreicht und viele, die daran verdienen wollen oder andere Vorteile daraus ziehen können helfen Ihnen ganz fleißig bei der Jagd (Lotto, wetten, Aktienhandel), aber keiner will tatsächlich, dass Sie ans Ziel kommen,. Da wären Sie ja für das weitere Spiel verloren. Steigen Sie aus dem Wahnsinn aus, so lange Sie es noch können und genießen die vielen kleinen alltäglichen Glücksmomente. Ich für meinen Teil habe z.B. eine Ehrengroßelternpatenschaft übernommen und habe da sehr viel Freude daraus geschöpft. Quelle: stadt.weimar.de/uploads/media/2006_24_rathauskurier.pdf Seite 3203).

Die Sucht nach Schönheit bei Frauen (Schönheits-OPs, aufgespritzte Lippen, Botox) und Männern (Muskelaufbau, flacher Bauch) wird nicht mit echtem Glück belohnt.

Schlimmer noch ist die Sucht nach der neuesten Mode. Diese kann uns vielleicht befriedigen, aber durch die ständigen Änderungen müssen wir ihr immer hinterher jagen. Glücklich sind höchstens diejenigen, die daran gutes Geld verdienen.

Die Sucht nach Schönheit und Mode will meistens negative Gefühlseinstellungen befriedigen: den Neid anderer hervorrufen, die Eifersucht auf sich ziehen, Arroganz, falsches Überlegenheitsgefühl und dergleichen. Glück? Fehlanzeige! Verbogene Persönlichkeit!

Glück kann dann schon eher bei erreichten Erfolgen genossen werden, aber meist auch nur für kurze Zeit. Der Gewinner von heute kann morgen schon gejagt und zum Verlierer werden.

Die Werbung erzeugt dann weiter Süchte und Befriedigungen: nach der weißesten Wäsche, dem größten Auto oder dem schönsten Spielzeug für das Kind. Die Werbestrategien heißen AIDA bis AIDCAS-Modell oder DAGMAR-Formel.
(Quelle: http://de.wikipedia.org/wiki/AIDA-Modell).

VAKOG – Erleben mit allen Sinneskanälen

VAKOG wurde bereits weiter oben ausführlicher erläutert. Das sind die Sinneskanäle für Visuell – sehen, auditiv – für hören, kinästhetisch für Berührung, olfaktorische für das Riechen und gustatorisch für das Schmecken.

Das Erleben wird um so intensiver, je mehr Sinneskanäle am Erlebnis teilnehmen. Auch das Gedächtnis wird dadurch wesentlich besser angesprochen.

Durch die verkaufsfördernde Beleuchtung je nach Ziel des Verkaufes, angenehmer Hintergrundmusik, angenehmer und appetitanregender Gerüche im Supermarkt oder von frischem Leder im neuen PKW wird er potenzielle Kunde auf den Kauf eingestimmt. Viele kaufen dann möglicherweise mehr, als auf ihrem Einkaufszettel steht.

Indirekte, gefilterte Erfahrung und Wahrnehmung

Sowohl in Nachrichten als auch in der Werbung werden die Informationen gefiltert und erst dann an Sie weiter gegeben. Die Informationssender entscheiden vorher, welche Information in welcher Form Sie erhalten und welche nicht. Folgende Kommentare runden dann die gewünschte Zielstellung ab. Da Sie keine andere Information erhalten müssen Sie das Glauben, was Ihnen vorgesetzt wird.

Wie schafft man Konflikte?

Wenn die Menschen zusammen halten, z.B. in einem Land, einer Firma oder einer Bürgerbewegung sind sie stark und können sich effektiv wehren gegen Angriffe.

Daher gibt es für die Mächtigen die Faustformel „Teile und herrsche".

Wenn man die Zielgruppen aufeinander hetzt reiben die sich von ganz allein auf und man hat keine Gegner mehr.

Das funktioniert auf vielfältigste Art und Weise:

- Übergabe unterschiedlicher rechte führt u.a. zu Rassismus und Knechtschaft
(Quelle: http://de.wikipedia.org/wiki/Die_Welle_(2008)).

- Zeitweilige Privilegien und Bevorzugungen. Um Konflikte am Leben zu erhalten, müssen diese Privilegien zwischen den Gruppen von Menschen abwechseln, so dass immer wieder neuer Zündstoff entsteht.

- Ängste vor Arbeitsplatzverlust, vor Terrorismus usw. lassen kaum Spielraum für progressive Entwicklungen. Die Menschen werden in ihrer Angst zu Duckmäusern oder gar zu Helfern des Systems
(Quelle: Heinrich Mann; Der Untertan; Roman)

- Schaffung von Gruppen, wie z.B. rechte Gruppierungen, Sekten u.a. und Schaffung von neuen Begriffen zur Unterscheidung wie auch durch Schaffung von Vorurteilen gegen andere, Hervorheben unterschiedlicher Bräuche und Sitten, erfinden von Reizthemen. Aktuell ist das besondere Hervorheben der Unterschiede zwischen Moslems und Christen, weiter zwischen den Juden in Israel und den Arabern in Palästina, zwischen den Hutu und den Tutsi in Ruanda usw. Die könnten alle so schön in Frieden und Glück leben, wenn da nicht völlig andere Interessen dagegen stünden.

Durch Unterwanderung lassen sich solche Gruppen gezielt steuern – Beispiel Nationalsozialistischer Untergrund (Abk. NSU), bei der die Steuerung durch V-Leute des Verfassungsschutzes geschah.

Wie löst man Menschen aus ihrer moralischen Verankerung?

Viele moralische Werte stellen für Manipulierer aller Couleur ernsthafte Hindernisse dar. Wie ließen sich Massentierhaltung, Umweltverschmutzung, Ausbeutung, Krieg u.a. mit moralischen Werten erklären?

Es ist daher für den Manipulierer wichtig, die Zielgruppe oder -personen aus dieser stabilen moralischen Verankerung zu lösen.

Das gelingt dann, wenn man echte Moral durch eine Scheinmoral ersetzt.

So ist das Töten von Zivilisten in Afghanistan durch deutsche Soldaten legitimiert, da diese ja den Artikel 87a unseres Grundgesetzes erfüllen und die deutsch-afghanische Grenze im Innenland von Afghanistan schützen müssen, da ansonsten „eine drohende Gefahr für den Bestand oder die freiheitliche demokratische Grundordnung des Bundes oder eines Landes" der Bundesrepublik droht. Hmmm.

Moral wird ersetzt durch Pflichterfüllung, durch das Streben nach Wachstum und Reichtum, das Plattmachen von ostdeutschen Betrieben, um daraus „blühende Landschaften" zu machen. So könnte man zur Scheinmoral dieser Gesellschaft weiter Bücher schreiben. Dumm ist nur, das große Massen von Menschen in unserem Land auf diese Scheinmoral hereinfällt und dafür die eigene Moral opfert. Die Bürger der ehemaligen DDR konnten gar nicht schnell genug zum Westgeld kommen und haben dafür ganz schnell Revolution Revolution sein lassen.

Im Hollywood-Streifen „Im Auftrag des Teufels" klärt der Teufel auf, dass er nur auf der Basis der Freiwilligkeit agieren kann und er findet massenweise Opfer. – Sehenswert!

Wie bricht man den Willen der Menschen?

Harmlose Rituale

Der Boss setzt sich erhöht und so, dass er seinem Gegenüber beste Lichtverhältnisse hat, während sein Gegenüber möglicherweise ins Sonnenlischt schauen muss.

Rituale sind Wartezeiten beim Arzt, bei Behörden, beim Arbeitsamt usw. Häufig sind die Wartezeiten nicht nötig, sondern sollen den Besucher vorher bereits mürbe machen.

Rituale gibt es beim Gericht, um die besondere Stellung des Richters hervor zu heben oder Wartezeiten beim Vorzimmerdrachen des Chefs.

Wer sich in diesen Ritualen fügen muss ist der Bittsteller oder der Unterlegene

Körperhaltungen gegen die Selbstsicherheit

Wenn der Boss erhöht sitzt muss ich zu ihm aufschauen. Wenn man einer Kritik ausgesetzt wird erwartet, dass man eine reumütige Haltung einnimmt.

„Eine Studie des US-amerikanische Psychologieprofessors Albert Mehrabian kam zu dem Ergebnis, dass Worte nur zu 7 % für den Gesamteindruck verantwortlich seien, den ein Mensch auf seinen Gesprächspartner mache. Zu 38 % zähle der Tonfall der Stimme und zu 55 % die Körpersprache", also über di Hälfte des Gesamteindruckes.
(Quelle: http://de.wikipedia.org/wiki/Körpersprache)

Corporate Identity

Um Meinungen und Stimmungen gegen das Unternehmen bereits im Vorfeld gar nicht erst zuzulassen müssen sich die Angestellten dem großen Ziel unterordnen. Neben Geheimhaltungsvereinbarungen sind das häufig das äußere Erscheinungsbild, das Mitarbeiter xyz nicht als Individuum, sondern als Vertreter der Firma nach außen hin auftreten lässt.

Schulungen zum Verhalten beim Kunden bis hin zum Training von fertig ausgearbeiteten Texten lassen keinen Spielraum für Individualität.

Teilweise wird sogar überprüft, ob sich der Angestellte Wort für Wort an den vorgegebenen Text hält. Bei Abweichungen kann es von der Rüge über den Leistungsabzug bis zur Kündigung gehen. Ich habe alles bereits erlebt.
(Quelle: http://de.wikipedia.org/wiki/Corporate_Identity)

Wie horcht man jemanden aus, ohne dass er es bemerkt?

Ihre Manipulierer haben das Wissen dazu. Kommen Sie mit jemand, von dem Sie etwas wissen wollen, zwanglos ins Gespräch. Erzählen Sie ihm etwas über ihre Mutter und er wird Ihnen etwas über seine Mutter erzählen. Erzählen sie ihm etwas über Ihre erotischen Abenteuer und er wird über sich erzählen, ohne dass er bemerkt, wie sie ihn ganz gezielt aushorchen.

Diese Methoden hat zu DDR-Zeiten die Stasi ihren IM beigebracht, wobei die dann das wortwörtlich übernommen hatten und wie die Bauerntrampel vorgegangen sind. Man konnte sie schon auf 20 Meter Entfernung erkennen, auch und gerade im eigenen Kollegenkreis. Da aber meist sowieso Jeder über Jeden alles wusste gab es zu dieser Zeit sowieso keine Geheimnisse untereinander und die IM waren nur die Post offener Meinungen zur Stasi. Geheimnisse in dem Sinne gab es damals nicht.

Gegenmaßnahmen

Bei der Fülle an Möglichkeiten, die hier bis jetzt aufgeführt wurden und die noch nicht einmal vollständig ist scheint es unmöglich, sich dagegen wehren zu wollen.

Trotzdem gibt es eine ganze Reihe Möglichkeiten.

Man muss sich mit den Methoden und Prinzipien befassen und sie verstehen lernen. Wenn ich etwas nicht weiß oder erkenne kann ich auch nichts dagegen unternehmen. Das ist das eigentliche Ziel dieses Buches.

Mit dem jetzt vorhandenen Wissen kann ich in den Alltag gehen und mich üben.

Lesen lernt man auch nicht an 2 Tagen und so dauert es wahrscheinlich etwas länger, bis man wirklich Vieles bei Manipulationen durchschaut. Es ist fast wie bei einer Ausbildung, die ja auch länger dauert, bis man zum Fachmann/ Fachfrau herangereift ist. Aber wenn man erst einmal begonnen hat kann es viel Spaß machen, jeden Tag neues zu entdecken.

Wichtig dabei sind die Fragen: Wem nutzt es? Welches Motiv steckt dahinter? Warum machen die so etwas?

Das Hinterfragen, was auf den ersten Blick ganz selbstverständlich aussieht kann auch zu ungewöhnlichen Einsichten führen.

Aber auch sich selbst hinterfragen, ob man bereits manipuliert wird oder wurde. Manches ist ok wie der Appetit auf ein bestimmtes Bier bei der Fernsehübertragung der Formel 1, anderes nicht. Und macht es Sinn, was ich tue? Muss ich wirklich viel Geld ausgeben für das allerneuste iPhon, obwohl ich die ganzen Funktionen gar nicht brauche oder welches Motiv meinerseits steckt denn wirklich hinter meiner Entscheidung? Betrüge und belüge ich mich vielleicht selbst?

Oder warum kann ich nicht mit dem Rauchen aufhören, obwohl es viel Geld kostet, das ich für etwas viel Bessres ausgeben könnte und ich auch weiß, dass meine Gesundheit dadurch stark geschädigt wird. Wer steckt da in meinem Kopf, der eine sinnvolle Entscheidung zu meinen Gunsten verhindert?

Die Manipulierer und geheimen Verführer kommen nicht ständig von außen. Manchmal tragen wir den Feind auch schon seit vielen Jahren in uns. Manche nennen ihn den inneren Schweinehund. Lassen Sie sich von ihm versklaven oder sind Sie auch da Herr Ihrer Sinne und Gedanken?

Nützlich ist es auch, wenn man mal einen Rollentausch macht. Schlüpfen Sie doch mal in die Rolle des Manipulierers oder des heimlichen Verführers! Wie fühlen Sie sich und wie würden Sie es anstellen, damit Sie sich selbst in die Falle laufen?

Und wenn Sie das alles dann können dürfen Sie sich psychologischer Berater ehrenhalber nennen, abgekürzt psych.Ber.ehr.

Ist es richtig oder ist das Gegenteil richtig?

Die Frage mag anfangs verwirren, aber je nach Standpunkt ist die Wahrheit abhängig von der Betrachtungsweise

Wenn man manche Fragen in ihr Gegenteil verkehrt kommen auch ungewöhnliche Zusammenhänge ans Licht. Wenn Sie die Frage stellen, ob Korruption gut sei werden Sie das hoffentlich verneinen. Eine ganz andere Antwort würden Ihnen die Leute geben, die von Korruptionen profitieren. Für sie es das Natürlichste auf der Welt und einer der einfachsten Wege, wie man ohne großen Aufwand schnell an sein Ziel kommt, also hoch effektiv – wem nutzt es? Oder sind höhere Löhne gut? Für den Unternehmer nicht, aber die Binnenwirtschaft wird damit angekurbelt, da die Lohnempfänger mehr Geld ausgeben können. Mehr Arbeitsplätze? Für das Unternehmen nicht gut, aber für das Land gut, da einmal hohe Sozialausgaben über das Arbeitslosengeld wegfallen, andererseits mehr Steuern in die Staatskassen fließen. Mehr Wachstum? Für die Unternehmen gut, für die Umwelt in viele Fällen extrem schlecht. Wofür würden Sie sich da entscheiden? Sie sehen, dass es selbst konträre Auffassungen zwischen Unternehmen, Regierung und den Bürgern geben kann, da die Interessen und damit auch die Motive für das Denken und Handeln dieser 3 Gruppen völlig unterschiedlich sind.

So hat der Welthandel auch auf Länder wie Deutschland enormen Einfluss. Wir exportieren nicht nur, sondern importieren, vor allem aus Billiglohnländern. Diese waren sind dann so billig, dass die einheimische Industrie nicht mithalten kann und insolvent wird.

Wenn die Hersteller ihre Produkte in Billiglohnländern produzieren lassen bricht die gleiche Anzahl von Arbeitsplätzen in Deutschland weg.

Profitieren nur die Akteure im internationalen Geschäft. Die Bürger und die Länder dagegen müssen viele Nachteile ertragen.

Das Märchen vom unbegrenzten Wachstum wird die Umwelt restlos zerstören, wenn sich nicht genügend Menschen, die diesem Treiben irgendwann Einhalt gebieten.

„Erst wenn der letzte Baum gerodet, der letzte Fluss vergiftet, der letzte Fisch gefangen ist, werdet Ihr merken, dass man Geld nicht essen kann." - Die Weissagung der Cree

Statt unbegrenzten Wachstums ist es sinnvoller, die Mode abzuschaffen und langlebige und sinnvolle Produkte abzuschaffen, die servicefreundlich repariert werden können. Weg von der Wegwerf- und Verpackungsgesellschaft hin zu einer ökologisch sinnvollen und menschlich humanitären Gesellschaft.

In den 70-er Jahren wurde um die 35-Stunde-Woche gekämpft. 30 und weniger Arbeitsstunden sollte künftig die Arbeitswoche dauern bei gleichzeitigem Anstieg der Löhne. Möglich wurden solche Aussichten durch die wachsende Rationalisierung.

Jetzt haben wir nicht nur eine 40-Stunden-Arbeistwoche und so viele Überstunden wie selten zuvor, meist unbezahlt. Dafür über 6 Millionen offizielle Erwerbslose, die Dunkelziffer beläuft sich schätzungsweise auf über das Doppelte.

Abgeschöpft werden die Früchte der Rationalisierung durch die Eigentümer der Firmen oder von denen, von denen die Firmen abhängig sind. Und statt gemeinsam gut zu leben gibt es Finanzmonster, die 4 Billionen US-Dollar ihr Eigentum nennen und mit 15 Billionen international beteiligt sind .
(Quelle: www.ardmediathek.de/tv/Reportage-Dokumentation/Die-Story-im-Ersten-Geld-regiert-die-We/Das-Erste/Video?documentId=19067010&bcastId=799280).

Solche Monster agieren weltweit und brauchen sich nicht mehr um Regierungen kümmern. Wenn es einen Krieg zur Durchsetzung ihrer Interessen geben soll wird sich schon jemand finden, der ihn beginnt und führt. Gegen derart viel Geld und Macht sind fast alle Regierungen machtlos. Die Weltherrschaft scheint doch noch jemand an sich gerissen zu haben?

Lüge und Wahrheit

Wir leben in einer Scheingesellschaft, in der alles so zu sein scheint, wie es sich uns darstellt. Für uns gilt: "Die Welt ist das wofür wir sie halten" (Spruch).

Tatsächlich leben wir schon lange in einer Gesellschaft, die aus Manipulation, Lüge und Betrug besteht. Diese Wahrheit wird aber als geheimes Wissen unter den Wissenden gehandelt.

Im Film „Der Einsatz" mit Al Pacino als Walter Burke und Colin Farrell als James Douglas Clayton wird „Nichts ist so wie es scheint" zum Leitspruch der Handlung.

Grenzen der Erkenntnis

Unsere Erkenntnis hat viele Grenzen und Einschränkungen. So können viele Tiere besser sehen, riechen oder hören als wir. Andere können sich bei ihren Flugrouten am Magnetfeld der Erde ausrichten oder sich mit Ultraschall (Fledermäuse) oder Infraschall (Wale) orientieren oder verständigen.

Wir können weder Elektrizität noch Radioaktivität spüren.

Daher stellt sich die Frage, ob die Welt um uns herum tatsächlich so ist, wie wir sie wahrnehmen.

Unsere Wahrnehmung hängt weiter von unserer Erziehung und unseren Einstellungen ab.

So stritten sich im Mittelalter die Gelehrten ernsthaft darum, ob man die Frauen zu den Menschen oder den Tieren zählen solle (kein frauenfeindlicher Witz sondern Tatsache) oder ob die Erde Mittelpunkt des göttlichen Universums sein (Der Fall Galileo).

Wenn wir etwas erkennen bedeutet das also noch längst nicht, dass das auch wahr ist.

Im vorhergehenden Punkt „Gegenmaßnahmen" wurde unter „die Fragen in ihr Gegenteil verkehren" aufgezeigt, dass es je nach Ausrichtung der Auffassung unterschiedliche Wahrheiten zwischen den einzelnen Gruppen Unternehmen, Regierung und Bürger gibt.

Daher kann jeder behaupten, er sage die Wahrheit und das ist auch wahr. Es ist seine ganz persönliche Wahrheit, die sich aber für andere Menschen vielleicht ganz anders darstellt.

Auch die Naturwissenschaften stellen nur einen kleinen Ausschnitt als relative Wahrheit dar. Nämlich nur so viel, dass man bei Prozessen unter den gleichen Ausgangsbedingungen mit demselben Ergebnis erwarten kann. Aber nicht muss, wie der Umschwung der Physik von Newton auf Einstein zeigt. Die Naturwissenschaften arbeiten mit Thesen, also mit Behauptungen, die sich dann entweder in der Praxis als richtig oder falsch erweisen. Für den Normalbürger ist daher Newtons Physik erfassbarer und damit wahrer als Einsteins relativistisches Weltbild.

Und der Urknall ist eine mehr als umstrittene These. Sie entstand, nachdem Edwin Powell Hubble die Rotlichtverschiebung entdeckte. Er hatte da auch sofort eine Erklärung dafür parat, die auch sehr logisch scheint. Er stellte damals die These auf, dass das Licht auf den vielen Jahren seiner Reise an Energie verliert und sich damit nach Rot verschiebt. Das erklärt auch, dass Sterne, die weit weg sind eine größere Rotverschiebung aufweisen als Sterne in geringer Entfernung. Logisch.

Trotzdem wurde dann daraus die These aufgestellt vom Urknall und der immer schnelleren Expansion unseres Universums. Warum eigentlich, wenn ich doch schon eine gute Erklärung habe? Vielleicht ist das Motiv dahinter, dass man damit die Schöpfung Gottes in die Naturwissenschaften einführen konnte?

Vor wenigen Jahren war das Universum noch unendlich (Startreck – unendliche Weiten des Weltalls), jetzt ist es unendlich, oder doch nicht? Gibt es Parallelwelten, besteht es aus 3 Dimensionen oder aus 11 Dimensionen (Voraussetzung für die Stringtheorie) oder gibt es überhaupt keine Materie und wir existieren nur als Informationseinheiten auf einer Kugeloberfläche (allerneuste These)? Und gibt es das morphologische Feld?

Die heutige Physik ähnelt mehr einem spannenden Märchenbuch als der Realität.

Viel schlimmer noch sieht es in den „weichen Wissenschaften" wie z.B. Pädagogik oder Psychologie aus. Sobald sich die Umweltbedingungen ändern kann man ganze Teile nicht mehr gebrauchen.

Noch unterschiedliche „Wahrheiten" werden in den Religionen vertreten. Obwohl Juden, Christen und Moslems alle den gleichen Gott anbeten gehen die Abweichungen der „Wahrheit" so weit, dass man sich gegenseitig abschlachten soll (Heiliger Krieg).

Was also ist die Wahrheit?

Kriterien zur Prüfung der Wahrheit

Man kann für die Überprüfung der Wahrheit bestimmte Kriterien nutzen:

- Stimmt die Aussage mit der Wirklichkeit, einer Tatsache oder einem Sachverhalt überein?

- Stimmt sie mit meinen Erkenntnissen, Erfahrungen, Überzeugungen überein?

- Ist die These/ Aussage frei von Widersprüchen?

- Ist die These/ Argumentation fehlerfrei oder stecken Motive für eine Verfälschung hinter der Aussage?

- Ist die Aussage schlüssig, oder gibt es Brüche in der Darstellung?

- Gibt es gegenteilige Aussagen zum Sachverhalt und wie werden diese begründet? (Vergleichsmethode)

- Kann man die These überprüfen? Wer kann das und ist er ohne besonderes Motiv oder Interesse zur Verfälschung?

- Welche Personen oder Personengruppen vertreten diese These (Parteien, Kirchen, Firma, Regierung). Hier ist die Wahrscheinlichkeit zur völligen oder teilweisen Unwahrheit am größten.

- Unverhältnismäßigkeit: steht der Sachverhalt im richtigen Verhältnis zu anderen zugehörigen Sachverhalte oder werden Nebensächlichkeiten künstlich hochgepusht, um wichtige Tatsachen zu verstecken oder zu kaschieren.

Probleme auf der Suche nach der Wahrheit

Trotz der Prüfung der Wahrheit durch obige Kriterien ist die Erkenntnis der Wahrheit sehr erschwert, z.B. durch

- Selbstlüge. Raucher z.B. wissen schon, dass das Rauchen ausschließlich Nachteile mit sich bringt, aber sie reden sich ein, dass sie das Rauchen lebensnotwendig benötigen. Nicht wahr? Und so werden viele Erkenntnisse ignoriert aus den unterschiedlichsten Motiven heraus.

- Filter der Erziehung: Wie oben bereits beschrieben können Bildung und Erziehung dazu führen, dass man Wahrheiten gar nicht mehr erkennen kann oder will. Gibt es nun einen Gott, oder?

- Fehlendes oder mangelhaftes Wissen.

- Was ist an der Flut an Informationen, die uns tagtäglich erreichen, wahr oder unwahr. Die Wahrheit kann in der Überflutung von Informationen kaum noch herausgefiltert werden, da man nicht weiß, was z.B. investigativ recherchiert und was dogmatisch verdreht wurde.

Hilfen auf der Suche nach der Wahrheit

Die Unterscheidung liegt darin, das Wesen und nicht den Schein zu erkennen. Häufig wird der Kern der Aussage in so vielen verwirrenden Einzelheiten versteckt, dass die Übersicht verloren geht. Dafür gibt es das Sprichwort „Man sieht den Wald vor lauter Bäumen nicht". In der Philosophie benutzt man dafür z.B. das Werkzeug „Analyse und Synthese". Eine Aussage wird in ihre Einzelteile zerlegt und danach wieder zusammen gesetzt, dann aber hoffentlich besser und richtiger.

Refraiming (NLP). Verlassen Sie ihren Betrachtungspunkt und nehmen einen anderen ein. Statt vom Boden aus versuchen Sie über die Situation einen „Überblick" zu erhalten. Wechseln Sie den Standpunkt des Betrachters. Schlüpfen Sie in die Rolle anderer Menschen und betrachten die Dinge aus deren Sicht.

Je mehr ich an anwendbarem Wissen und Erfahrungen besitze umso leichter fällt es „die Spreu vom Weizen zu trennen". Dumme Menschen haben da aber keine Chance.

Schlusssatz zu Manipulationen

Was Sie aus dem bis hierher Gelesenen machen ist Ihre Entscheidung. Sie können jetzt selbst über Ihr künftiges Leben sinnvolle Entscheidungen treffen oder weiter Andere diese Entscheidungen treffen lassen.

Sie können schweigen und Nichtstun und sich damit mitschuldig machen an den Verhältnissen oder sich aktiv für eine bessere Welt einsetzen.

„So Babsi, jetzt mußt Du Dich entscheiden." (Quelle:

Sonderausgabe von Herzblatt)

5. Suggestionen

Die Psychologie versteht unter Suggestion eine Beeinflussungsform von Fühlen, Denken und Handeln.
Es wird unterschieden zwischen der Autosuggestion und der Heterosuggestion, also der Beeinflussung durch sich selbst oder durch andere.

Im Themengebiet der Hypnose stellen Suggestionen unmittelbar wirkende Eingebungen durch den Hypnotisierenden dar.

Posthypnotische Suggestionen wirken hingegen erst nach der Hypnose, meist auf einen vorher festgelegten Hinweisreiz (z. B. ein Wort oder eine Geste). (Quelle Wikipedia)

In Entspannungszuständen unter Umgehung des Bewusstseins gegebene Suggestionen wirken also direkt auf das Unterbewusstsein und lösen hier bestenfalls die gewünschten Reaktionen aus.

Suggestionen müssen daher im Sinne der gemeinsam erarbeiteten Zielstellung sehr verantwortungsbewusst erarbeitet werden, um nicht das Gegenteil zu erreichen und damit Schaden anzurichten.
Ein Sondergebiet der Suggestionen sind die Manipulationen. Manipulationen werden in der Regel von Menschen verwendet, um andere unbewusst in gewünschte Richtungen zu lenken. Haupteinsatzgebiete liegen hier in der Werbung und der Politik.

6. Schwarze Rhetorik - Killerphrasen

In Wikipedia kann man dazu finden (http://de.wikipedia.org/wiki/Totschlagargument):

Totschlagargumente sind inhaltlich nahezu leere Argumente, also Scheinargumente, bloße Behauptungen oder Vorurteile, von denen der Disputant annimmt, dass die Mehrheit der Diskussionsteilnehmer entweder mit ihm in der Bewertung übereinstimmt oder keinen Widerspruch wagt, da dies in der öffentlichen Meinung auf Ablehnung stößt (*siehe* Schweigespirale). Der auf Charles Clark zurückgehende Begriff **Killerphrase** (*killer phrase*) wird umgangssprachlich oft synonym für „Totschlagargument" benutzt. Im Gegensatz zum Totschlagargument fehlt der Killerphrase aber der argumentative Schein, der damit unmittelbar die Absicht ausdrückt, ein Gespräch, eine Diskussion oder einen kreativen Prozess beenden zu wollen.

Zielstellungen

Solche Phrasen sollen entweder Widerspruch verhindern („totschlagen"), der Ablehnung dienen, der Herabsetzung der Gesprächspartner dienen oder mehrere dieser Ziele gleichzeitig erreichen. Killerphrasen und Totschlagargumente werden z. B. eingesetzt, wenn Zweifel bestehen, den Diskussionspartner überzeugen zu können oder wenn der eigene Standpunkt kurzfristig durchgesetzt oder die eigenen Interessen gewahrt werden sollen.[1] Mit solchen Phrasen wird ein kreativer Prozess in einer Diskussion verhindert. Die fehlende Überzeugungsabsicht unterscheidet das Totschlagargument von einem Argument.

Die Autorin Meike Müller unterscheidet sechs Arten von Killerphrasen nach der damit verbundenen Absicht.

Beharrungs-Killerphrasen sollen Veränderungen verhindern. (Beispiel: „Das haben wir schon immer so gemacht.")

Autoritäts-Killerphrasen drücken ein Überlegenheitsgefühl zur Einschüchterung aus. (Beispiel: „Wie oft muss ich das noch sagen: Das läuft so nicht!")

Besserwisser-Killerphrasen werden von Leuten benutzt, die sich für intelligenter halten und anderen ihre Ansichten aufdrängen wollen. (Beispiel: „Ich weiß schon, wie das endet.", „Das brauchst Du mir nicht zu sagen.")

Bedenkenträger-Killerphrasen drücken eine mitunter zögerlich vorgetragene Angst vor Veränderungen aus. (Beispiel: „Das sollten wir lieber lassen. Wir wollen uns doch nicht die Finger verbrennen.")

Vertagungs-Killerphrasen sollen aus Angst vor Fehlern Entscheidungen hinauszögern. (Beispiel: „Meiner Meinung nach ist die Zeit dafür noch nicht reif.")

Angriffs-Killerphrasen sind offene, persönliche Angriffe. (Beispiel: „Typisch Meier!" oder „Typisch deutsch!")

Weitere Varianten:

Bescheidenheits-Killerphrasen suggerieren, dass das geäußerte Vorhaben unrealisierbar ist. (Beispiel: „Wir sind doch nicht die Royal Bank of Scotland!")

Vorwurfskillerphrasen sollen den Ansprechpartner durch einen sehr allgemein gehaltenen Vorwurf mundtot machen. (Beispiel: „Da hätten Sie vorher mal besser zuhören sollen!", „Das weiß doch jedes Kind/jeder Idiot.")

Weitere ohne Zuordnung:

Du hast davon gar keine Ahnung!

Im Fernsehen haben sie aber das … und das… gesagt

"Das geht sowieso nicht."

"Auch Sie werden sich der Tatsache nicht verschließen könne, dass ..."

"Wie doch jeder weiß... "

"Das haben wir schon immer so gemacht."

"Um das beurteilen zu können, fehlt Ihnen das Fachwissen."
"Wenn das ginge, hätte es schon längst jemand anders so gemacht."
"Das ist grundsätzlich richtig, aber bei uns nicht anwendbar. "
"Dazu fehlt uns die Zeit."
"Durch Ihren Einwand geben Sie zu erkennen, dass..."
"Haben Sie überhaupt einen Hochschulabschluss?"
"Das haben schon fähigere Leute als Sie nicht lösen können."
"Das ist doch bloße Theorie."
"Bekanntlich ist es so, dass ... "
"Für Sie als emanzipierte Frau müsste es doch selbstverständlich sein..."
"Das geht uns nichts an."
"Mit diesem Vorschlag werden Sie Ärger kriegen."
"Das ist doch längst überholt."
"Das hat Professor X längst geklärt."
"Das können Sie schwarz auf weiß nachlesen."
"An Ihrer Stelle würde ich das auch behaupten."
"Wir haben da so unsere Grundsätze."
"Die jetzige Situation fordert, dass ..."
"Haben Sie schon berücksichtigt, was für eine Papierflut das zur Folge hat?"
"Sie sind zu jung. Sammeln Sie zuerst ein bisschen Erfahrung."
"Das ist interessant, aber eher ein Thema für eine spätere Sitzung. "
Das gehört doch nicht mehr zum Thema!
Das bringt doch nichts! Was hat denn das mit dem Problem zu tun?
Das ist doch ein Overkill! Ist diese Frage nicht banal?
Geht das nicht zu sehr ins Detail?
Das sollten wir auf später verschieben!
Darauf kommen wir noch zurück.
Das haben wir alles schon mal versucht.
Es funktioniert doch gut wie es ist.
Gute Idee, aber nicht für unbedingt für uns.

Stellen Sie sich den Papierkram vor.

Die haben mit Sicherheit schon viele derartiger Scheinargumente in Ihrem bisherigen Leben gehört. Vielleicht standen sie solchen Argumenten auch manchmal hilflos gegenüber. Ich kann Sie trösten- Sie waren nicht der Einzige.

Wie wehrt man sich nun dagegen?

Aus (www.handelsblatt.com/archiv/100-killerphrasen-und-wie-sie-gepfeffert-antworten-gekonnt-kontern/2161534.html)

Notfall-Techniken

<u>Ach-was-Technik.</u> Fällt Ihnen partout keine pfiffige Antwort ein, retten Sie sich mit einer Leerphrase wie "Ach was", "Na so was" oder "Aha". Nicht das stärkste Argument, aber Sie gewinnen Zeit, weil jetzt Ihr Gesprächspartner wieder "dran" ist.
Durchzug-Technik. Keine Antwort ist manchmal die beste Antwort. Sie ignorieren den Angriff und führen Ihre Argumentation fort. Ihre Körpersprache unterstreicht Ihr Selbstbewusstsein: aufrecht stehen, Brust raus, Grinsen im Gesicht.

<u>Auszeit-Technik.</u> Bedenkzeit hat noch niemandem geschadet. Fordern Sie sie ein, wenn Sie nicht weiterwissen. Etwa so: "Hierzu kann ich auf die Schnelle nichts sagen. Ich will erst die Details kennen. Können wir morgen Nachmittag weiterreden?"

Gekonnt kontern - auf die harte Tour

Retour-Technik. Drehen Sie mal den Spieß um. Kinder haben den Bogen raus, nur fehlt ihnen meist der Witz: "Du bist dumm." - "Du bist selber dumm." Witz entsteht, indem Sie den Gedanken weiterspinnen: "Du bist dumm." - "Damit kann ich leben. Denn seit ich Dich kenne, weiß ich, dass es mich härter hätte treffen können."

Besser-als-Technik. Überraschen Sie Ihren Gesprächspartner - geben Sie ihm Recht. Gleichzeitig schwächen Sie seinen Vorwurf ab, indem Sie zeigen, dass Ihr Fehler das kleinere Übel ist: "Auf dieses Problem hätten Sie mich viel früher hinweisen müssen." - "Besser jetzt als nie."

Gerade-weil-Technik. Folgt der gleichen Logik: erst den Vorwurf bestätigen und ihn dann in Ihrem Sinne umdeuten. Auf "Langsamer geht's wohl nicht?" entgegnen Sie: "Gerade weil ich langsam und gründlich bin, mache ich fast nie Fehler. Und davon profitiert unsere Abteilung."

Rückfrage-Technik. Frage, Antwort, Frage, Antwort - dieses Schema von Kommunikation haben uns Eltern und Lehrer eingebläut. Brechen Sie ruhig mal aus, stellen Sie eine Gegenfrage. Die einfachste Rückfrage zielt auf Details: "Was genau wollen Sie damit sagen?" "Wie soll ich das verstehen?"

Abgrenzungs-Technik. Fast schon eine Notfall-Technik, die Sie sich für schwere Angriffe, zum Beispiel Beleidigungen, aufheben sollten. Sie weisen Ihren Gesprächspartner darauf hin, dass er eine Grenze übertreten hat und verbitten sich dies: "Sie haben mich beleidigt. Bitte lassen Sie das."

Gekonnt kontern - auf die weiche Tour

Komplimente-Technik. Viele Führungskräfte haben einen wunden Punkt: Mit der Erfahrung und der Verantwortung nimmt ihre Eitelkeit zu. Befriedigen Sie sie. "Den Auftrag haben Sie vergeigt. Mir wäre das nie passiert." - "Sie sind auch ein Vorbild für mich. Ich würde gern von Ihnen lernen."

Zugeständnis-Technik. Wenn Sie einen offensichtlichen Fehler gemacht haben, ist es besser, Sie entschuldigen sich und geloben Besserung, als dass Sie leugnen oder sich herauszureden versuchen. Ein "Entschuldigung, das tut mir leid." Wirkt oft Wunder.

Ja-ganz-genau-Technik. Hinter jedem Vorwurf stecken Werte, die Sie angeblich verletzt haben. Wer Sie kritisiert, weil Ihr Schreibtisch unaufgeräumt ist, hält Ihnen den Wert Ordnung vor. Aber vielleicht ist ja das Chaos die wahre Lebensform? Hinterfragen Sie die Werte Ihres Gesprächspartners, indem Sie Ihr Verhalten als normal und richtig darstellen: "Ja, ganz genau, Chaos macht kreativ."

7. Weitere Partnerschaften

Unter http://de.wikipedia.org/wiki/Partnerschaft wird behauptet: „Unter einer Partnerschaft versteht man eine gleichzeitig sexuelle und soziale Gemeinschaft zwischen zwei Menschen. Sie ist eine häufig untersuchte Zweierbeziehung."

Dem möchte ich natürlich heftig widersprechen und daher hier auch Partnerschaften benennen, für die Sexualität im Normalfall gar nicht in Frage kommt. Mein Buch hat sich daher dem Thema Partnerschaft auch anders genähert und Partnerschaft und Beziehung da getrennt, wo es sinnvoll geboten war.

7.1. Freundschaft

Eine Form von Partnerschaft ist Freundschaft.

Freundschaft ist ein auf gegenseitiger Zuneigung beruhendes Verhältnis von Menschen zueinander, das sich durch Sympathie und Vertrauen auszeichnet. Eine in einer freundschaftlichen Beziehung stehende Person bezeichnet man als Freund oder Freundin. (Wikipedia).

Meist sind es gemeinsame Interessen, Lebensauffassungen oder Erlebnisse, die Freundschaften begründen und zusammen halten.

Besonders gesunde Kinderfreundschaften sind für die Entwicklung der Persönlichkeit wichtig.

7.2. Partnerschaft zwischen Kindern und Eltern

Natürlich sollte die Beziehung zwischen Kindern und Eltern partnerschaftlich verlaufen. In meinem Buch „Psychologie für Dummies – Erziehung" widme ich mich diesem Thema ganz besonders.

Partnerschaft heißt für Kinder meist, dass sie auf ihre Eltern angewiesen sind, also sehr stark abhängig von ihnen sind.

Aus Sicht der Eltern heißt das, dass sie ihre Macht über die Kinder nicht missbrauchen.

Natürlich hat ein Erwachsener die Kraft, einem kleinen Kind alles Mögliche anzutun.

Aber in unserer Kultur haben wir zum Glück viele Normen und moralische Werte für das Zusammenleben aufgestellt, die ein partnerschaftliches Zusammenleben in der Familie sichern sollen.

Als Gegenleistung erhalten wir zumindest bei Kleinkindern bedingungslose Liebe zurück. Bei größeren Kindern hängt es von unserer Erziehung ab, was wir zurück erhalten.

7.3. Großelternpatenschaft

In meinem Wohnumfeld gibt es auch viele alleinstehende Frauen mit Kind/ern oder Paare, die arbeitsseitig sehr stark eingespannt sind und Probleme haben, alles „unter einen Hut" zu bekommen. Es fehlt ihnen häufig an der Zeit, nicht selten an der Erfahrung und manchmal auch am Geld.

Ältere Menschen bringen gerade häufig diese Eigenschaften mit, so dass sich daraus sehr gute Partnerschaften zwischen Älteren und Jüngeren entwickeln können, wenn die Älteren Kinder mögen oder ansonsten zu einsam sind.

Ich selbst habe bereits solche Patenschaften übernommen und auch andere potenzielle Patengroßeltern zum Problem beraten.
(Quelle:
stadt.weimar.de/uploads/media/2006_24_rathauskurier.pdf
Seite 3203).

So eine Partnerschaft kann für alle Seiten ein Gewinn sein – also eine win-win-Situation.

7.4. Geschäftspartnerschaft

Auch die Geschäftspartnerschaft hat sich in unserem Sprachgebrauch eingebürgert.

Diese sollte dann auch den gleichen Voraussetzungen folgen wie im Punkt 1 beschrieben, so dass daraus ebenfalls eine Win-win-Situation für alle beteiligten Parteien entsteht.

Alle anderen Geschäftskontakte, bei denen es um einseitige Vorteile geht haben mit Partnerschaft nichts gemein und sollten daher auch nicht so benannt werden.

7.5. Partnerschaft zwischen Bürger und Staat

Wir leben ja angeblich in einer Demokratie, deren Voraussetzung ist, dass die Macht vom Volke ausgeht.

Demzufolge sollte auch hier eine Partnerschaft bestehen zwischen Vertretern des Staates, die sich in Behörden und Ämtern, Regierungsstellen, Justiz usw. befinden und den Bürgern bestehen.

Leider ist das in vielen Fällen nicht so. Der Begriff „Partnerschaft" wird sogar missbraucht zur Täuschung von Bürgern oder auch örtlichen Volksvertretern.
Bestes Beispiel hierfür ist die öffentlich-private Partnerschaft (ÖPP) oder Public-Private-Partnership (PPP).
Hier ist das eigentliche Ziel, Gewinne privater Unternehmen zu privatisieren und die Gefahren und Verluste zu vergesellschaften, die dann der Steuerzahler zu bezahlen hat.

Aber auch die vorsätzlich falsche Verwendung großer Mengen von Steuergeldern unter Verwendung von Lügen und Demagogie hat nichts mit Partnerschaft, sondern mit Lüge, Täuschung und Betrug am Bürger zu tun. (2)

7.6. Partnerschaft zwischen Mensch und Haustier

Wenn ich mir ein Haustier anschaffe muss ich mir darüber im Klaren sein, dass ich auch Verantwortung dafür übernehmen muss.

Ähnlich wie bei Kindern ist das Haustier von meiner Gunst abhängig.

Als Gegenleistung erhalte ich das zurück, was ich mit der Anschaffung des Haustieres beabsichtigt habe.

7.7. Partnerschaft zwischen Mensch und Natur und Umwelt

Diese Partnerschaft ist eine ganz besondere.

Wir beobachten ja, wie in immer stärkerem Ausmaß die Schäden an Natur und Umwelt auf uns als Verursacher zurück fallen. Im Umkehrschluss heißt das, je verantwortungsvoller wir mit unserer Natur und Umwelt umgehen umso besser sind unsere eigenen Lebensbedingungen.

In der Die Weissagung der Cree heißt es dazu:
„Erst wenn der letzte Baum gerodet, der letzte Fluss vergiftet, der letzte Fisch gefangen ist, werdet Ihr merken, dass man Geld nicht essen kann."

8. Gemeinsamkeiten

8.1. Liebe ständig erneuern

Aus welchem Grund hatten Sie sich gerade für diesen Partner entschieden und für keinen anderen?

Was hat Ihnen denn an ihm so gut gefallen? Was war attraktiv an ihm? Welche schönen Gefühle hat denn Ihre Partnerschaft am Anfang in Ihnen ausgelöst?

Welches war ihr gemeinsames Lieblingslied? Was war Ihr Lieblingskompliment? Wie war die gemeinsame Körpersprache? Über was haben Sie sich alles unterhalten?

Können Sie sich noch ganz genau daran erinnern, mit allen Ihren Sinnen?

Können Sie auch heute noch so schöne Gefühle entwickeln?

Aber auch: wann war Ihr Partner besonders wertvoll in der ganzen Zeit, wann hat er sie über das normale Maß hinaus unterstützt und geholfen? Wann waren sie ihm besonders dankbar?

Welche von Ihren ursprünglichen Zielen haben Sie erreicht in der Partnerschaft?
Wie wertvoll ist ihnen Ihr Partner und Ihre Partnerschaft?

Nehmen Sie ruhig ein weißes Blatt Papier und schreiben für sich selbst einmal alles auf, was Ihnen dazu einfällt. Machen Sie das von Zeit neu.

Bewerten Sie Ihre Partnerschaft immer wieder, so dass Ihnen dieser Wert nie aus den Augen gerät! Und gehen Sie gemeinsam verantwortungsbewusst mit diesem gemeinsam erarbeiteten Wert um, als wäre es ein gehobener Schatz.

Und wenn es in der Partnerschaft wirklich zu alltäglich und langweilig geworden ist ist ja nicht einer allein daran schuld.

Was kann man denn alles machen, um neuen S chwung wieder hinein zu bringen. Welche Vorschläge hätten Sie denn?

8.2. Den Partner nehmen wie er ist

Sie selbst haben die Erwartung, dass Andere Sie so nehmen, wie Sie sind.
Können Sie das auch Ihrem Partner zubilligen – ihn so nehmen wie er ist?
Ohne ständig an ihm rumzunörgeln oder nach Trennendem zu suchen? Ohne ihn ständig erziehen zu wollen? Sie wollen doch sicher auch nicht, dass das Ihr Partner mit Ihnen macht, oder?

Natürlich muss ich nicht mit allem einverstanden sein. Aber trotzdem kann ich meinen Partner achten, wertschätzen und so gut wie möglich ihn verstehen.

Achten und wertschätzen Sie ihn auch mit allen seinen Fehlern und Schwächen. Stellen sie sich doch mal vor, wie fürchterlich es wäre, wenn Sie einen Partner ohne Fehler und Schwächen hätten und wie klein und unscheinbar Sie neben ihm sein würden!

Toleranz und Verständnis sind in einer guten Partnerschaft mehr wert als die Forderung nach Fehlerfreiheit und Perfektion. Über was sollen wir denn sonst noch gemeinsam lachen?

Wenn es Ihnen schwer fällt nehmen Sie wieder ein weißes Blatt Papier und notieren sich:

Welche Forderungen habe ich an meinen Partner, sortiert nach Wichtigkeit oder Wert
Wie im Kapitel: Anerkennung und Kritik beschrieben, überlegen Sie bitte, wie Sie Ihre Forderungen als Wünsche formulieren können, immer unter der Voraussetzung, dass Sie ja schon den Partner haben, den Sie immer haben wollten.

Schreiben Sie aber bitte auf die linke Seite alle seine Vorzüge auf und auf die rechte Seite die Dinge, die sie sich verändert wünschen. Nicht selten wird nämlich im Augenblick nur das gesehen, was stört und nicht die vielen Vorteile.

Überlegen Sie bitte auch, warum Ihr Partner so reagiert. Kann er es nicht besser, will er es nicht besser, hat er es so gelernt oder will er Sie wirklich damit ärgern? Versuchen Sie mal, sich in sein Denken und Fühlen zu begeben. Vielleicht verstehen Sie ihn dann besser.

Überlegen Sie bitte weiter, wie mit Ihnen umgegangen werden soll, falls Ihrem Partner etwas an Ihnen nicht gefällt. Verstanden?

Führen Sie anschließend das Gespräch so, wie ich es im Kapitel 2.18 ..., Kritik beschrieben habe. Jetzt weiß Ihr Partner, was Sie sich wünschen und welche Aufgabe er dabei freiwillig übernimmt.

8.3. Wechseljahre

Die Wechseljahre können in der Partnerschaft zur Belastungsprobe werden. Am besten steht man sie gemeinsam durch.

Durch die körperlichen Umstellungen finden häufig starke Gefühlsschwankungen statt, die auch nicht selten fehlgedeutet werden.
Da die Biologie und damit die veränderte Ausschüttung von Hormonen und Neurotransmittern nicht beeinflusst werden kann ist man in der Zeit Spielball der Gefühle, gegen die man nur schwer vorgehen kann. Trotzdem sollte man sich in dieser Zeit nicht gehen lassen oder sich nur am Partner abreagieren. Er hat das ja nicht verursacht und sollte dafür auch nicht bestraft werden, auch wenn er sich teilweise so fühlt.

Wie kann man damit umgehen?

Sich mit dem Thema aktiv befassen und alles Wichtige darüber lernen! U.a.

Nahrung umstellen!

Es gibt auch Hormonpräparate, die das Leiden lindern.

Aktiv entspannen mit Entspannungsübungen, Sauna, Yoga u.a.

Den Partner nicht im Ungewissen belassen, was denn eigentlich ist sondern sich offen darüber austauschen.

8.4. Vergeben und Verzeihen

Eines der besten Werkzeuge, das die Kirche bereits seit Jahrtausenden empfiehlt ist das Vergeben und Verzeihen. Solange, wie Sie mit anderen nicht in Frieden leben werden Sie selbst auch keinen inneren Frieden finden.

Tun Sie sich deshalb selbst einen großen gefallen und wenden dieses wertvolle Denkwerkzeug überall da an, wo es für Sie Sinn macht!
Sie können Anderen nicht die Schuld dafür geben, dass Sie selbst nicht in der Lage sind, umzudenken und Ihre Situation aktiv zu verbessern!

9. Lösungen für die eigene Weiterentwicklung – mein Psycho-Werkzeugkasten

Wenn ich etwas reparieren möchte, z.B. mein Auto, brauche ich gutes Werkzeug. Ohne dieses Werkzeug kann ich es entweder gar nicht oder nur schlecht reparieren.

Auch für viele Probleme und Aufgaben, die wir in der Partnerschaft lösen wollen gibt es elegante Werkzeuge in der Psychologie. Diese muss ich aber kennen, so dass ich für meinen Bedarf das richtige auswählen kann.

Daher an dieser Stelle eine Auswahl von psychischen Werkzeugen, um Ihnen das Leben leichter oder glücklicher zu machen. Aber wie im Baumarkt auch gibt es eine Fülle an möglichen Werkzeugen, die man als Laie gar nicht alle überschauen kann.

Daher an dieser Stelle eine sinnvolle Auswahl. Natürlich haben wir in unserem Psycho-Baumarkt auch noch andere Lösungen, auch für Profis. Dann bitte einfach mal nachfragen!

9.1. Pimp your Brain – tune Dein Gehirn: wie funktioniert das?

In diesem Kapitel stelle ich Ihnen Lösungen vor, die Sie für Ihre geistige Weiterentwicklung oder für die Lösung geistiger oder körperlicher Probleme oder dem Erreichen von gestellten Zielen verwenden können. Unter www.psychologie-we.de finden Sie Angebote, bei denen Sie sich sowohl für die Nutzung von CDs als auch die Teilnahme an Sitzungen, Seminaren usw. für eine ganz individuelle Betreuung entscheiden können.

In diesem Buch kann aber nur zum jeweiligen Thema ein kurzer Überblick gegeben werden. Alles andere würde den Rahmen dieses Buches sprengen. Ein größerer Überblick ist im Band „Psychologie für Dummies: Hypnose - Geht das bei mir auch?" gegeben.

Das folgende Programmangebot ist ein Ausschnitt. Fragen Sie Bedarf nach, welche weiteren Möglichkeiten für Ihre spezielle Situation möglich sind.

Am Programmangebot können Sie bereits erkennen, dass hier auch Themen behandelt werden, die wo anders in dieser Form als Programm nicht angeboten werden.

Seien Sie doch einfach neugierig!

9.2. Hypnose - was ist das eigentlich? (Der Versuch, einer für Laien verständlichen Erklärung)

Über Hypnose gibt es viele Meldungen, leider auch in der Literatur und öffentlichen Medien sehr irreführende oder gar falsche Informationen von selbsternannten Fachleuten.
Daher ist in der Meinung vieler Menschen eine eher distanzierte Haltung zu diesem wundervollen Werkzeug der Psychologie und der Selbstheilung zu finden.

Daher jetzt einige Informationen, die einiges richtig stellen sollen.

Hypnose oder Trance sind jedem Menschen natürlich mitgegeben und gehören zu den Entspannungszuständen wie z.B. auch der Schlaf.

Ohne diese Entspannungszustände könnten wir uns einerseits körperlich und geistig nicht erholen und würden nach relativ kurzer Zeit an diesem Mangel eingehen.

Andererseits brauchen wir in der Natur solche Bewusstseinseinengungen wie Hypnose, um komplizierte Situationen zu analysieren und um zu lernen.

Ohne Entspannungszustände wie Selbsthypnose wären wir nicht zu höheren Denkleistungen und komplizierten Handlungen und Entscheidungen sowie der Weiterentwicklung unseres Gehirns und unserer Persönlichkeit fähig.

Wir gehen tagtäglich mehrfach ganz unbewusst in Trance, z.B. um nachzudenken, Lösungen zu finden und Entscheidungen zu treffen.

Kennen Sie solche Situationen?

Sie stehen vor einem Schaufenster und sind tief versunken. Plötzlich berührt Sie jemand und Sie schrecken hoch und müssen sich erst mal neu orientieren.
Autofahrer kennen das, dass sie mehrere Kilometer gefahren sind und auf einmal müssen Sie sich erst mal orientieren, wo Sie eigentlich sind. Sie waren eine ganze Weile abwesend, aber ihr Unterbewusstsein hat sie die ganze Zeit unfallfrei richtig geleitet.

Oder Sie suchen eine Weile nach einer Lösung, einem Namen oder anderes und auf einmal kommt der aha-Effekt: das ist er oder es!

Aber auch Angstzustände können eine Trance auslösen und Sie handlungsunfähig machen.

Hypnose ist also etwas ganz natürliches und wird von uns unbewusst tagtäglich eingesetzt.

Sie können sich jetzt tiefer in die Wissenschaft der Hypnose einarbeiten und sich die Stufen der Hypnosetiefen von Alpha bis Delta (Entspannungstiefen nach Gehirnfrequenzen eingeteilt) und anderes Wissen aneignen.

Ich möchte diesen theoretischen Teil hier überspringen.

Wie funktioniert Hypnose?

Es gibt immer einen Auslöser. Dieser kann im Schaufenster platziert sein oder in unserem Nachdenken über eine Sache.

Der Auslöser kann ein Schock sein oder die durch einen Hypnotiseur geführte Einleitung in eine Trance.

Eine Hypnose wird also häufig nicht durch Worte ausgelöst, sondern durch bestimmte Situationen, durch Gesten anderer Menschen und andere Auslöser (Anker oder unbewusst gelernte posthypnotische Befehle).
Eine Möglichkeit besteht auch in der Anwendung von unhörbaren Subliminals.

Immer wird in einer solchen Situation unser Bewusstsein eingeengt, um den Zustand der Trance oder Hypnose zu erreichen.

Das Bewusstsein ist der Kontrolleur in unserem Gehirn. Es entscheidet z.B. darüber, was wir lernen und wie gut.

Wenn das Bewusstsein die Erfahrung gesammelt hat, dass wir in bestimmten Situationen immer wieder versagen werden wir auch in Zukunft in derartigen Situationen immer wieder versagen, außer, wir haben direkten Zugriff auf unser Unterbewusstsein wie in einer Hypnose.

Wenn das Bewusstsein weitestgehend abgeschaltet ist sind wir in der Lage, völlig neu und äußerst effektiv zu lernen.

Das kann sowohl die Wissensaneignung betreffen, unsere Fertigkeiten vervollkommnen wie z.B. im Sport gewünscht, aber vor allem unser Gefühlsleben auf gewünschte Reaktionen ausrichten oder gewünschte Körpersteuervorgänge auslösen.

Wozu soll denn das gut sein?

Die Anwendungsgebiete für Hypnosen/ Entspannungsverfahren sind sehr vielfältig und bieten Lösungen, die mit anderen Verfahren gar nicht oder nur schwer oder aufwändig erreichbar sind.

Hier sollen nur wenige Gebiete beispielhaft genannt sein:

- Selbstheilungskräfte aktivieren: Sie haben sicher schon von Spontanheilungen gehört, bei denen todkranke Menschen plötzlich wieder gesund geworden sind.

- Ganzheitliche Heilung: psychosomatische Erkrankungen werden in der derzeitigen modernen Medizin nur "körperlich" therapiert, aber die Ursachen in der Psyche werden nicht behandelt und somit die Krankheit nicht geheilt. Aber auch Verletzungen oder "normale" Krankheiten heilen bei Aktivierung unserer Selbstheilungskräfte besser und schneller.

- Da das Unterbewusstsein auch Körpersteuervorgänge steuern kann sind Veränderungen das Körpers möglich (Gewicht, Muskelaufbau u.a.)

- Ängste, Phobien und Traumata bearbeiten.

- Gezielte und gewünschte Änderung der Persönlichkeit: Verlernen von negativ Erlerntem wie schlechte Angewohnheiten - Beispiel Rauchen. Oder die Bearbeitung von Süchten.

Aber auch positive Weiterntewicklungen wie die Steigerung der Kreativität, der Konzentration oder der Lösung bisher ungelöster Probleme sowohl im persönlichen Leben, beim Lernen als auch im Beruf sind hier effektiv möglich im Gegensatz zu anderen Verfahren, die ohne Entspannungszustände arbeiten (kognitive u.a.).

Eine Reihe praktizierter Anwendungen finden Sie auf unserer Webseite www.psychologie-we.de

In begrenztem Umfang stehen wir Ihnen bei Fragen zur Verfügung!

Seien Sie doch einfach neugierig!

9.3. Suggestionen und Manipulationen

Die Psychologie versteht unter Suggestion eine Beeinflussungsform von Fühlen, Denken und Handeln.
Es wird unterschieden zwischen der Autosuggestion und der Heterosuggestion, also der Beeinflussung durch sich selbst oder durch andere.

Im Themengebiet der Hypnose stellen Suggestionen unmittelbar wirkende Eingebungen durch den Hypnotisierenden dar.

Posthypnotische Suggestionen wirken hingegen erst nach der Hypnose, meist auf einen vorher festgelegten Hinweisreiz (z. B. ein Wort oder eine Geste). (Quelle Wikipedia)

In Entspannungszuständen unter Umgehung des Bewusstseins gegebene Suggestionen wirken also direkt auf das Unterbewusstsein und lösen hier bestenfalls die gewünschten Reaktionen aus.

Suggestionen müssen daher im Sinne der gemeinsam erarbeiteten Zielstellung sehr verantwortungsbewusst erarbeitet werden, um nicht das Gegenteil zu erreichen und damit Schaden anzurichten.
Ein Sondergebiet der Suggestionen sind die Manipulationen. Manipulationen werden in der Regel von Menschen verwendet, um andere unbewusst in gewünschte Richtungen zu lenken. Haupteinsatzgebiete liegen hier in der Werbung und der Politik.

Um sich vor unerwünschten Manipulationen zu schützen habe ich extra ein Kapitel „Manipulationen" in dieses Buch eingefügt.

9.4. Spannend - Subliminals (Der Versuch einer für Laien verständlichen Erklärung)

Mit Subliminals können Sie auf eine Technik zurück greifen, mit der Sie

... gesprochene Worte unhörbar machen können: und zwar so, dass Ihr Unterbewusstsein die Worte effektiv wahrnimmt und verarbeitet,

... unablässig und nachhaltig Ihre innersten Wesensschichten ansprechen können, egal was Sie gerade tun,

... Ihr kritisches Wachbewusstsein umgehen, und Botschaften, Affirmationen und Wünsche direkt in Ihr Unterbewusstsein pflanzen,

... um dann miterleben zu können, wie sich Ihr Leben verändert.

Wie funktioniert das ?

Im Artikel über Hypnose wurde bereits ausgeführt, dass es einen Wächter gibt, der alles prüft, was in unser Unterbewusstsein will - unser Bewusstsein.

Und dieser Wächter wird dann zum Problem, wenn wir uns weiter entwickeln wollen oder in unserem Geist oder Körper Vorgänge auslösen wollen, die dieser Wächter nicht zulässt.

Jetzt gibt es 2 Lösungen für dieses Problem:

- die geführte oder die Selbsthypnose

- Subliminals.

Subliminals sind gesprochene Botschaften an unser Unterbewusstsein, die aber unhörbar sind.

Jetzt gibt es seit ca. 30 Jahren bereits Kassetten, CDs oder mp3, bei denen die Sprache so leise unter Musik gemischt wurde, dass sie unhörbar wurde. Leider funktionieren diese Produkte nicht oder nur als Placebo, da die Sprache so leise war, dass diese weder vom Bewusstsein noch vom Unterbewusstsein verstanden werden konnte.

Bei Subliminals wird eine völlig andere Technik angewandt. Unser Ohr hört Töne bis max. 20 000 Herz in jungen Jahren. Mit zunehmenden Jahren wird die noch hörbare Frequenz immer niedriger.

Die Subliminal-Technologie transferiert jetzt die Suggestionen in diese unhörbaren Frequenzbereiche, die vom Ohr nicht mehr gehört werden können und damit auch nicht vom Bewusstsein überprüft werden können.

Die Knochen um das Ohr nehmen aber diese Frequenzen auf und transportieren diese direkt und sehr wirksam in das Unterbewusstsein.

Sie können sich also selbst programmieren während jeder beliebigen Tätigkeit, ohne dass Sie von dieser Tätigkeit abgelenkt werden und Ihre gewünschten Botschaften ohne Wächter und ohne Umweg den direkten Weg in Ihr Unterbewusstsein finden.

Sie brauchen dafür jedoch eine Audio-Anlage, die Töne bis mindestens 20 kHz auch wiedergeben kann. Gute Kopfhörer können das meist (technische Daten beachten!).

Jetzt können Sie entweder

- unsere bereits fertigen Subliminal -CDs erwerben oder

- unsere Software "Subliminal - Generator" zur eigenen Herstellung von Subliminals erwerben. Nutzen Sie diesen mit unseren Hinweisen zu erfolgreichen Affirmationen (Vorsatzformulierungen).

9.5. Trance - Einführung in die Selbsthypnose

Warum wollen Sie eigentlich so weiter leben wie bisher?
Haben Sie schon mal erlebt, wie erholsam und mit wunderschönen Gefühlen Sie aus einer gut und verantwortungsbewusst geführten Trance oder Hypnose wieder zurück gekommen sind?

Oder haben Sie das schon bei anderen Menschen beobachtet in einer Show oder im Fernsehen?
Nein?

Dann haben Sie wahrscheinlich wirklich schöne Momente in Ihrem Leben verpasst oder haben sich noch nie mit einem der interessantesten Wissensgebiete befasst.

Und wissen Sie, dass viele Menschen Trance und Hypnose einsetzen, um Dinge zu lernen, die anders so nicht oder nur schwer zu lernen sind?

Wenn Sie das bisher noch nicht wussten können Sie sich entscheiden, weiter so wie bisher zu leben oder dieses Wissen zu nutzen, um selbst diese wundervollen Momente zu genießen, Dinge zu erleben, die Sie nicht für möglich gehalten haben oder Dinge mit Leichtigkeit zu lernen oder Probleme zu lösen.

Seien Sie doch einfach neugierig!

9.6. Effektiv Lernen unter Selbsthypnose
Lernen in Wach-Trance (Hypnopädie - Suggestopädie)

Sie sitzen in der Ausbildung und alles lenkt Sie ab?

Sie sitzen zu Hause, um zu lernen, aber Sie würden alles andere lieber machen als zu lernen?

Woher kommt denn das?

Am häufigsten sind wir in Situationen, in denen wir zum lernenden Inhalt nicht ausreichend motiviert sind. Der Stoff ist langweilig und jede Ablenkung irgendwie willkommen, obwohl wir ja eigentlich gute Lernleistungen erreichen wollen. Und an das Meiste können wir uns am Folgetag überhaupt nicht mehr erinnern.

Wie funktioniert das Lernen in Hypnose?

Da Lernen ein aktiver Prozess ist sollte es in Wachhypnose durchgeführt werden.

Dabei wird das Bewusstsein so eingeschränkt und fokussiert, dass z.B. im Unterricht nur noch der Lehrer wahrgenommen und alles andere ausgeblendet wird. Trotzdem ist man in der Lage, auf aktuelle Ereignisse wie Fragen vom Lehrer angemessen zu reagieren. Für die anderen Teilnehmer an der Ausbildung und Ihren Lehrer ist Ihre Wachhypnose nicht erkennbar. Sie sind nur auf den Unterricht voll konzentriert und lassen sich dabei von nichts ablenken. Ein weiterer Vorteil ist dabei nicht nur, dass Sie den größten Teil des

Inhalts überhaupt verstehen, sondern dass auch Ihr Gedächtnis einen wesentlich größeren Teil davon behält, der auch bei Bedarf sofort oder später problemlos abgerufen werden kann (Leistungskontrollen, Prüfungen).

Nur dann, wenn Sie in Ihre Wachtrance gehen wollen erreichen sie diese auch und können diese jederzeit wieder problemlos verlassen (Sicherheit). Andere können Sie nicht gegen Ihren Willen in diese Trance bringen!

Seien Sie doch einfach neugierig!

9.7. Kreativität entwickeln – neue Ideen finden

Sie brauchen neue Ideen und Lösungen, aber Ihnen fällt nichts mehr ein?

Je mehr Sie sich Mühe geben umso weniger kommen Sie voran?

Spielt Ihnen Ihr Unterbewusstsein einen Streich?

Wussten Sie, dass große Wissenschaftler und Künstler ihre besten Ergebnisse unter Drogen oder in tranceähnlichen Zuständen erreichten?

Haben Sie auch Probleme oder Aufgaben, bei denen Sie so eine Hilfe gut gebrauchen könnten, ohne das Risiko z.B. der Einnahme von verbotenen Drogen eingehen zu müssen?

Warum nutzen Sie dann nicht die fantastischen Möglichkeiten in Trance?

- In der Trance kann man komponieren, Bücher schreiben, malen, völlig neue Lösungen finden und vieles andere mehr.

- Die Einfälle sind erwiesenermaßen unter Trance viel bunter, einfallsreicher und von nie gewesener Qualität.

- Die Erlebnisse in der Trance sind mit allen Sinnen viel intensiver als im realen Leben.

- Die Gebiete, in denen die Kreativität gesteigert werden sollen, werden in der Trance mit Hilfe des Unterbewusstseins gefunden und auch gemeinsam mit ihm Lösungen gefunden.

Seien Sie doch einfach neugierig!

9.8. Motivation aufbauen

Sie wollen oder müssen Aufgaben erledigen, zu denen Sie gar keine Lust haben?

Ihre innere Stimme sagt Ihnen immer wieder, was Sie gerade Interessanteres tun könnten?

Gibt es Aufgaben, die sie voller Spaß erledigen und es manchmal kaum abwarten können, bis Sie es wieder tun dürfen oder können?

Warum machen Sie bestimmte Dinge mit viel Lust und Spaß und andere nicht?

Das Lösen von Problemen oder die Erledigung von Aufgaben hängen stark von unserer Einstellung (Motivation) sowie von unseren damit verbundenen Gefühlen ab.

Während wir bei der Lösung bestimmter Aufgaben sehr schöne Gefühle erzeugen gelingt uns das bei anderen Aufgaben nicht, obwohl häufig die Notwendigkeit der Bewältigung besteht.

Aber warum nutzen Sie Ihr Unterbewusstsein nicht, um auch bei bisher unbeliebten Aufgaben schöne Gefühle zu erzeugen? Dass Sie z.B. kaum noch abwarten können, ihre aufgegeben Hausaufgaben endlich beginnen zu dürfen und bei der Erledigung viel Freude und Befriedigung finden?

Wir helfen dabei:

- Den inneren Schweinehund bekämpfen.

- In der Trance wird das Unterbewusstsein als Partner und Freund gewonnen und neue Einstellungen und Glaubensgrundsätze erarbeitet.

- Was bisher schwer fiel wird danach zur Freude (z.B. Lernen in der Schule, Hausaufgaben, aber auch andere Notwendigkeiten werden neu mit schönen Gefühlen verknüpft).

- Die Schwerpunkte findet jeder in der Trance selber heraus und findet gemeinsam mit dem Unterbewusstsein Wege zur Lösung.
Seien Sie doch einfach neugierig!

9.9. Konzentration verbessern

Fällt es Ihnen auch schwer, sich zu konzentrieren?
Lenkt Sie so vieles ab in Ihrer Umgebung?
Und Sie vergessen daher vieles gleich wieder?
Haben Sie schon mal erlebt, dass es Sie bei einem Ihrer Hobbys oder anderem etwas so gepackt hat, dass Sie fast alles um sich her vergessen haben, bis Sie die Lösung oder das erwünschte Ergebnis hatten? Obwohl Sie sich ansonsten kaum konzentrieren konnten?

Warum benutzen Sie nicht Ihr Unterbewusstsein, um Ihre Ziele zu erreichen?
Die Ursachen mangelnder Konzentration liegen meist entweder im Desinteresse der Sache, in der Überforderung oder im stark ablenkenden Umfeld.
Unter Trance können aber folgende Ergebnisse erreicht werden:
- Man kommt in der Trance zur Ruhe
- Das störende Umfeld kann völlig ausgeblendet werden und es erfolgt eine Konzentration auf das Wesentliche (siehe auch die Erläuterung zu Lernen in Trance)
- Die Motivation in Trance kann auch von den Gefühlen her stark positiv und gewünscht angehoben werden
- Das gewünschte Lernen erfolgt fast von selbst, wird gut behalten, führt anschließend zu Erfolgserlebnissen und zu einer neuen Einstellung zum gewünschten Lernen und damit zu einer besseren Motivation in der Zukunft.
Seien Sie doch einfach neugierig!

9.10. Kraft- und Muskelaufbau unter Hypnose

Sie sind unzufrieden mit Ihrem Körper?

Sie haben schon vieles versucht und mehr Schaden angerichtet damit als Sie wollten?
Oder einfach Ihre Ziele nicht erreicht?

Woher kommt denn das?

In unserem Programm „Problemlösung Gesundheit" wird beschrieben, wie das Unterbewusstsein Zugriff auf alle Körpersteuerprozesse hat. Dabei werden auch sowohl positives und negatives Wachstum als auch Gefühle, z.B. in Bezug zum eigenen Körper, gesteuert.

Wie funktioniert das, wenn ich meinen Körper verändern will?

In Experimenten wurde bereits nachgewiesen, dass sich Muskeln entwickeln, in dem man die Anstrengungen im Traum oder unter Hypnose durchführt. Also die reine Vorstellung reicht bereits aus, um Muskeln entwickeln zu lassen.

Sie können Ihr Unterbewusstsein mit neuen, gewünschten, Affirmationen programmieren. Diese Affirmationen können Sie sich entsprechend Ihren Zielstellungen selbst vorgeben. Dabei gewinnen Sie Ihr Unterbewusstsein als Partner bei der Erreichung Ihrer Ziele.

Ihr Unterbewusstsein kann dann über die Steuerung Ihrer Körperfunktionen begrenzt Ihren Körper wie gewünscht verändern. Darüber hinaus können Sie Ihre Motivation betreffs der Durchführung Ihrer Übungen verbessern, den

Schmerz während Ihrer Übungen und auch danach abschalten und vieles andere mehr.

Seien Sie doch einfach neugierig!

9.11. Probleme lösen in Trance

Wussten Sie, dass große Wissenschaftler und Künstler ihre besten Ergebnisse unter Drogen oder in tranceähnlichen Zuständen erreichten?

Haben Sie auch Probleme oder Aufgaben, bei denen Sie so eine Hilfe gut gebrauchen könnten, ohne das Risiko z.B. der Einnahme von verbotenen Drogen eingehen zu müssen?

Warum nutzen Sie dann nicht die fantastischen Möglichkeiten in Trance? Beauftragen sie doch Ihr Unterbewusstsein, Lösungen in einer bestimmten Zeit zu finden! Sie werden sich wundern, welche Ergebnisse Sie jetzt erhalten, die Ihnen vorher „nie im Traum" eingefallen wären.

Seien Sie doch einfach neugierig!

9.12. Gesundheit – Probleme lösen unter Hypnose

Haben Sie gesundheitliche Probleme und niemand findet die Ursache?

Oder die Lösung für Ihr Problem gefällt Ihnen gar nicht?
Werden Sie nicht ganzheitlich behandelt, so dass Körper und Psyche eine Einheit bilden?
Sind Sie mit der bisherigen Behandlung nicht zufrieden?

Gibt es zu viele Nebenwirkungen?

Oder wollen Sie auf Medikamente oder andere Hilfsmittel verzichten?

Wir wollen hier weder Ihren Hausarzt noch Ihren Spezialisten ersetzen, aber auch diese kommen schnell an ihre Grenzen. Die heutige klinische Medizin betrachtet häufig nur den Körper und lässt die Psyche meist außen vor.

Dabei haben viele Leiden psychosomatische Ursachen und die Ärzte therapieren nur an den Symptomen herum, ohne Ihnen wirklich zu helfen. Teilweise wird durch dieses falsche Therapieren Ihre Situation sogar noch verschlimmert.

Warum benutzen Sie nicht Ihr Unterbewusstsein für die Analyse Ihres Leidens und die Selbstheilungskräfte Ihres Körpers?

Haben Sie noch nie von Spontanheilungen gehört, die von den Ärzten als nicht heilbar eingestuft wurden?

Unsere Programm hilft Ihnen, gemeinsam mit Ihrem Unterbewusstsein festzustellen, wo die Ursachen für Ihr Leiden liegen. Diese Art des Herangehens an die Anamnese und die Diagnose ist heute fast unbekannt, birgt aber enorme Möglichkeiten.

Anschließend erhält das Unterbewusstsein den Auftrag, Lösungen für die Heilung zu finden und mit dem Heilungsprozess zu beginnen.

Das kann je nach Krankheit oder Leiden auch eine längere Zeit dauern, aber hier können Ergebnisse erzielt werden, die die heutige klassische Medizin nicht erreichen kann.

Aber auch hier noch mal unsere Bitte: Unser Programm ist nicht da, um Ihren ärztlichen Spezialisten zu ersetzen! Kombinieren Sie unser Programm mit Ihrer ärztlichen Therapie!

Seien Sie doch einfach neugierig!

9.13. Neue Energie und Schutzschild aufbauen mit Hypnose

Sie fühlen sich ständig von den Menschen und Ihrer Umwelt bedroht?

Sie sind unsicher und fühlen sich in vielen Situationen schutz- und wehrlos?

Diese Situationen saugen die psychische und körperliche Energie aus Ihnen?

Warum nutzen Sie nicht Ihr Unterbewusstsein und bauen einen mentalen Schutzschild

um sich herum?

Viele Menschen fühlen sich genauso wie oben beschrieben und finden keine sinnvolle Lösung dagegen.

Auch der Vorsatz „ich werde jetzt stärker in dieser Situation sein" wird meist nicht funktionieren. Das Bewusstsein hat über lange Zeit gelernt, dass Sie in der Situation nicht stark waren und wird Ihnen signalisieren, dass Sie es auch in Zukunft nicht sein werden. Und diese negativen Situationen sind stark gefühlsbetont. Gefühle lassen sich bewusst nur schwer ändern.

Das Bewusstsein kann aber umlernen aus positiven Erlebnissen.

Welchen Nutzen haben sie bei der Anwendung unseres Programmes?

Sie entspannen sich und nehmen Abstand von den bedrohlichen Situationen.

Sie lernen, in diese problematischen Situationen ohne negative Gefühle zu gehen.

Sie gehen in diese Situationen ganz entspannt und können jetzt mit Abstand das Geschehen und die Entwicklung betrachten und analysieren.

Jetzt haben Sie auch die Ruhe, sinnvolle Lösungen für diese Situationen zu finden.

Niemand kann Sie jetzt mehr aus der Ruhe und aus dem Gleichgewicht bringen.

Seien Sie doch einfach neugierig!

9.14. Prüfungsängste verlieren

Kennen Sie das auch?

Sie haben lange für die Prüfung oder Leistungskontrolle „gebüffelt" und auf einmal ist alles weg.

Oder ihr Herz beginnt zu rasen und Sie kommen ins Schwitzen.

Brauchen Sie diese Angst?

Warum tun Sie sich das an und gehen nicht ganz entspannt in Ihre Prüfung und zeigen allen voller Stolz, was Sie alles wissen und können? Wie andere erfolgreiche Prüflinge auch!

Prüfungsängste gehören nicht zu unseren angeborenen Urängsten, sondern wurden durch Eltern, Lehrern, Mitschülern und Freunden anerzogen: "Wenn Du nicht gut lernst, dann wirst Du ...!". Das Erfolgserlebnis bleibt häufig aus und die Angst vor Konsequenzen wird mit jedem Schuljahr größer. Dazu kommen Ausgrenzungen aus gesellschaftlichen Bereichen und verfestigte Versagensängste.

Aber, was Sie gelernt haben können Sie auch wieder verlernen bzw. durch positives Lernen (Erlebnisse) wieder überschreiben. Mit unserem Programm lernen Sie in Trance, wie Sie voller Ruhe und Gelassenheit in Ihre Prüfung gehen und dort voller Stolz zeigen was Sie gelernt haben.

Seien Sie doch einfach neugierig!

9.15. Gewinner – Ziele erreichen - Selbstprogrammierung mit Hypnose

Wollen Sie zu den Gewinnern gehören?

Was verstehen sie denn unter einem Gewinner?
Wir wollen hier keine Menschen vorstellen, die durch einen glücklichen Zufall wie einen Lottogewinn zu den Gewinnern gehören, sondern wir wollen hier erklären, wie Sie ganz zielgerichtet zu einem Gewinner werden!

Was zeichnet denn echte Gewinner aus?

Gewinner setzen sich konkrete Ziele und tun dann alles dafür, diese auch in annehmbaren Zeiten und mit annehmbarem Aufwand zu erreichen!
Gewinner sind also begeisterungsfähig, leistungsfähig und zielstrebig.
Da aber auch Gewinner nicht allein auf einer einsamen Insel leben ist es für sie notwendig, mit anderen Menschen die Verbindungen einzugehen, die für das Erreichen der Ziele notwendig sind.
Gewinner wissen, was sie tun müssen, um genau diese Menschen für sich „zu gewinnen".
Gewinner benötigen also Menschenkenntnis und die richtige Art, auf die gewünschten Menschen zuzugehen und bei diesen positive Gefühle auszulösen.
Sie können auch geduldig sein oder die Strategie, Ihre Ziele zu erreichen, jederzeit ändern und an veränderte Bedingungen anpassen.
Mit diesen Fähigkeiten ist es für den richtigen Gewinnertyp egal, ob er jetzt viel Geld verdienen will, im Sport die Nummer 1 sein, eine Frau erobern oder die Welt verändern will. Mit diesen Fähigkeiten kann er fast alles erreichen, was er will!

Wenn Gewinner merken, dass sie mit ihren Zielstellungen nicht glücklich werden können setzen sie sich andere Ziele!
Und was haben Sie davon?

Nun, Gewinner sind glücklich. Wer nicht glücklich ist kein Gewinner!
Sie haben Erfolgserlebnisse, Glücksgefühle, Sicherheit, Selbstvertrauen u.a. wichtige mehr! Was wollen Sie noch mehr?
Unser Programm „Gewinner – Ziele erreichen" ist ein Werkzeug zur Programmierung Ihres Unterbewusstseins, wenn Sie zu den künftigen Gewinnern zählen möchten!

Seien Sie doch einfach neugierig!

9.16. Traumbewusstsein erlernen unter Hypnose

Können Sie festlegen, was Sie in der Nacht träumen?

Können Sie im Traum alles machen, was Sie in der Realität nicht können?
Und das auch noch viel schöner und intensiver als in der Realität?
Natürlich kann man mit einem bewussten Träumen sehr viel mehr machen.
Man kann Lösungen finden, man kann kreativ sein, man kann Beziehungen oder Situationen analysieren, man kann heilen – alles was man für wichtig hält und im normalen Wachbewusstsein nicht oder nicht so gut kann.

Und Sie? Können Sie das bereits oder wollen Sie es schnell erlernen?

Seien Sie doch einfach neugierig!

9.17. Selbstvertrauen aufbauen

Sie sind schüchtern oder haben Angst, andere Menschen anzusprechen?

Sie trauen sich nicht, viele und wichtige Lebensaufgaben zu lösen?

Sie bewundern andere Menschen, wie leicht und locker diese mit den Lebenssituationen umgehen, in denen Sie Probleme haben?

Warum ändern sie Ihre Situation nicht mithilfe Ihres Unterbewusstseins?

Werden sie doch genau so locker und lösen die gestellten Aufgaben mit der gleichen Leichtigkeit!

Mangelndes Selbstvertrauen entsteht in der Regel durch falsche Erziehung oder durch das Erleben stark negativer Ereignisse, kaum durch genetische Defekte.

Mangelndes Selbstvertrauen ist also negativ Gelerntes.

Negativ Gelerntes kann man auch wieder durch positiv Gelerntes überschreiben, aber ohne fremde Hilfe kommt man da selten aus dem Teufelskreis.

Immer dann, wenn man den Willen hat und sich sagt „das schaffe ich jetzt" sagt das Bewusstsein „Du hast das bisher nicht geschafft also wirst du es jetzt auch nicht schaffen". Dann hat man eine sich selbst erfüllende Prophezeiung.

In Trance dagegen kann man in Rollen sehr erfolgreicher Menschen schlüpfen und diese Erfahrung selbstbewusster und erfolgreicher Menschen machen, die locker sind und denen alles leicht fällt. Je öfter man in diese Rollen geht um so mehr nimmt man diese Eigenschaften an. Das negativ Gelernte wird immer stärker überschrieben bis auch das Bewusstsein diese neuen Persönlichkeitseigenschaften von Ihnen akzeptiert.

Nehmen Sie in Trance die Rolle solcher Menschen an, die Sie bewundern und Sie gern so sein wollen, wie diese. Das können Menschen aus Ihrem Umfeld sein, Menschen aus Filmen oder von Ihnen ganz neu erdachte.

Seien Sie doch einfach neugierig!

9.18. Gegen Burnout und Stress
Burnout = nervliche Überlastung (Stressbewältigung)

Sie haben Stress, sind unruhig, haben Augenflattern, Magenschmerzen, ständiges Herzklopfen, Hautreizungen?

Sie sind körperlich und psychisch erschöpft und finden trotzdem keine Ruhe?

Was ist Burnout? – kurz erklärt

Burnout ist eine körperliche, emotionale und geistige Erschöpfung aufgrund beruflicher Überlastung.

Woher kommt das?

Quelle für Burnout ist häufig eine falsche Arbeits- oder Lebensorganisation, Übernahme von zu viel Verantwortung und zu hoher Dauerbelastungen. Es kommt zu einem Ungleichgewicht zwischen Leistungsfähigkeit und den meist selbst auferlegten Anforderungen, die wie auch bei einer Maschine bei ständiger Überlastung auf die Dauer zum Schaden führen muss. Die Quellen für diese Überforderungen können vielfältig sein.

Und obwohl es häufig Lösungen für die Probleme gibt ist die Leistungsfähigkeit so weit ausgereizt, dass für die Lösungsfindung keine psychischen Reserven mehr zur Verfügung stehen.

Was kann man dagegen tun?

Spruch: Bevor sich ein Unternehmer hinstellt und 8 Stunden hart arbeitet setzt er sich 5 Minuten hin und denkt nach.

Als erstes Ruhe und Entspannung suchen, um neue Energie und Kraft zu tanken. Abstand zu den Problemen zu bekommen, damit man diese überhaupt erst einmal erkennen kann. Analysieren der Probleme und deren Ursachen und finden von sinnvollen Lösungen. Und anschließend die Probleme schrittweise lösen unter Einbeziehung der Hilfe von Partnern.

Unser Programm als Lösung

- Ruhe und Entspannung, um den Kreislauf von Stress und Überlastung zu durchbrechen sowie neue psychische Kraft und Energie aufzunehmen.

- Das Unterbewusstsein als Partner gewinnen, um Lösungen zu erkennen, die man in den Stresssituationen nicht finden kann (aus unserem Programm Problemlösung). Herstellung des Gleichgewichts zwischen Anforderungen und den persönlich zur Verfügung stehenden Ressourcen (Wie erreiche ich meine Ziele mit meinen Ressourcen an Zeit, Kraft, Nerven?)

- Stärkung des Selbstvertrauens (aus unserem Programm Gewinner-Selbstvertrauen).

Seien Sie doch einfach neugierig!

9.19. Schmerzen vergessen

Sie haben häufige oder ständige Schmerzen?

Sie nehmen starke Medikamente und vergiften damit Ihren Körper?
Wussten Sie, dass Sie lernen können, in einer kurzen Selbsthypnose Ihre Schmerzen abzuschalten wie mit einem Schalter?

Es reicht aber nicht aus, wie bei Tabletten den Schmerz einfach nur wegzunehmen. Wenn an Ihrem Auto eine rote Warnleuchte aufleuchtet werden Sie auch den Draht zur Lampe wegschneiden und haben damit das Problem gelöst? Genau so wirken aber Schmerzmittel, nicht anders. Da die rote Warnleuchte nicht mehr leuchtet fühlen sich viele Klienten wieder besser und überlasten ihren Körper noch mehr - eine Abwärtsspirale!

Hier können Sie nicht nur Schmerzen abschalten, sondern Ihr Unterbewusstsein beauftragen, die Ursachen für die Schmerzen zu finden und Lösungen zur Heilung! Das ist der größte Unterschied zu Tabletten und Therapien, die nicht ganzheitlich sind und damit die Ursachen ignorieren.

Warum nutzen Sie nicht Ihr Unterbewusstsein, um diese Zustände zu verändern? Leicht und ohne Nebenwirkungen!

Lernen Sie mit unserem Programm Lösungen zu finden, die Ihr Leben viel leichter und interessanter machen!

Seien Sie doch einfach neugierig!

9.20. Migräne bearbeiten mit Selbsthypnose

Sie haben wiederkehrende Migräneanfälle?

Sie nehmen starke Medikamente dagegen und vergiften damit Ihren Körper?

Warum nutzen Sie nicht Ihr Unterbewusstsein, um diese Zustände zu verändern? Leicht und ohne Nebenwirkungen!

Wussten Sie, dass Sie lernen können, in einer kurzen Selbsthypnose Ihre Schmerzen abzuschalten wie mit einem Schalter und Ihre Migräne für Sie und alle anderen erträglich zu machen?

Mit diesem Programm können Sie weiter erfahren, welche Ursachen (Quellen) Ihre Migräne hat und anstatt die Symptome wie bisher mit Medikamenten zu bekämpfen kann Ihr Unterbewusstsein ganz gezielt an der Heilung der Ursachen arbeiten.

Seien Sie doch einfach neugierig!

9.21. Ängste auflösen

Haben auch Sie noch Ängste vor Personen, vor Tieren oder vor   Situationen?

Brauchen sie diese Ängste und wollen Sie diese weiter behalten?
Oder lebt es sich besser ohne diese Ängste?

Warum nutzen Sie dann nicht die fantastischen Möglichkeiten in Trance?

Wo kommen denn Ängste her und brauchen wir sie?

Ängste wurden von der Natur als überlebenswichtiges Verhalten für gefährliche Situationen entwickelt.

Auch heute noch sind Ängste wichtig, um sich vor gefährlichen Situationen zu schützen oder ihnen auszuweichen.

In den meisten Alltagssituationen sind aber viele Ängste meist sehr hinderlich.

Zum Beispiel leiden viele Menschen unter anerzogenen Prüfungsängsten, Ängste gegen Vorgesetzte oder andere

Menschen, gegen bestimmte Situationen (Dunkelheit, Höhenangst, Platzangst) oder Phobien gegen Spinnen, Schlangen, Mäuse oder Frösche.

Diese Ängste können ein erfolgreiches Leben oder ein glückliches Leben enorm einschränken oder gar unmöglich machen.

Solche Ängste sind erlernt. Kleine Kinder haben mit Spinnen so lange überhaupt kein Problem, bis andere Menschen aufschreien und diese Tiere damit als besonders bedrohlich im Gehirn des Kindes abgespeichert werden. Kleine Kinder kennen auch noch keinen Ekel und essen nicht selten Würmer oder Insekten so lange, bis andere Menschen ihnen das als ekelhaft vermitteln. In Asien oder Afrika sind derartige Tiere nicht selten als Leckereien bekannt.

Das Lernen von Ängsten und Ekel ist meist mit intensiven Gefühlserlebnissen verbunden und wird daher nicht problemlos wieder vergessen wie z.B. erlerntes Wissen wie Vokabeln oder Formeln. Dieses Lernen unter Gefühlen kann durch positives Lernen wieder überschrieben werden, aber das fällt den Betroffenen meist sehr schwer.

Eine wirksame Methode ist die systematische (schrittweise) Desensibilisierung, wie Sie es vielleicht aus dem Fernsehen kennen. Die Anwendung im Wachzustand kann aber psychisch sehr stark belasten und möglicherweise zu neuen Komplikationen führen.

Unter Hypnose gibt es viele elegantere Lösungen, erlernte Ängste durch positive Erlebnisse wieder zu überschreiben. So kann in Hypnose das Gefühlserlebnis Angst gezielt abgeschaltet werden, es kann als etwas betrachtet werden, was einen nicht selbst berührt, z.B. wie in einem Fernsehfilm und dergleichen mehr.

Seien Sie doch einfach neugierig!

9.22. Amnesie - Vergessen können von psychischen Belastungen

Kennen Sie das, dass einen bestimmte Erlebnisse so festhalten, dass man an
fast nichts anderes mehr denken kann? Dass diese Erlebnisse unsere Leistungsfähigkeit und Lebensfreude stark einschränken?

Woher kommt denn das?

 Es gibt Situationen, die so stark auf uns einwirken, dass sie mehr oder weniger schwere seelische Verletzungen hervorrufen können. Das betrifft nicht nur physische Gewalt, die unseren Körper verletzt, sondern auch psychische Ereignisse, die unsere Gehirnleistung in dem Augenblick stark überfordert und so etwas ähnliches wie einen Kurzschluss auslöst.

Auch langfristige Einwirkungen können zu derartigen Ergebnissen führen.

Was kann man dagegen tun?

Als Voraussetzung ist es notwendig, Ruhe und Entspannung zu finden, um mehr
Abstand zu gewinnen.

Dazu gibt es mehrere Wege:

- Unter Hypnose alle Gefühle abschalten und die Situation aus der Ferne beobachten wie im Fernsehen ohne eigene psychische Beteiligung. Diese Methoden werden z.B. in der Behandlung von Ängsten und Phobien als schrittweise Desensibilisierung angewandt zur Auflösung und Verarbeitung der Ursachen. Im Wachzustand kann diese Methode jedoch starke Nebenwirkungen und neue psychische Schäden erzeugen!

- Genauso, wie man etwas völlig neu lernen kann ist es möglich, auch wieder etwas zu verlernen. Dass man etwas wieder verlernen kann haben Sie im Leben schon sehr oft erlebt, oder können Sie sich noch an alles erinnern, das Sie irgendwann mal gelernt und auch gut beherrscht haben? Es ist auch gezielt erreichbar, sich an etwas nicht mehr zu erinnern.

- Je nach Situation kann es ebenfalls sinnvoll sein, mit einer Person oder einer Situation seinen ganz persönlichen Frieden zu schließen und damit selbst künftig in Ruhe leben zu können (Vergebung bzw. Versöhnung z.B. nach einem langwierigen Streit).

Seien Sie doch einfach neugierig!

9.23. Nichtraucher werden

Wollten Sie auch schon immer das Rauchen aufgeben?

Haben auch Sie schon viele erfolglose Versuche hinter sich?

Dann sollten Sie es mal mit Hypnose versuchen!

Endlich Rauchfrei - Was hindert Sie daran?

Laut der Weltgesundheitsorganisation sterben jedes Jahr 5 Millionen Menschen an den Folgen des Tabakkonsums. Trotzdem schaffen es nur wenige Menschen mit dem Rauchen aufzuhören. Warum, obwohl das Rauchen doch so viele Nachteile für Sie hat?

Ständiges Rauchen macht körperlich und seelisch genau so abhängig wie ständiger Konsum von Rauschgiften und Alkohol. Aus dieser Abhängigkeit schaffen es nur wenige Menschen ohne fremde Hilfe auszubrechen.

Wer rechtzeitig aufhört lebt bis zu 10 Jahren länger, spart viel Geld und viele andere Nachteile.

Die meisten Menschen wollen mit dem Rauchen ohne fremde Hilfe aufhören und scheitern daran regelmäßig. Ihr Unterbewusstsein ist dabei ihr größter Feind.

Was verändert sich für Sie ohne das Rauchen?

Neben einer wesentlich verlängerten Lebenszeit und höheren körperlichen und geistigen Leistungsfähigkeit ist die bessere Gesundheit schon Argument genug.

Aber auch die Lebensqualität steigt, Geld kann für sinnvollere Dinge ausgegeben werden.

Wer den Ausstieg schafft erhält von seinen Mitmenschen eine höhere Anerkennung für seine Willensstärke und ist Vorbild für die Kinder.

Und nicht zuletzt soll der unangenehme Geruch in Wohnung und PKW genannt sein.

Warum lösen sie Ihr Problem nicht jetzt? Seien Sie doch einfach neugierig!

9.24. Traumkörper und Gewicht

Sie sind unzufrieden mit Ihrem Körper?

Sie haben schon mehrere Diäten hinter sich und danach war es noch schlimmer als vorher?

Sie wollen sich verändern, aber wissen nicht wie?

Und Nahrungsergänzungsmittel, die z.B. die Verbrennung erhöhen haben zu viele Nebenwirkungen?

Ein falsches Körpergewicht (wie erhebliches Übergewicht) kann mehrere Ursachen haben, so u.a.:

- Essen aus Langeweile (am häufigsten).

- Essen als Ersatzhandlung für unbefriedigte andere Wünsche.
- Unnormal großes Hungergefühl über lange Zeiten.

Nun ist das allein noch nicht das große Problem. Meist wird dann aber auch noch falsch gegessen.

Große Mengen an Fett, Zucker, Kohlehydraten führen dann schnell zum Übergewicht. Nicht selten werden diese durch Appetitmacher am Abend wie Bierkonsum noch verstärkt.

Im Gegensatz dazu haben viele Obst- und Gemüsesorten kaum Kalorien, aber viele nützliche Ballaststoffe, Vitamine und Spurenelemente.

Aber schmeckt mir das auch und reicht mir das zu meiner Bedürfnisbefriedigung aus?

Wie kann es also funktionieren?

In Trance hat unser Unterbewusstsein Zugriff auf die Steuerung unserer Körperfunktionen und auch unserer Gefühle.

Hier können wir also lernen, was unser Körper machen soll (Fett verbrennen oder anderes) und welche Einstellungen und Gefühle wir in welcher Situation entwickeln.

Wir können also in Trance unserem Körper anweisen, dass wir (abends?) weniger Hunger oder Appetit oder gar ein richtiges Sättigungsgefühl haben und wenn wir schon was naschen dass wir dann Appetit auf etwas Gesundes wie Obst und Gemüse haben. Und, wir können unserem Körper sogar anweisen, dass uns ab sofort etwas gut schmeckt, was wir bisher nie gegessen haben. Eine Geschmacksumstellung!

Wir haben ein großes Glücksgefühl bei der Umstellung unserer Lebensweise.

Was muss ich dabei beachten (Nebenwirkungen)?

Je nach persönlicher Einstellung kann es zu Überreaktionen kommen, so dass eine Unterernährung durch falsche Programmierung ihres Unterbewusstseins erfolgen kann. Wir haben unser Programm so entwickelt, dass das im Normalfall vermieden wird.
Planen Sie ganz bewusst über den Tag eine ausgewogene gesunde Ernährung und vergessen Sie bitte auch die ausreichende Flüssigkeitsaufnahme nicht!

Bei Menschen, bei denen Essen als Ersatzhandlung diente muss das Leben neu betrachtet und geordnet werden. Hier müssen für die entstehende Lücke (bisher Essen) neue Interessen gefunden werden. Sollte im bisherigen Leben das Essen die einzige verbliebene Freude gewesen sein wird bei Wegfall dieser letzten Freude ansonsten Depression eintreten, die bis zum Suizid führen kann!

Hier müssen also neue Lösungen gefunden werden. Diese sollten mit Erfolgsanreizen versehen sein.

Das können z.B. sein.

- Treffen mit Menschen mit gleichen Problemen (Leidensgenossen) und informeller Austausch

- Welchen Hobbies oder Interessen bin ich früher nachgegangen und kann ich diese aktivieren?

- Beginne ich jetzt endlich etwas, was ich schon lange machen wollte?

- Kann ich ehrenamtlich anderen Menschen helfen
usw.

Seien Sie doch einfach neugierig!

9.25. Besser schlafen und erholen

Können Sie abends auch so schlecht einschlafen, obwohl Sie am nächsten Morgen wieder voll leistungsfähig sein müssten?

Gehen Ihnen noch alle möglichen Gedanken durch den Kopf, die Sie aufregen und am Einschlafen
lange Zeit hindern?

Oder haben Sie Träume, die einen erholsamen Schlaf nicht zulassen?
Lassen Sie ihren Kopf immer das tun was er will aber nicht Sie?
Warum nutzen sie nicht Ihr Unterbewusstsein dafür, das zu erreichen, was Sie wollen?
Mit unserem Programm „Besser schlafen" lernen Sie einerseits, fast „auf Knopfdruck" abends zu entspannen und schnell erholsam einzuschlafen.
Weiterhin können Sie nach Bedarf bestimmen, was Sie träumen möchten!
(siehe auch die Beschreibung zu unserem Programm „Traumbewusstsein").
Würde das nicht Ihren Wünschen entsprechen?
Seien Sie doch einfach neugierig!

9.26. Hypnose gegen Depression

Sie haben Depressionen und diese Depressionen schränken Ihr Leben zu stark ein?
Sie sind damit zu unglücklich und kaum leistungsfähig?
Viele Dinge gelingen Ihnen nicht mehr?
Ihr Arzt oder Psychotherapeut verschreibt Ihnen nur starke Medikamente, die aber nur begrenzt helfen oder die Sie ablehnen?

Warum benutzen sie nicht Ihr Unterbewusstsein, um da wieder raus zu kommen?

Depression – das war gestern

Depressionen können unseren Lebensraum, unsere Leistungsfähigkeit, unsere Lebensfreude und Lebensqualität ganz erheblich einschränken und im Extremfall bis zum Suizid oder schweren psychosomatischen Erkrankungen führen.

Woher kommt denn das?

Depressionen können durch körperliche Einflüsse, viel häufiger aber durch seelische Leiden verursacht werden. Zwischen den Gehirnnervenzellen (am synaptischen Spalt) ist das Verhältnis der Botenstoffe (Neurotransmitter wie Serotonin, Dopamin, Endorphine, Oxydocin usw.) erheblich gestört. Dieses Verhältnis der Neurotransmitter zueinander entscheidet darüber, ob wir uns voller Freude, ängstlich, depressiv oder gestresst fühlen. Diese Neurotransmitter können sowohl zu wenig gebildet werden als auch von der Empfängerzelle zu stark gehemmt werden.

Was kann man dagegen tun?

Bei körperlichen Beschwerden sollten die Ursachen ermittelt werden (z.B. unser Programm „Problemlösung-Gesundheit") und ein Heilungsprozess initiiert werden.

Ärzte verschreiben i.d.R. Psychopharmaka, z.B. Stimmungsaufheller oder Beruhigungsmittel (Antidepressiva, Tranquilizer) zur Anwendung. Diese besitzen aber unterschiedliche Nebenwirkungen. Weiterhin wird wie üblich an den Symptomen „rumgedoktert", anstatt nach den Ursachen zu suchen.

Da die Botenstoffe in unserem Gehirn selbst gebildet werden kann über unser Unterbewusstsein eine Veränderung unter Hypnose erreicht werden und auch die tatsächlichen Ursachen bearbeitet werden.

Depressionen durch zu hohe nervliche Belastungen entstehen meist dadurch, dass bestimmte Probleme eine zu große Bedeutung erlangen und man dann in dem Kreis der wiederkehrenden Gedanken gefangen ist und ihn ohne fremde Hilfe nicht mehr verlassen kann. Wie bei einer Resonanz können die Auswirkungen über die Zeit immer schwerer werden.

Unser Programm als Lösung bei nervlichen Ursachen (ansonsten siehe unser Programm „Problemlösung gesundheit")

- Erzeugung von Ruhe, Sicherheit und Abstand zu den Problemen

- Beenden des Kreises der ständigen Wiederholung (Gedankenstopp)

- Aufarbeitung der Problemstellung und eine Neuzuordnung der Wertigkeit

- Anregung der Produktion von körpereigenen Glückshormonen

- Mit Hilfe des Unterbewusstseins Suche nach neuen Werten (Freuden) und Sicherheiten im Leben als Alternativen zu den bisherigen Einschränkungen.

Seien Sie doch einfach neugierig!

9.27. Weg von Alkohol und Drogen

Sie sind alkoholabhängig und wollen davon weg, wissen aber nicht wie?

Sie haben Angst vor den starken Entzugserscheinungen?
Sie haben bereits klinischen Entzug und klinische Therapien erfahren, aber das hat bei ihnen nicht viel bewirkt?

Wenn für Sie diese Zustände so notwendig waren, warum nutzen Sie nicht die körpereigenen Rauschmittel unter Trance, um in diese Zustände zu kommen? Alle Zustände, die Sie kennen und wollen!

Und Sie sparen Geld, Entzugserscheinungen, Abhängigkeit und seelischen und körperlichen Verfall und Ihr persönliches Umfeld wird sich wieder verbessern!

Ist das keine viel bessere Alternative?
☐

Clean - weg von Alkohol

Es gibt 2 Stufen beim Rauschmittelmissbrauch: die Abhängigkeit und die Steigerung dazu, die Sucht. In beiden Stufen entsteht großer Schaden für die betroffene Person selbst als auch für das persönliche Umfeld, der bis zum körperlichen Verfall, zur Beschaffungskriminalität und Einsatz körperlicher Gewalt wegen der häufigen Unbeherrschbarkeit von Gefühlen in den Rauschzuständen reicht.
Woher kommen die Süchte?

Die Quellen können sehr unterschiedlich sein. Zum größten Teil sind es unbewältigte persönliche Probleme, für die ein Ausweg gesucht wird oder einfach nur Neugier.

Zum anderen kann das ein Umgang mit den „falschen" Leuten sein, die einen zum Missbrauch bis zur Sucht verführen.

Leider gelingt es kaum einem der Betroffenen, ohne fremde Hilfe aus der Situation wieder heraus zu finden, sondern der Zustand verschlimmert sich über die Zeit sowohl beim Abbau der Gesundheit als auch im sozialen Umfeld immer mehr. Dazu kommt erschwerend hinzu, dass eine immer größere Menge an Rauschmitteln benötigt wird, bis der gewünschte Zustand eingetreten ist.
Was kann man dagegen tun bzw. welche Lösungen gibt es?

Zum einen muss der Betroffene gewillt sein, seine Situation grundlegend zu ändern. Ohne den freien Willen gibt es keine Lösung.

Weiterhin muss der Kreis der „Verführer" für immer verlassen werden.

Die möglichen persönlichen Probleme müssen entweder geklärt werden oder einen weniger wichtigen Stellenwert erhalten.

Zum Alkoholmittelmissbrauch müssen Alternativen gefunden werden, die für den Betroffenen einen höheren Wert in seinem Leben besitzen.

Interessant ist, dass Rauschmittel wie auch Alkohol nur deshalb wirken, weil sie als Neurotransmitter in unserem Körper selbst gebildet werden, mit der Überdosis der Zuführung aber dann zu den genannten Problemen führen.

Unser Programm als Lösung

- Der Wille zum Beenden des Alkoholmissbrauchs wird gestärkt

- Starke Entzugserscheinungen können im entspannten Zustand „vergessen" werden (sh.CD Schmerzen oder Migräne

- Ähnlich unserer CD „Probleme lösen" wird nach Lösungen gesucht, die ein anderes Verhältnis zu den möglichen persönlichen Problemen herstellen und die Gefühlsebene dazu verändern.

- Ähnlich unserem Programm „Probleme lösen" wird das Unterbewusstsein als Partner benutzt, um lebenswerte Alternativen zum Alkoholmissbrauch zu finden.

- In noch nicht bewältigten Situationen kann das Programm benutzt werden, um Abstand von der Außenwelt und Ruhe und innere Sicherheit zu finden.

- Teile unseres Programmes „Gewinner-Selbstvertrauen" fließen in das Programm ein.

- Bei Bedarf kann unter Hypnose ein gleichartiger Zustand erreicht werden wie bei der Einnahme von Rauschmitteln wie z.B. Alkohol selbst. Damit können bei gleichem erlebtem Ergebnis für den Betroffenen die Gefahren und die Schäden vermieden werden. Das betrifft alle bekannten Rauschmittel!

Seien Sie doch einfach neugierig!

9.28. Zahnarzt, Operation, Spritzen - ganz entspannt

Haben Sie auch Angst vor dem Zahnarzt, vor Operationen oder vor Spritzen?

Wie wäre es, wenn Sie sich z.B. auf den Zahnarztstuhl setzen, dort in eine Trance gehen und während der Zeit, in der der Zahnarzt Ihre Zähne „repariert" irgendwo anders sind – auf einer bunten Wiese, zu Hause vor dem Fernseher oder Sie baden am Strand?

Und wenn die Zähne fertig sind wachen Sie wieder auf und gehen ausgeruht und voller schöner Gefühle nach Hause?

Ihnen geht es gut und die Zähne sind auch wieder in Ordnung.

Und warum haben Sie das bisher noch nicht gemacht?
Seien Sie doch einfach neugierig!

9.29. ADHS – Wege zur Lösung

Wurde bei Ihnen oder Ihren Kindern ADS oder ADHS diagnostiziert oder fühlen Sie es so?

Was wissen sie bereits über ADS/ ADHS?

Haben Sie sinnvolle Lösungen, wie man damit umgeht oder gar abbauen kann?

Woher kommen ADS und ADHS?

Im Gegensatz zur herkömmlichen Meinung, dass ADS und ADHS angeboren wären wissen wir heute, dass diese sich fast immer durch falsche und überhöhte Anforderungen im Kindesalter oder als Jugendliche entwickeln.

Das können sein: Druck und Stress in der Schule und in der Familie, Probleme mit Mitschülern oder Freunden, Termine durch Hobbies und viele andere mehr.

Dazu kommen noch die Probleme mit der eigenen Entwicklung des Körpers und der Seele. Meist haben Betroffene keinen Partner, der ihnen bei der Lösung und Bewältigung der Vielfalt der Probleme hilfreich und ausreichend zur Seite steht.

Die Entwicklung von ADS und ADHS ist meist eine Spirale, die bei der Lebensentwicklung stetig abwärts führt.

Wirklich wirksame Therapien gegen ADS und ADHS werden kaum angeboten oder durchgeführt.

Dafür werden für alle Betroffenen sehr problematische Medikamente schnell verschrieben, die starke Nebenwirkungen mit sich bringen und in der Zukunft die Probleme eher noch weiter verschärfen, als Lösungen zu bringen. Das ist besonders für Psychotherapeuten eine einfache Lösung, um eigene Verantwortung und Zeitaufwand zu vermeiden. Die Hinweise zur notwendigen psychotherapeutischen Begleitung werden von den Therapeuten meist ignoriert. Ursachen werden weder erforscht noch bearbeitet.

Diese Medikamente auf Methylphenidat – Basis (Handelsname u.a. Ritalin) benötigen mit der Zeit durch die Gewöhnung des Körpers immer höhere Dosen bis die Höchstdosis erreicht ist und dann meist das Chaos ausbricht. Viele Länder haben daher diese Medikamente bereits verboten (bitte mal „Ritalin + Verbot" googeln! – siehe auch „Langzeitnebenwirkungen"). Methylphenidat gehört zu den Derivaten von Amphetamin, die meistens nach dem Betäubungsmittelgesetz verboten sind. Auch Ritalin wird auf einem besonderen Rezept ausgestellt. Wir haben Betroffene beobachtet, die später dann auch für die Einnahme weiterer (dann verbotener) Stoffe nach BtMG offen waren.

Ab wann können unsere CDs eingesetzt werden?

Wir sind keine speziell ausgebildeten Kinderpsychotherapeuten, so dass wir empfehlen, unsere Programme bei Bedarf frühestens ab einem Alter von 10 – 12 Jahren einzusetzen.
Solche verfestigten Probleme beim Lernen und Fühlen lassen sich nicht in kurzer Zeit lösen sondern müssen längere Zeit konstant wiederholt werden.
Bei Kindern ist es notwendig, einen verständnisvollen Partner für die Begleitung zu finden, der sich auch mit den Ursachen befasst und mit dem Kind bessere Lösungen erarbeitet und anbietet!
Welchen Nutzen haben jetzt unsere Programme?

Als erstes wird ermöglicht, Ruhezustände zu erlernen und nach Bedarf leicht zu wiederholen.
Die besonders während der Hyperaktivitäts – Phase wirkenden starken Gefühle werden gedämpft und gelernt, sie besser zu beherrschen.

Es wird die Frage geklärt, was wirklich wichtig ist für die eigene weitere Lebensentwicklung und mehr Ordnung in das Denken und Fühlen gebracht.

Nachdem eine Einengung auf wichtige Entwicklungsprozesse erfolgt ist werden Ziele für die Zukunft und die Motivation, diese zu erreichen, erarbeitet.

Jetzt können Motivation und Konzentration gezielt gestärkt werden.

An den erreichten Ergebnissen kann der Stand der Besserung und des Fortschritts gemessen werden und der weitere Einsatz unserer CDs geplant werden.

Seien Sie doch einfach neugierig!

9.30. Reinkarnation

Haben Sie schon seltsame Situationen erlebt wie z.B. Déjà-vu:

- hier war ich schon einmal

- den Menschen habe ich vorher nie gesehen und trotzdem kenne ich ihn

- Im Traum Kontakt mit Verstorbenen gehabt

oder ähnliches?

Manche nennen es das morphische- oder morphogenetische Feld, andere sehen es in einer Matrix, manche nennen es Informationsfeld, über das wir Menschen mit anderen und der Natur verbunden sind.

Ist es auszuschließen, dass Verstorbene Ihre Spuren in diesem Feld hinterlassen haben?

Naturvölker jedenfalls gehen mit diesen Fragen anders um als moderne Naturwissenschaftler.

Aber: auch in der Geschichte wurde aus Unwissen nicht selten etwas Unwahres behauptet und neue Thesen zu Zusammenhängen abgelehnt ("Ich glaube an das Pferd. Das Automobil ist eine vorübergehende Erscheinung." Wilhelm II., letzter deutscher Kaiser und preußischer König oder ein IBM Ingenieur zum Mikrochip 1968, "Aber wofür ist das gut?").
„Die Erde ist eine Scheibe!" Oder: „Die Erde ist der Mittelpunkt des Universums!" usw.

Es gibt wahrscheinlich Menschen, die ihre Sinne feiner für derartige Felder entwickelt haben als andere (ein Medium).

In Trance allerdings können wir unsere Sinne ganz neu fokussieren, kalibrieren und weiter entwickeln.

Viele Menschen glauben an die Wiedergeburt und damit auch ein Leben vor ihrer Geburt.

Meist möchten diese Menschen genaueres über ihr vorheriges Leben wissen.

Was passiert denn da und wozu soll das gut sein?

Menschen, die daran glauben, möchten gern mit ihrem früheren Ich Kontakt aufnehmen.

Wer war ich, wo habe ich gelebt, wie ist meine Umgebung und vieles mehr dienen als ganz starke Motive neben großer Neugier.

Die Begegnung kann aber auch als Lebenshilfe gestaltet werden.

So kann man sein früheres Ich als Vertrauensperson zu vielen offenen Fragen kontaktieren und sich Rat einholen zu Situationen, zu denen man keine andere reale Person einweihen oder befragen möchte.
Diese Kontakte können sehr wertvoll bei der Meisterung des Lebens sein.

Darüber hinaus kann es zum Verständnis zu historischen Entwicklungen in und außerhalb der Familie sowie zu Aussöhnung und Vergebung führen und so einen ganz eigenen Wert im Leben erhalten.
Auf jeden Fall ist es für alle Teilnehmer ein ganz spannendes Erlebnis!

Seien Sie doch einfach neugierig!

9.31. Faszinierende Astralreisen unter Hypnose

Hat sich Ihre Seele im Traum schon mal aus Ihrem Körper gelöst und hat die ganze Situation von außen betrachtet?

Oder sie ist einfach aus dem Fenster geflogen an ferne Orte, in den Kosmos oder zu mythischen Welten? Und Sie haben dort Entdeckungen und völlig neue Erfahrungen gemacht?

Und Sie können das, wann immer Sie das wollen? Nein?
Unser Programm ermöglicht Ihnen in kurzer Zeit

- Erlebnisse mit allen Sinnen so schön und intensiv erleben, wie es das reale Leben nie bieten kann.

- Die Seele ganz leicht werden lassen und den Körper verlassen

- Die Seele durch Raum und Zeit schweben/ fliegen lassen

- Die Ziele und die Erlebnisse kann sich jeder während der Trance selbst aussuchen.

Seien Sie doch einfach neugierig!

10. Tests

Sie finden unter www.psychologie-we.de unter anderem folgende Tests:

Partner-Test
Single-Test
Selbstwertgefühl
Selbstbewusstsein
Kontaktfähigkeit
Positive Ausstrahlung
Eifersucht
Depression
Stress
Burnout
Beziehungsangst
Problembewältigung
Sexualität
Kinderwunsch

Unsere Webseite ist nicht statisch, sondern wird je nach Bedürfnis unserer Klienten ständig weiter entwickelt. Daher kann in diesem Buch nicht vorhergesagt werden, was im kommenden Jahr alles dazu kommt. Besuchen Sie uns regelmäßig! Und –

Bleiben Sie immer schön neugierig!

11. Epilog

Ziel dieses Buches war es, einen leicht verständlichen Überblick zu geben und gleichzeitig ein Nachschlagewerk zu haben, um in Problemsituationen schnell Lösungen finden zu können.

Natürlich ist es nicht möglich, auf diesen relativ wenigen Seiten allumfassend Alles zum Thema Partnerschaft abzuarbeiten. Daher wurde der Schwerpunkt auf die häufigsten und wichtigsten Themen beschränkt.

Weiterhin wird jeder Psychologe das Thema auf seine ganz eigene Art und Weise anfassen.

Auf unserer Webseite **www.psychologie-we.de** können weiter Hilfestellungen gefunden werden. Zusätzlich kann darüber auch der Autor kontaktiert werden.

12. Aphorismen

Da ich Weimar wohne und auch hier aufgewachsen bin möchte ich natürlich zu diesem Thema Johann Wolfgang von Goethe zitieren:

Man soll alle Tage wenigstens ein kleines Lied hören, ein gutes Gedicht lesen, ein treffliches Gemälde sehen und, wenn es möglich zu machen wäre, einige vernünftige Worte sprechen.

Wenn du eine weise Antwort verlangst, musst du vernünftig fragen.

Wer nicht mehr liebt und nicht mehr irrt, der lasse sich begraben.

Toleranz sollte eigentlich nur eine vorübergehende Gesinnung sein: Sie muss zur Anerkennung führen. Dulden heißt beleidigen.

Es ist nicht genug, zu wissen, man muss auch anwenden; es ist nicht genug, zu wollen, man muss auch tun.

Wer sich nicht selbst befiehlt, bleibt immer Knecht.

Wir erschrecken über unsere eigenen Sünden, wenn wir sie an anderen erblicken.

Lerne alt zu werden mit einem jungen Herzen.

Alles Gescheite ist schon gedacht worden, man muss nur versuchen, es noch einmal zu denken.

Begegnet uns jemand, der uns Dank schuldig ist, gleich fällt es uns ein. Wie oft können wir jemand begegnen, dem wir Dank schuldig sind, ohne daran zu denken.

Welche Regierung die beste sei? Diejenige, die uns lehrt, uns selbst zu regieren.

Der Undank ist immer eine Art Schwäche. Ich habe nie gesehen, dass tüchtige Menschen undankbar gewesen wären.

Keine Kunst ist's, alt zu werden; es ist Kunst, es zu ertragen.

Es hört doch jeder nur, was er versteht.

Früher wurde im betrunkenen Zustand beraten und im nüchternen beschlossen - heute ist es umgekehrt.

Nur der verdient die Gunst der Frauen, der kräftig sie zu schätzen weiß.

Geschichte schreiben ist eine Art, sich das Vergangene vom Halse zu schaffen.

Man kann die Erfahrung nicht früh genug machen, wie entbehrlich man in der Welt ist.

Gewisse Bücher scheinen geschrieben zu sein, nicht damit man daraus lerne, sondern damit man wisse, daß der Verfasser etwas gewußt hat.

Man kann nicht immer ein Held sein, aber man kann immer ein Mann sein.

Beifall lässt sich, wie Gegenliebe, wünschen, nicht erzwingen.

Das Gleiche läßt uns in Ruhe, aber der Widerspruch ist es, der uns produktiv macht.

Mit dem Wissen wächst der Zweifel.

Wenn ihr's nicht fühlt, ihr werdet's nicht erjagen.

Durch nichts bezeichnen die Menschen mehr ihren Charakter als durch das, was sie lächerlich finden.

Willst du dich am Ganzen erquicken, so muss du das Ganze im Kleinsten erblicken.

Um einen Mann zu schätzen, muss man ihn zu prüfen wissen.

Die Kunst ist eine Vermittlerin des Unaussprechlichen.

Im neuen Jahr Glück und Heil,
Auf Weh und Wunden gute Salbe!
Auf groben Klotz ein grober Keil!
Auf einen Schelmen anderthalbe!

Die Dummheit weiss von keiner Sorge.

Die beste Bildung findet ein gescheiter Mensch auf Reisen.

Sucht nur die Menschen zu verwirren, sie zu befriedigen ist schwer.
Zur Resignation gehört Charakter.

Wenn man einmal weiß, worauf alles ankommt, hört man auf, gesprächig zu sein.

Nur der verdient sich Freiheit wie das Leben, der täglich sie erobern muss.

Im Deutschen lügt man, wenn man höflich ist.

Des Menschen Seele gleicht dem Wasser: Vom Himmel kommt es, zum Himmel steigt es und wieder nieder zur Erde muss es - ewig wechselnd.

Gegenüber der Fähigkeit, die Arbeit eines einzigen Tages sinnvoll zu ordnen, ist alles andere im Leben ein Kinderspiel.

Wenn man alle Gesetze studieren wollte, so hätte man gar keine Zeit, sie zu übertreten.

Denn wir können die Kinder nach unserm Sinne nicht formen.

Niemand weiss, wie weit seine Kräfte gehen, bis er sie versucht hat.

Was ist ein unbrauchbarer Mann? Der nicht befehlen und auch nicht gehorchen kann.

Grau, teurer Freund, ist alle Theorie und grün des Lebens goldner Baum.

Wenn weise Männer nicht irrten, müßten die Narren verzweifeln.

Man kann in wahrer Freiheit leben und doch nicht ungebunden sein.

Wenn ein paar Menschen recht miteinander zufrieden sind, kann man meistens versichert sein, daß sie sich irren.

Das eigentliche Studium der Menschheit ist der Mensch.

In deinem Lande sei einheimisch klug, im fremden bist du nicht gewandt genug.

Aus aller Ordnung entsteht zuletzt Pedanterie; um diese loszuwerden, zerstört man jene, und es geht eine Zeit hin, bis man gewahr wird, daß man wieder Ordnung machen müsse.

Unmöglich ist's, drum eben glaubenswert.

Der Patriotismus verdirbt die Geschichte.

Mit Worten läßt sich trefflich streiten.

Es gibt keinen größern Trost für die Mittelmäßigkeit, als daß das Genie nicht unsterblich sei.

Quelle:
http://natune.net/zitate/autor/Johann%20Wolfgang%20von%20Goethe/o51

13. Über den Autor

Der Autor hat ein sehr bewegtes Leben hinter sich und könnte dazu ein eigenes Buch schreiben.

Daher hier nur eine Kurzfassung des Lebenslaufes:

Persönliche Angaben: Wohnort Weimar in Thüringen gemeinsam mit seiner Lebenspartnerin, geschieden 2 erwachsene intelligente, liebenswerte und hübsche Kinder, die jeweils selbst eigene Familien mit derzeit 4 Enkeln für mich haben. Beide Kinder haben Universitäts- bzw. Hochschulabschluss.

2 Ingenieurabschlüsse (davon 1 Diplomabschluss), Universitätsstudien in Pädagogik und Psychologie-, Hoch und Fachschulabschlüsse u.a. in Philosophie und Politikwissenschaften geben das notwendige Grundlagenwissen.

Viele Jahre Berufserfahrung u.a. an einer Elite-Offiziershochschule, bei einem der geheimsten Geheimdienste bei der NVA, dem SND, als Mitarbeiter des Ministeriums für Land-, Forst- und Nahrungsgüterwirtschaft und jahrzehntelanger Ausbilder von Studenten im Direkt- und Fernstudium und weiter fast aller Altersgruppen von der ersten Klasse an bis ins hohe Alter sowie über 20 Jahren als Hypnosecoach und psychologischer Berater und Leiter vieler Unternehmen geben die Grundlage für vielfältigste praktische Erfahrungen.

Die Mischung von fundiertem Wissen und Erfahrung aus den Bereichen Naturwissenschaft und Technik, Psychologie, Pädagogik, Philosophie und Politikwissenschaften ermöglicht das Erkennen von Zusammenhängen, die Anderen meist weit schwerer fallen.

Der Autor ist ehrenamtlich in mehreren Vereinigungen aktiv

14. Quellenverzeichnis

(1) www.lilith-kartenlegen.de/lexikon/selbstmit.htm

(2) Die geplünderte Republik: Wie uns Banken, Spekulanten und Politiker in den Ruin treiben Taschenbuch – 9. März 2010 von Thomas Wieczorek

www.psychologie-we.de

http://de.wikipedia.org/wiki/Jean_Liedloff

Buch: Jean Liedloff; Auf der Suche nach dem verlorenen Glück; Gegen die Zerstörung unserer Glücksfähigkeit in der frühen Kindheit

Akif Pirinçci; Deutschland von Sinnen

www.birkenbihl-business.com/pages/vera-f-birkenbihl

http://www.birkenbihl-akademie.net/über-uns/

http://birkenbihlakademie-potsdam.de/

10 Strategien die Gesellschaft völlig zu manipulieren - Gedankenkontrolle - Mindcontrol unter www.youtube.com/watch?v=_aw9aRyjLcI

www.diedenker.org/data/manipulation/methoden_der_man ipulation_einleitung.html

www.unternehmen-we.de

www.elternnetzwerk.24.eu/index.htm

www.thema24.kilu.de

FLOW: Das Geheimnis des Glücks von Mihaly Csikszentmihal

Die Kunst der Täuschung von Kevin D. Mitnick

15. Anhang

Weitere E-Books aus der Reihe „Psychologie leicht erklärt"

Alle Links können Sie bequem unter www.psychologie-we.de/links-Partnerschaft.html aufrufen.

Weitere Bücher vom Autoi

Reihe „Psychologie leicht erklärt" Band 1: „Werden dumme Menschen so geboren?"

<u>In Vorbereitung</u>: Reihe „Psychologie leicht erklärt"

Band 3: Erziehung

Band 4: Hypnose und klinische Medizin

Band 5: Weltpolitik (Black Rock, Macht, Erziehung zu Egoismus und Machtstreben, Alternativen)

Band 6: Justiz

Band 7: Postwachstumsgesellschaft und Demokratie

8. Bücher veröffentlichen bei Amazon und Kindle – Selfpublishing bei Createspace

9. Der Fall L.U.

10. Unternehmensratgeber: Psychologie, Werbung, Marketing

11. Hypnotische Formulierung im Verkaufsgespräch

www.ingramcontent.com/pod-product-compliance
Lightning Source LLC
Chambersburg PA
CBHW070627290526
45790CB00001B/25